rororo

«Das hier ist keine Sammlung geschliffener Gedichte. ‹Das sagt einem ja keiner› ist ein Gedichttagebuch aus den ersten paar Jahren meiner Elternschaft. Manche der Gedichte sind in Eile verfasst, manche sind viel zu lang geraten und nie gekürzt worden, manche entstanden um vier Uhr morgens, manche auf dem Klo, im Krankenhaus, im Auto, bei der Arbeit, manche wurden von Geheul unterbrochen, von Geschrei, von Gelächter … und manche sind nie ganz fertig geworden. Die meisten schrieb ich auf dem Boden im Kinderzimmer, während die Kleine schlief.

All die Dinge, über die ich nicht sprechen konnte.»

«Hollies Gedichte sind tief und filigran. Sie streichen so sanft über einen hinweg, dass man fast nicht bemerkt, wie sehr sie ans Eingemachte gehen, Tage später, wenn man an sie denkt, ganz zufällig. Sie schreibt mit Ehrlichkeit, Überzeugung, Humor und Liebe. Sie deckt die Absurditäten auf, an die wir uns zu sehr gewöhnt haben, und lässt uns die Welt mit neuen Augen sehen. Ihre Poesie ist einladend, aufrüttelnd und wunderschön. Hollie war schon immer einer meiner Favoriten.» (Kate Tempest)

Hollie McNish lebt in London, Cambridge und Glasgow. 2009 wurde sie UK Slam poetry champion und leitet seither Workshops an Schulen und in Jugendeinrichtungen. «Das sagt einem ja keiner» ist in Großbritannien im vergangenen Jahr bei Blackfriars erschienen und war ein Bestseller, zudem hat sie dafür das Arts Foundation Spoken Word Stipendium zugesprochen bekommen.

Hollie McNish

Das sagt einem ja keiner

Postnatale Poesie

Aus dem Englischen
von Jens Friebe
und Florian Glässing

Rowohlt Taschenbuch Verlag

Deutsche Erstausgabe
Veröffentlicht im Rowohlt Taschenbuch Verlag,
Reinbek bei Hamburg, Februar 2017

Die englische Originalausgabe erschien 2016 unter dem Titel
«Nobody Told Me. Poetry and Parenthood» bei Blackfriars, London

Einbandgestaltung ZERO Werbeagentur, München
Einbandabbildung FinePic®, München
Satz aus der DTL Dorian, InDesign,
bei Pinkuin Satz und Datentechnik, Berlin
Druck und Bindung CPI books GmbH, Leck, Germany
ISBN 978 3 499 63160 3

Dieses Buch widme ich
Dee und der Kleinen (und Broccoli).
Es ist eine Ehre, mit euch in derselben Familie zu sein.
Ihr glaubt gar nicht, wie inspirierend ihr seid.
Ich liebe euch.

Niemand hat mir gesagt, du kannst kein Toiletten-
papier benutzen
Niemand hat mir gesagt, dass es blutet
Niemand hat mir gesagt, dass ich einen heimlichen Ort
brauchen würde zum Schreien.

Das hier ist keine Sammlung geschliffener Gedichte. «Das sagt einem ja keiner» ist ein Gedichttagebuch aus den ersten paar Jahren meiner Elternschaft. Manche der Gedichte sind in Eile verfasst, manche sind viel zu lang geraten und nie gekürzt worden, manche entstanden um vier Uhr morgens, manche auf dem Klo, im Krankenhaus, im Auto, bei der Arbeit, manche wurden von Geheul unterbrochen, von Geschrei, von Gelächter … und manche sind nie ganz fertig geworden. Die meisten schrieb ich auf dem Boden im Kinderzimmer, während die Kleine schlief.

All die Dinge, über die ich nicht sprechen konnte.

Inhalt

EINLEITUNG
Glastonbury Festival

Dass ich schwanger war, fand ich auf dem Weg zu meiner ersten Lesung beim Glastonbury Festival raus. In den zwanzig Minuten auf dem Umsteigebahnhof zwischen Birmingham und Glastonbury entschloss ich mich, einer Reihe von Tatsachen ins Auge zu sehen: der Tatsache, dass meine Brüste eine ganze Nummer größer waren als je zuvor; der Tatsache, dass ich noch immer nicht meine Tage hatte; und der, dass mir seit Wochen immer morgens schlecht war. Und nachmittags. Und abends. Ständig erfand ich neue Ausreden für meine Kollegen, warum ich schon wieder Briefmarken kaufen gehen muss, nur um mich dann in der Toilette vom Café nebenan zu erbrechen.

Am Bahnhof Kings Cross musste ich eine Stunde warten. Ich kaufte zwei Tests und nahm sie mit auf die Toilette. Beide waren positiv. Ich ging zurück zum Geschäft und kaufte noch einen – das Ergebnis blieb gleich. Ich wusch meine Hände, stieg in den Zug und fing an zu schreiben

Nach den Toiletten am King’s Cross
nach einem blauen Kreuz
nach Händen im Gesicht
unter Schluchzen, verwirrt, dann lachend
fand ich einen Ort
auf einer Wiese
hinter einem Zelt

wo niemand sonst war.
Nach der Zugfahrt, dem Starren
auf drei Tests, drei Stunden lang
nach dem Entschluss, bis zum Wiedersehen zu warten
trotz trockener Lippen,
ihn noch nicht anzurufen.
Das gab mir drei Tage Zeit.

Alleine mit meinem Geheimnis,

und ich fand meinen horizontalen Hafen
In Glastonbury.

Die nächsten drei Tage verbrachte ich rund um die «Poetry and Words»-Bühne hauptsächlich damit, auf meinen Bauch zu starren und mich bei meinen Lesungen nicht, dafür aber dann umso mehr allmorgendlich ins feuchte, tauglänzende Gras vor mein beschissenes Einmannzelt zu übergeben. Außerdem fühlte ich mich schrecklich schuldig; obwohl Dee noch nichts wusste, hatte ich das Gefühl, es irgendwem sagen zu müssen, schon allein, falls was passiert. Und so war der erste Mensch, der von meiner Schwangerschaft erfuhr, ein wundervoller Dichter namens Dreadlockalien. Derselbe Mann, an dessen Bustür ich bereits am zweiten Festivaltagmorgen um drei Uhr früh panisch gehämmert hatte, weil ich in einer riesigen, ins undichte Zelt gesickerten Dreckwasserlache aufgewacht war.

Wenn ich nicht grade auftrat oder mich übergab oder zusammengerollt auf der Vorderbank eines restaurierten Vans schlief, starrte ich wie gebannt auf Familien und Holzblumen. Ich sah den Kindern dabei zu, wie sie zwischen den Jongleuren, Musikern, Akrobaten und DJs rumliefen, und fragte mich, wie dieses ganze Elternding wohl funktioniert.

Ich hab' mit durchhofften Nächten gerechnet,
ich hatte an Dizzee Rascal gedacht,
an DJs und Dope bei Sonnenaufgang,
den Morgen lang gähnen, am Nachmittag fallen,
neue Tracks, Tanz im Dreck, zerfetzte Schuh,
Who is Who.

Der Plan war, um fünf Uhr nachts wach zu sein,
in hirnerschütternden Drum-and-Bass-Gewittern.
Stattdessen lieg ich um drei Uhr nachts wach
und wiederhole im Kopf das Wort
«Mum».
«Mum».

Alleine im Zelt
Hörte ich prollige Schnösel wie am Spieß grölen,
betrunkene Schritte im Morgengrauen,
und mein Herz schlug schneller
bei jedem Mal:
«Mum».

Dort fing ich also mein Tagebuch an. Ein Tagebuch über alles, was ich dachte; alles, von dem ich dachte, ich sollte es nicht denken; alles, was sich zwischen den Bildern aller Schwangerschaftsmagazine versteckte, die mir unterkamen – Bilder mit graziösen Schwangeren, die langsam einsame Strände entlanggehen. Blümchenkleider umspielen die Bäuche, und lange (meist glatte, blonde) Haare wehen voll Anmut im Wind. Schön und gut. Aber ich hab keinen Strand in der Nähe. Die meisten Schwangeren, die ich kenne, sind eher damit beschäftigt, im Pendelverkehr ihren Brechreiz zu bekämpfen; oder damit, alte Latzhosen auszugraben, die ihnen eventuell noch passen könnten, oder auf ihre anderen Kinder aufzupassen oder damit, wie schnell ihr ganzer Körper Form und Größe verändert und wie er sich anfühlt (von innen und von außen).

In Glastonbury fing ich ein Tagebuch an:

Ein Tagebuch über alles
was ich nicht sagen konnte.

1

SCHWANGER

3. JULI
1 Monat schwanger

Glastonbury war gut. Diese Woche nicht so. Aber auch nicht schrecklich. Ich werde mit allem immer am besten fertig, wenn ich draußen sitze und mir die Sterne anschaue. Oder wenn ich sie wenigstens vom Fenster aus sehen kann. Denn sie sind viel größer als ich, und die Nacht ist kühl, und ich bin winzig, und, na ja, Sterne machen einem klar, dass der ganze andere Scheiß nicht so irre wichtig ist innerhalb des großen kosmischen Plans. Dafür liebe ich die Sterne.

Ich erinnere mich, wie ich früher nach Streits in der Schule oder mit wieder mal gebrochenem Teenagerherzen nachts am Fenster saß, mit Zettel und Stift. Ich schrieb Gedichte und sah in die Sterne und dachte mir: «Scheiß drauf, so schlimm ist es auch nicht.» Ein offenes Fenster bei Nacht ist ein guter Ort, wenn alles schiefläuft.

Ich stand an der Spüle, die Hände im Abwasch. Ich hatte den ganzen Tag nachgedacht, wie ich's mache. Das hier war eigentlich nicht der Moment, den ich mir vorgestellt hatte, aber als er hinter mir steht, kommt es einfach so raus – «Ich muss dir was sagen, Dee.»

Ich atme tief und tapfer ein.

«Ich auch», sagt er.

Lächeln. Angespannt. Schweigen.

«Dann du zuerst», sage ich, froh, noch mehr Zeit zu haben, und denke, vielleicht weiß er's ja schon.

«Es tut mir leid, Hollie, aber ich bin nicht mehr in dich verliebt.»

Kloß im Hals. Oh, Scheiße. Ich denke an das Umstandskleid, das ich mir grade gekauft hab. Ich hatte mir vorgestellt, es genau jetzt zu tragen, in diesem Moment meines Lebens. Hatte mir sein freudig erstauntes Gesicht beim Anblick des Stoffs und der Gelbtöne vorgestellt, wenn ich ihm die Nachricht überbringe. Aber jetzt habe ich Jeans an und die Hände im Abwasch und weiß nicht, ob ich mir blöd vorkommen soll oder mich schämen – oder mich freuen, dass er wenigstens den Mut hat, mir die Wahrheit zu sagen. So oder so kommen mir die Tränen. Ich weiß nicht, was ich sagen soll. Und sag dann das Einzige, was ich sagen kann: «Ich bin schwanger. Das war, was ich sagen wollte. Ziemlich schlechtes Timing, was?»

Wir stehen rum und schweigen. Wir sehen uns an. Wir weinen. Wir fluchen. Aber wir lachen auch. Weil es so scheiße ist. Weil es so lächerlich scheiße ist, dass es fast wieder lustig ist. Das Baby bleibt, so viel steht fest. Das ist uns beiden auf der Stelle klar. Nur den Rest müssen wir noch entscheiden. Rausfinden, wie sich die beiden großen Neuigkeiten praktisch vertragen. Es ist schon ziemlich komisch.

Ich habe ihn immer um Ehrlichkeit angefleht. Beim ersten Anzeichen von Langeweile oder Gefühlsschwund – sag's einfach! So ist das Leben nun mal, und ich hasse die Vorstellung, dass Menschen zusammenbleiben, obwohl sie es gar nicht richtig wollen – und dann, na ja, alt werden und sterben. Ich hab immer um Ehrlichkeit gebettelt. Aber damit hab ich jetzt doch nicht gerechnet. Ich komm mir ein bisschen vor wie im Film, ich weiß nur nicht, ob schwarze Komödie oder Melodrama. Auf jeden Fall werde ich den Augenblick so schnell nicht vergessen.

Diese Woche verbrachten wir die Abende meistens mit Reden und Weinen und anschließendem Sitzen und Schweigen. Auf der Arbeit ging es ziemlich hoch her, das lenkte mich ab von den Schrammen an Herz und Magen.

Heute Nacht ist die Luft ganz frisch. Ich gehe zum Fenster und mache es auf. Ich sehe in die Sterne. Ich kann mich nicht beschweren. Ich bin sechsundzwanzig, ich bin gesund. Ich bin schwanger, eine magische Angelegenheit. Ich mach zwar offenbar grad eine Trennung durch, aber allen geht es gut. Und wenn er auch nicht mehr in mich verliebt ist, ist er jetzt schon verliebt in sein Kind. Also immer noch jede Menge Liebe, die hier rumschwirrt.

Wenn meine Krankenschwester von Mutter mir irgendwas eingetrichtert hat in den letzten sechsundzwanzig Jahren, dann, dass ne Menge Scheißdreck abgeht da draußen, unter den Sternen. Viele Menschen haben Krankheiten. Viele haben Geldsorgen. Ich hab keins von beidem. Dee auch nicht. Unsere Augen sind zwar andauernd rot, und ich bin ziemlich durcheinander, aber die Sterne funkeln immer noch ganz hell. Ich schau noch ein bisschen in den Himmel, dann suche ich die Quittung fürs Kleid. Morgen bring ich es zurück. Ich mochte es sowieso nicht so richtig.

Das Kleid

Ich fühl mich wie durchgeschüttelt,
ich weiß nicht recht, wo mir der Kopf steht.

Zum ersten Mal Zukunft und Pläne,
und ich red' mir ein, dass einer aufgeht.

Ich fand immer, Mädchen sollen sich nicht
so reinsteigern
in Märchen und Filmphantasien.
Jetzt merke ich, ich fange selbst damit an,
seit das blaue Kreuz mir erschien

Auf einer Toilette, mit angstweiten Augen,
zwischen Aufregung, Panik und Glück,
was mich davon abhielt, sofort laut zu heulen,
war der Gedanke, dass ich es von ihm krieg.

Ich war nie eine von diesen Kinderwunschglucken,
mir wurde schlecht, als es rausging aufs Meer.
Und gegen die Panikattacken half nur
zu denken, wie glücklich er wär.

Ich hielt es für besser, noch nichts zu verraten,
bevor nicht zwei weitere Kreuze blau waren.
Ich dachte, er wäre am Ende enttäuscht,
wenn es nachher hieß, falscher Alarm.

Nach dem letzten Test starrte ich wie ein Geist
auf die verschlossene Klotür,
und ich fühlte mich sogar schlecht, weil ich dachte
er wünscht es sich mehr als ich mir.

Ich hing auf dem Festival in Glastonbury rum
und versuchte, das Bild scharf zu kriegen,
von mir als Mutter mit Kind, ohne Angst
vor der Unfähigkeit zu fliegen.

Ich war eigentlich nie die Kinderwunschglucke.
Ich fragte mich, passt das überhaupt?
Ich dachte zum Trost daran, was er mal gesagt hat
darüber, wie ich wohl aussäh' mit Bauch.

Ich plante Ausflüge an Kieselstrände,
ich plante mein Umstandskleid, Schnitt und Design.
Wir Hand in Hand, mit sandigen Händen,
das Meerwasser wäscht uns den Sand von den Beinen.

Ich stellte mir seinen Blick vor,
Augen, die glänzen, wenn er mich anschaut,
mit einem Lächeln, genau so gespannt
wie meine am ganzen Bauch spannende Haut.

Ich träumte von Tränen,
Tränen vor Glück
und von seiner Hand,
fest auf meinen Bauch gedrückt.

Vier einsame Tage
hab ich alles geplant,
bin nicht weggerannt,
entgegen meinem Drang.

Und in meinem Kopf
seine Witze,
dass ich früh anfang'
und dass ich Drillinge ausbrüte
mit sechsundzwanzig Jahren.
Ich war immer gegen Mädchen, die die Welt
rosa malen,
jetzt hab ich's selber getan.

Und ich weiß nicht mehr, was ich machen soll.
Die Haut kälter,
Der Geist aus Stein.
Und das Kleid, von dem ich dachte,
es würde jetzt genau passen,
tausche ich bald wieder ein.

20. JULI

1½ Monate schwanger

Alles gut 23

Es wird alles gutgehen,
nur ein bisschen anders aussehen,
das Licht wird nicht ausgehen,
die Sterne am Himmel stehen,
nachts scheinen sie noch durchs Fenster herein,
noch ziehen Tintenfass-Schatten vorbei,
und auch wenn ich vielleicht leichter schlaf
  und wild träum,
schläfst du immer noch neben mir ein.

Es wird gutgehen,
nur ein anderes Leben,
kein weiß getünchtes Reihenhausidyll.
Aber wer sagt, dass ich das will,
ist ja nicht deshalb sonst alles Müll.

Wir leben noch, wir sind beide noch da,
Gefühle sterben nicht einfach so,
Kippschalter aus, kalte, finstere Not,
die Luft fließt noch durch uns durch,
tief durchatmen gegen die Furcht,
immer noch Tränen, nur jetzt unterbrochen
von heftigem Lachen.

Denn es wird schon o. k. sein,
ein anderer Morgensonnenschein,
ein Zwischenspiel zwischen Teilen,
die sich nicht genau gleichen.

Doch es wird sicher alles schön,
nicht im spießigen Sinn,

nicht im Märchen, jetzt und hier,
ich bin noch immer hin und weg von dir,
als Freund, als weniger, als mehr,
ich bin heilfroh, dich nicht zu verlieren.

Komm, wir wischen alles auf
oder schmeißen es auf den Haufen
Gedankenscherben
wunde Herzen
und sind dankbar, dass die Zeit sie heilt.

Ich sehe in die Sterne und lächle. Dee kommt dazu, und wir lachen und weinen noch ein bisschen.

2. SEPTEMBER
3 Monate schwanger

Endlich können wir es Leuten sagen. Nach zwölf Wochen mit nichts als Reden und Weinen und Umarmen und Ruhe bewahren und Entscheidungen treffen. Nach zwölf Wochen voller Ausflüchte und Lügen können wir es endlich erzählen. Es war seltsamer, als ich dachte. Es Dee zu erzählen war anders als erwartet. Es allen anderen zu erzählen auch. Es ist echt seltsam. Peinlich. Fast unheimlich. Aber auch aufregend. Prickelnd. Beängstigend. Schwierig. Sehr schwierig, den Leuten um uns rum zu sagen, dass ich schwanger bin.

Ich bin schwanger

Hallo. Ich bin schwanger.

Hallo. Wie geht's? Ach ja, und übrigens, ich bin schwanger.

Mum hat es natürlich schon lange geahnt. Sie hat mich schon circa zehnmal gefragt. Ich hasse das, wenn ich sie anlügen muss. «Bist du sicher, Hollie? Deine Brüste sehen so groß aus. Bist du ganz sicher?»

«Nein, Mum.»

«Warum ist dir schlecht?»

«Kater, Mum.»

Aber sie ist Krankenschwester. Ich wusste, dass sie es weiß. Deshalb habe ich es ihr als Erste erzählt. Sie lag im Bett. Ich kam rein, holte tief Luft und sagte: «Ach übrigens, du hattest recht, Mum. Ich bin schwanger.» Dann sprintete ich aus dem Zimmer, bevor sie antworten konnte. Ich hatte Flashbacks von dem Tag, als ich ihr meine Tage gestand und dann das gleiche ebenso infantile wie unumgängliche Manöver veranstaltete, um ja allen Nachfragen zu entkommen. Dabei wusste sie das mit den Tagen natürlich auch schon. Ich hatte seit über einem Jahr immer Binden aus ihrer obersten Schublade geklaut.

Viele aus meinem Freundeskreis hatten auch Verdacht geschöpft, in erster Linie, weil ich ein paarmal im Pub nichts trinken wollte. Angeblich, weil ich auf Antibiotika war. «Wie du meinst», sagte Julie. «Wie du meinst», sagten alle anderen und ließen mich mit einem Lächeln und meiner Lüge in Frieden.

Meine Arbeitskollegin Emma wusste es, weil ich aufgehört hatte, normalen Tee zu trinken. Sie zwinkerte mir zu und fragte jeden Morgen, warum sich meine Einstellung zu Koffein denn auf einmal so verändert hätte. Als ich irgendwann aufgab und sagte, die Frage sei tatsächlich berechtigt, lachten wir im Flüsterton, denn ich hatte eine Wahnsinnsangst, es meiner Chefin zu sagen. Sie hatte, als ich den Job bekam, rumgescherzt: «Aber Sie wollen kein Kind kriegen in nächster Zeit, oder?» Der Scherz wiederholte sich zu Beginn mehrerer Projekte – «Solange Sie nicht schwanger werden …» Ich verstehe ja, dass das nicht grad einfach ist fürs Geschäft, vor allem in einer kleinen Sozialeinrichtung wie dieser hier, aber es ist auch nicht meine Schuld, dass Frauen potenziell in ihrem Leben irgendwann mal Kinder kriegen. Und doch fühl ich mich schlecht. Sollte ich nicht, tue ich aber. Eine befreundete Person sagte mal, Schwangerschaftsurlaub sei das Schlimmste, was dem Land je passiert ist. Bäh.

Wie schafft man es, so was zu verheimlichen?

Ansonsten reagierten die Leute sehr unterschiedlich:

Dee's Mutter: ekstatisch. Das war wirklich sehr sehr schön.

Mein Vater: «Mein Gott!», gefolgt von einer sehr festen Umarmung. Er war aufgeregter, als ich gedacht hatte. Und er hatte dieses freche Grinsen im Gesicht, mit dem er aussieht wie dreizehn.

Anruf bei meinem Bruder.

«Es gibt Neuigkeiten. Große Neuigkeiten!»

«Oh mein Gott», sagte er, und dann: «Hast du deine Haare pink gefärbt?»

«Was? Nein. Was? Ich bin schwanger.»

Stille.

«Scheiße, im Ernst!»

Gelächter. Auch meinerseits.

Die eine Großmutter:

«Ach, Kindchen.»

Dann, mitfühlend: «War es ein Unfall?»

Und: «Ich dachte, du nimmst die Pille?»

Des Weiteren eine wohlmeinende, aber leicht peinliche Vernehmung zu meinen Verhütungspraktiken. Das hatte ich erwartet. Ich weiß, dass sie sich Sorgen wegen meines Jobs macht. Außerdem gehört sie zur Generation, der man beigebracht hat, dass Schwangerschaft – ein schwangerer Körper vor allem – irgendwie was Ekeliges ist.

Die andere Großmutter:

«Ist es seins?» (Nach sechs Jahren mit dem gleichen Freund frag ich mich schon, wieso das das Erste war, was ihr einfiel.)

«Ja, Gran.»

«Oh, und meinst du, ihr heiratet?»

«Nein, Gran.»

«Na gut, mein Kind.»

Tanten, Cousins und Cousinen. Alle reizend. Ein einziges Lächeln und Beglückwünschen und «Scheiß drauf, was die Leute sagen»-Sagen.

Es gab aber auch solche Reaktionen:

Schockierte Miene: *«Du!?»*

Dee und ich hatten den Fall etwa gleich oft.

Dann noch mal: *«Du?!»*

«Ich kann mir jeden anderen besser mit Baby vorstellen als dich.»

«Ich hätte nicht gedacht, dass du Kinder willst.»

«Ich kann mir dich einfach nicht als Mutter vorstellen!» (Das kam am häufigsten.)

«Hey, Wahnsinn!»

«Und wollt ihr heiraten?» Nein.

«Nicht mal aus steuerlichen Gründen?» Nein.

«Aber für dein Kind wär's schon besser, wenn ihr heiratet – es geht ja jetzt nicht mehr nur um dich.»

Andere Sachen will ich lieber vergessen und gebe sie deshalb hier nicht wieder.

Und Umarmungen. Liebevolle Umarmungen und beklommene Umarmungen – als Reaktion auf übertrieben schockierte erste Reaktionen – schuldbewusste Umarmungen.

Es war nicht ganz, was ich mir vorgestallt hatte. Ich kannte so was ja bis dahin nur aus Filmen. Und da ist es immer das Gleiche. Ein properes verheiratetes Pärchen – meist weiß und nordamerikanisch, immer attraktiv, mit neuen weißen Leinenhemden – versucht schon seit langem vergeblich, ein Kind zu kriegen, und endlich klappt's. Und in der sicheren Gewissheit, dass alle sich freuen, verkünden sie händchenhaltend der ganzen im Raum versammelten, stolzen, gespannten Familie: «Wir kriegen ein

Kind» – immer «wir». Alle sind aus dem Häuschen, und alle weinen. Die beiden Glücklichen sehen einander mit steviasüßem Lächeln in die Augen.

Ganz so war es nicht. Aber doch immer noch ganz schön aufregend.

28. OKTOBER
5 Monate schwanger

Mittlerweile bereue ich, dass ich im Netz diese Schwangerschaftsupdates abonniert habe – Jede Woche eine Mail, seit Woche acht; was ich essen soll, wie ich trotz Schwangerschaft noch «schick» aussehe und so weiter.

Heute sollte das Baby demnach die Größe einer großen Banane haben: Letzten Monat war es eine mittelgroße Aubergine; bei der ersten Nachricht war es eine Kirsche. Ich stellte mir eine Maraschinokirsche in einem dieser gewaltigen Cocktails vor, die ich nicht mehr trinken darf.

Ich hab heute auf dem Markt eine Obstschüssel gekauft, weil ich dachte, sie würde unsere kleine Küche im Handumdrehen in ein charmantes Landhäuschen verwandeln, wo man gleich italienische Familien um einen Holztisch mit selbstgemachten Tagliatelle sitzen sieht. Ich weiß, dass nicht alle italienischen Familien das so machen oder überhaupt Tagliatelle mögen. Aber die mit großen Küchen und Holztischen vielleicht schon. Als Teenager hatte ich einen immer wiederkehrenden Traum. Ein nacktes Baby tapst auf einem Weinberg rum und ruft mir «Mama, Mama» zu. (Ich bin noch nicht mal sicher, ob das überhaupt das richtige italienische Wort ist.) Ich hatte wohl vorher alte «A Place in the Sun»-Folgen geguckt. Oder eine Werbung für Dolmio-Tomatensauce. Wenn ich ganz ehrlich bin, ist es sogar wahrscheinlich eher eine Nachwirkung davon, dass ich als Teenie «Stealing Beauty» rauf und runter geguckt habe und völlig besessen davon war. In dem Film verlor eine Teenagerin ihre Jungfräulichkeit in Italien auf einem Weinberg unter einem alten Baum. Gott, bin ich auf diesen Film abgefahren. Mehr, als mir guttat. Ich schrieb haufenweise grauenhafte Gedichte, in denen ich mich mit dem letzten Blatt eines Olivenbaums verglich, das darauf wartete, gepflückt oder vom warmen italienischen Sommerwind fortgetragen zu werden. Die schlimmsten Zeilen, an die ich mich erinnern kann, waren:

> Ich bin wie Eis, das schmelzen will im Sonnenlicht
> Wie eine Blume, die will, dass man an ihr riecht.

Im Grunde ging es immer darum, dass ich auf einem Weinberg flachgelegt werden wollte, was ich aber in schwülstige und ziemlich leicht zu enträtselnde Metaphern verpackte. In Italien war ich bis heute nicht, dafür weiß ich jetzt, dass der Film genauso schlecht war wie meine Gedichte. Und der Titel ist so ziemlich der schlimmste, den ich je gehört habe. Aber damals war es der heiße Scheiß.

Aber zurück zur Obstschüssel.

Die Marktfrau war auch schwanger, und als ich die Schüssel kaufte, weinte sie. Sie sah mir ins Gesicht und heulte. Ich dachte zuerst, sie würde weinen, weil ich der erste Kunde des Tages (der Woche? des Monats?) war, der sich mit Industrieobstschalen der Marke Habitat abgeben wollte.

Aber vielleicht dachte sie auch Folgendes:

Bananenbaby

«Jetzt sollte Ihr Baby die Größe einer Banane haben.»
«Jetzt sollte Ihre Übelkeit eigentlich nachlassen.»
«Jetzt kann Ihr Magen durchaus etwas schmerzen.»
«Jetzt sind Sie wahrscheinlich häufiger müde.»
«Jetzt sollten Sie pro Woche ein Pfund zunehmen.»
«Jetzt werden sie vielleicht etwas vergesslich.»
«Jetzt sollten Sie an die Finanzen denken.»
«Jetzt sollten Sie einen Geburtsvorbereitungskurs
belegen.»
«Jetzt sollten Sie den nächsten Ultraschalltermin
machen.»
«Jetzt sollten Sie Ihren Beckenboden trainieren.»
«Jetzt sollten Sie beim Pinkeln zwischendurch
den Strahl anhalten.»
«Jetzt müssen Sie beim Pinkeln zwischendurch
den Strahl anhalten.»
«Jetzt sollten Sie Ihren Antrag auf
Schwangerschaftsurlaub
ausfüllen und beim Chef einreichen.»
«Jetzt müssen Sie es Ihrem Chef sagen.»
«Jetzt sollten Sie langsam über einen Namen für
ihr Baby nachdenken.»
«Jetzt sollten Sie entscheiden, ob Sie Einwegwindeln
oder Stoffwindeln oder Ökowindeln benutzen
wollen.»
«Jetzt sollten Sie dafür sorgen, dass das Baby sich
wohl fühlt.»
«Jetzt sollten Sie dem Baby klassische Musik
vorspielen.»
«Klassische Musik fördert die Intelligenz Ihres Babys.»

«Jetzt kein Mr.-Whippy-Eis mehr.»
«Jetzt kann es Probleme beim Pinkeln geben.»
«Die Bewegungsfreiheit ist möglicherweise
eingeschränkt.»
«Jetzt sollten Sie die Geburtstasche packen.»
«Jetzt die Tasche fürs Krankenhaus.»
«Jetzt sollten Sie Einlagen kaufen.»
«Jetzt sollten Sie Stilleinlagen kaufen.»
«Jetzt sollten Sie große Hosen kaufen,
also richtig, richtig, richtig, große Hosen.»
«Jetzt sollten Sie nicht mehr auf dem Rücken schlafen
und auch nicht auf der rechten Seite.
Und es könnte sein, dass Sie unbequem liegen
und nachts häufig aufwachen,
und dass Sie Schmerzen im Brustkorb verspüren,
und Ihnen links das Bein und der Arm
und das Schulterblatt etwas weh tun.
Vielleicht sollten Sie jetzt den Kauf
Eines Schwangerschaftskissens erwägen.»

Und überm Rabattcode stand:

«Aber machen Sie nicht zu viel.»
«Denken Sie dran … zu … entspannen.»
«Stress kann sehr schädlich sein fürs Baby.»

Vielleicht dachte sie das:
Jetzt sollte Ihr Baby die Größe einer Banane haben.

5. NOVEMBER
5¼ Monate schwanger

Heute kam die Hebamme vorbei. Sie ist wirklich ein Schatz, aber leider völlig besessen vom Thema Eiscreme. Das heutige Gespräch lief zum Beispiel so:

Sie: «Und, wie geht's Ihnen?» (Es ist wirklich schön, jemanden zu haben, der bei einem vorbeikommt, nur um das zu fragen.)

Ich: «Sehr gut, danke.»

Sie: «Haben Sie sich gemerkt, was Sie alles nicht essen sollen?»

Ich: «Ja, alles im Kopf.»

Sie überhört die Auskunft und zählt auf:

«Meeresfrüchte, bestimmte Käsesorten, rotes Fleisch, Mr.-Whippy-Eis.»

Bei diesem Posten hält sie inne und wiederholt:

«Kein Mr.-Whippy-Eis.»

Sie hatte mir das schon beim letzten Mal gesagt. Ich weiß, dass ich kein Mr.-Whippy-Eis essen darf. Ich habe sowieso nicht sehr oft die Gelegenheit dazu. Ich sag also noch mal: «Alles klar, kein Problem.» Dann starrt sie mir tief in die Augen, als ob sie mir gleich den Sinn meiner Existenz auf diesem riesigen sich drehenden Planeten enthüllen wollte und den des durch mich auf ihm neu entstehenden Lebens. Sie beugt sich zu mir vor, legt mir die Hand auf die Schulter und sagt: «Keine Sorge, Sie können Tesco-Eis essen. Jeden Becher, jede Sorte – Schokolade, Vanille, alles. Nur nicht Mr. Whippy. O. k.? Tesco ist kein Problem.»

Das sind so die großen Momente zwischen uns.

6. NOVEMBER
5¼ Monate schwanger

Heute haben wir erfahren, dass es ein Mädchen wird. Ich habe geweint. In erster Linie wohl aus Angst. Ich bin durchgedreht. Ich weiß gar nicht, warum eigentlich. Jetzt komme ich mir dumm vor. Ich schäme mich sogar, es aufzuschreiben.

Tut mir leid

Warum hatte ich nur dieses schlimme Gefühl
dass er ohne Sohn nicht so gern Vater sein will
Sauer regnen Gedanken, mein Hirn ist ein See
aus lauter Zicken- und Schlampenklischees.

Lippenstiftdünne Bilder im *Heat*-Magazin
wo rote Kringel um Pickel unsere Träume verminen
Fast hätte ich geschrien, «Ein Mädchen», oh nein
für noch eine Sie ist die Welt noch nicht reif.

Ich dachte an Schönheit und Mobbing und
  Bleichcreme
an Werbung, die Mädchen sagt, so müsstet ihr
  aussehen
An Politik – mehr Schwänze als Sand auf den Dünen –
An eine Welt, in der Männer fast immer gewinnen

Doch dann fallen mir alle ein, die ich kenne
und dass keiner von ihnen in dieses Bild passt.

Dee auf der Bühne, ich sah schon das Rapduo
Vater und Sohn – Ein Team wie Remus und Farma
Wie sexistisch ich bin! Wie komm ich auf den Scheiß
Und vergesse Jean Grae, Arianna, Ms. Dynamite

Fall rein auf den Brainwash medialer Projektionen
Teil Kinder ein im Sinne der binären Obsessionen

Vergesse die Traumen, die Jungen haben können
ihre gebrochenen Herzen und Tränen
Die ganzen für Jungen so schlimmen Dinge
und Mädchen, die nur Zeit mit den Vätern verbringen

Denk' bei Trainingsanzügen «für Dee und für ihn»
dabei können Mädchen die gleichen anziehen
Und kurz dachte ich, mit Fußball wird's dann
wohl nichts
Hab im Kopf meinem Sohn den Ball zugekickt
Und mir kam nicht in den Sinn, dass ICH im
Verein spiel
Und ich bin eine Frau
Verdammte Scheiße
Und hätte ich einen Sohn
Würde er Fußball vielleicht hassen
So wie mein großer Bruder

Was für 'n Theater
Mir ist schlecht
Ich fühl mich müde und dumm

Ob Mädchen oder Junge, alles, was jetzt zählt
ist, dass man's irgendwie gesund und bei Laune hält
Ich fühl mich, als hätte ich es jetzt schon enttäuscht
Anstatt stolz zu sein und mich einfach zu freuen.

Tut mir leid, Dee, Tut mir leid, Kind,
All der Blödsinn, der mir durch den Kopf ging.

30. NOVEMBER
6 Monate schwanger

Morgenstimmung Übelkeit 39

Du zeigst mir den Regenbogen in meinem Innern
Du treibst ihn jeden Tag aus mir heraus!
Mir ist übel beim Radfahren, übel im Auto
Übel am Schreibtisch und im Café
Übeles Hellgelb morgens im Waschbecken
Übeles Hellgelb und pausenlos Gähnen
Du rufst wie das Gold am Ende des Regenbogens
Ich würge und weine beim Lärchenruf Tränen
Und wenn du rauskommst und schreist
Und ich bete, du schreist
Werde ich versuchen, selbst nicht zu schreien
Wenn du rauskommst und schreist
Und ich bete, du schreist
Versprech ich
Ich zeig dir die Regenbögen draußen

O.k., ich versuche, positiv zu denken, aber mir ist immer noch die ganze Zeit schlecht. Außerdem schaffe ich es nicht, mir das Wort «Motherfucker» abzugewöhnen. Ich versuch's. Ich hasse das Wort. Aber aus irgendeinem Grund sage ich es ständig. Im Kopf, wenn Leute um mich rum sind. Laut, wenn ich allein zu Hause bin. Wenn ich wie immer um Scheiß-Fünf-Uhr morgens aufwache, um mich zu übergeben. Motherfucker. Wenn ich rechts ranfahre, um mich zu übergeben. Motherfucker. Wenn meine Brüste wund sind. Motherfucker. Wenn mir wieder schlecht wird. Motherfucker. Motherfucker. Wenn ich wieder morgens um fünf am Fußende vom Bett stehe und mich dreckig fühle, während mir Dee in schuldbewusster Solidarität nachspricht.

40 «Oh, das tut mir leid, Hollie. Soll ich dir Eis holen? Kann ich irgendwas tun?»

Ich lächele und geh dann ins Bad, um zu kotzen. Ich versuche, das Positive zu sehen. Mir geht es gut und dem Baby bislang auch, und Dee, nun Dee ist ein Traum. Egal wie es weitergeht, es war die richtige Entscheidung, nicht auseinanderzuziehen. Und das Gekotze ist zwar widerlich, aber ein ganz kleines bisschen fasziniert es mich auch. Es ist die Art saure Kotze, die einem (und damit meine ich: mir) auf Partys hochkommt, wenn man viel zu viel billigen Alkohol getrunken hat, alle Speisen und Getränke bereits ausgeleert sind und einem nur noch die Magensäure bleibt. Aber irgendwie schafft es mein Körper, die Speisen und Getränke bei sich zu behalten und nur die Magensäure loszuwerden. Wie macht er das nur? Mein Körper ist unfassbar! Es hat auch nicht so die Farbe von kalt gewordener Dosenlinsensuppe, wie normales Erbrochenes, eher so ein helles, sanftes, sonniges Narzissengelb. Ja, klar, genau, wie Narzissen, Hollie! Wie ein Regenbogen! Was rede ich da überhaupt? Es ist Erbrochenes! Und es bringt mich dazu, lauter zu würgen, als ich für menschenmöglich gehalten hätte. Ich muss aufhören zu fluchen. Aber es hilft halt. Besser als das ganze verfickte Ginger Beer auf der ganzen verfickten Welt. Besser, als wie eine gottverdammte Feldmaus an einem Stück beschissenem geschmacklosen trockenen Toast rumzuknabbern. Es ist schwerer, als ich dachte. Übelkeit und Schuldgefühle: weil ich so viel fluche und weil ich mich fühle wie eine Betrügerin. Bin ich wirklich bereit, Mutter zu sein? Ich fühl mich nicht wie eine. Letzte Woche erzählte mir eine Frau, sie könne die spirituelle Präsenz des Babys in ihrem Bauch spüren. *Wie wunderbar*, dachte ich. *Ich bin froh, dass das für dich so 'ne Scheiß-Offenbarung ist.* Ich bin nur neidisch, ich weiß. Alles, was ich spüre, ist Übelkeit und Angst. Die Übelkeit hätte vor einem Monat aufhören sollen. Ich bin nicht sicher, wann die Angst aufhört.

Instinkt

Du kannst mich nicht hören, doch ich will mich
entschuldigen
Ich versuch zuzuhören, aber ich kann nichts fühlen
Bei manchen Frauen soll's ja so was wie den sechsten
Sinn geben
Ich hoffe einfach, du bist noch am Leben.
Ich liege auf dem Bett und spür, wie der Regen tropft
Bei jedem Blitz spritzt er in meinem Kopf
Einmal getroffen, weine ich schon wieder
Hände drücken mir Eis auf den Bauch
Sie schmelzen, tauen auf brandheißer Haut
Geschwollene Brüste, zu wund zum Küssen
Hände glauben, berühren zu müssen
Aus Liebe
Der Körper dreht sich
Aus Angst vor der Ablehnung weg.

Der Morgen graut, mein Kopf in der Kloschüssel
Passend zum Sonnenschirm saurer Vergnügen
Duschfreuden sagen mir, ich bin gesegnet
Aber ich fühl mich zu schwach, um's zu fühlen.
Mittagsrötung, schon wieder Eiswürfel
Klimpern im Glas und kühlen die Zunge
Hände am Bauch, bei dir alles o. k.?
Aber mütterlich fühle ich mich immer noch nicht
Wenn ich wieder verliebt bin, bin ich glücklicher.
  Vielleicht.
Glücklicher, wenn ich nach Sonnenaufgang aufwache.
Glücklicher ohne den Kopf in der Kloschüssel
Glücklich, wenn ich sehe, wie du die Augen aufmachst.
Bis dahin versuche ich, so echt es geht zu lächeln.
Und hoffe, sein Kuss war nicht nur gespielt
Ich vergleiche die Galle mit der hellen Morgensonne
Und versuche zu erraten, wie du dich fühlst.

Ich hoffe wirklich, das mit der Übelkeit geht bald vorbei. Was für ein Dreck, in einem winzigen Büro zu arbeiten, immer zwischen Schreibtisch und Toilette hin- und herzulaufen und laute Geräusche zu machen, die jeder hören kann. Was, wenn ich Lehrerin wäre? Was hat meine Mutter im Operationssaal gemacht, als sie schwanger war? «Entschuldigen Sie bitte, gute Frau, ich bin gleich wieder da und mache ihren Abstrich, ich muss mich nur eben kurz das fünfmillionste Mal an diesem Morgen übergeben.» Wenigstens habe ich in meinem Job nicht direkt mit fremden Menschen zu tun. Wenigstens muss ich nicht gleichzeitig meinen Würgereiz unterdrücken *und* einen Abstrich machen. Oder Parfüm verkaufen. Oder mit Essen rumhantieren. So viele Jobs, die das Grauen wären in schwangerem Zustand. Vier Leute im Büro. Ich sollte dankbar sein. Es ist wirklich scheißanstrengend zu arbeiten, wenn man schwanger ist. Ich hatte keine Ahnung, dass das so sein würde.

15. DEZEMBER

6½ Monate schwanger

Mein Bauch ist immer noch so heiß. Die Eiswürfel, die ich darauf verreibe, schmelzen mittlerweile in knapp zehn Sekunden, das Tiefkühlfach kommt mit dem Nachschub schon nicht mehr hinterher. Ich bin froh, im Winter schwanger zu sein. So froh über die kalte Luft. Über den Frost. Nicht so froh bin ich über all die Ratschläge, die ich anlässlich meiner Lust auf Eis bekomme. Überhaupt sind meine Gelüste ein ziemlich heißes Thema seit Beginn meiner Schwangerschaft. Ich dachte immer, es würde um Erdnussbutter und Gurken gehen, zwei Sachen, die ich liebe, Aber die meisten Leute haben einen anderen Vorschlag:

Fleisch

Du solltest Fleisch essen.
Du musst unbedingt Fleisch essen.
Es ist wirklich wichtig, dass du jetzt Fleisch isst.
Du kannst kein gesundes Baby bekommen,
wenn du kein Fleisch isst.
Du wirst Lust auf Fleisch bekommen.
Ich wette, du hast Lust auf Fleisch.
Fleisch
Fleisch
Fleisch

Verdammtes Scheiß-Fleisch
Fleisch.

Fast sieben Monate rum, und ich habe immer noch keine Lust auf Fleisch. Meine Mutter sagt, ich muss kein Fleisch essen, und sie ist Krankenschwester. Meine Großmutter sagt, ich muss.

Aber das Einzige, was ich will, ist Eis; ich will es mir in den Mund stecken und auf meinem heißen, spannenden Bauch verreiben, ich will es auf meiner Stirn haben und in jedem Getränk, das ich bestelle. Ich sehe aus, als wäre ich komplett irre, aber das geht mir mittlerweile am Arsch vorbei. Mit einem Fleischklumpen könnte ich das nicht machen. Ich kann bei meiner Freundin Anna nicht an ihren hypermodernen Kühlschrank gehen und per Knopfdruck ein erfrischendes kaltes Glas crushed Fleisch kriegen.

Trotzdem muss ich immer noch die gleichen Gespräche führen:

XY: «Hast du schon Lust auf Fleisch?»

Ich: «Nein.»

XY: «Hast du schon Lust auf Fleisch»?

Ich: «Nein. Aber der Arzt hat gesagt, das Baby ist gesund, also keine Sorge.»

XY: «Hast du schon Lust auf Fleisch?»

Ich: «Nein, nur auf Eis.»

Den letzten Teil hätte ich besser für mich behalten, denn was ich jetzt die ganze Zeit zu hören kriege, ist das:

Vielleicht hast du ja Anämie.
Lust auf Eis kann auf Eisenmangel hindeuten.
Du musst Fleisch essen.
Fleisch hat jede Menge Eisen.

Du brauchst Fleisch.
Fleisch
Fleisch
Fleisch
Verdammtes Scheiß-Fleisch
Fleisch.

46 Ich weiß nicht, wie oft ich das in meinem Leben schon gehört habe. Laut meiner Familie habe ich schon mit vier aufgehört, Fleisch zu essen. Angeblich hatte mein Bruder zwei Wochen lang die Figuren vom Spielzeugbauernhof vor mir aufgebaut, um mir dann ganz genau zu sagen, welches meiner Lieblingstiere ich grade aß – und einmal bespritzte er mich mit einem Plastikfisch (einer Flunder) aus dem McDonald's Happy Meal, als ich an einem Fischstäbchensandwich rumkaute. Ich weinte und aß von da an nie wieder Fisch oder Fleisch. Es gab kein Zurück, ich war traumatisiert. Mein Bruder war selbst auch einen Monat lang Vegetarier, bevor er wieder dem Charme Ronald McDonald's erlag.

Meine Mutter log mich einige Jahre lang an und gab mir «vegetarisches Hack» oder «Pilzwurst» zu essen, hatte aber irgendwann ein schlechtes Gewissen und respektierte meine Weigerung, «die Bauerhoffiguren» zu essen.

Fairerweise muss ich sagen, dass meine Beliebtheit in der Schule stieg, als sich rumsprach, dass ein McDonald's-Besuch mit mir gleichbedeutend mit einem Gratis-Burger war, weil ich das Fleisch immer wegtat und stattdessen Fritten in das süße Gurkenbrötchen stopfte. Aber ansonsten sorgte man sich schon immer sehr um mich wegen meines Problems mit dem Kein-Fleisch-Essen. Alle in meiner Familie essen Fleisch. Sowohl sie als auch meine

Freunde erzählten mir zigmal, ich sei sicher anämisch. Also habe ich es zigmal untersuchen lassen. Bin ich nicht. War ich auch nie.

Aber die Liebe zum Fleisch bleibt. Es ist eine starke Überzeugung, die sich, wie ich annehmen muss, auf Empfehlungen von Großprofiteuren der Fleischindustrie gründet. Und jetzt, wo ich schwanger bin, erreicht die Liebe zum Fleisch ihren absoluten Höhepunkt. Und wird noch mit Vorwürfen garniert.

Ich weiß, dass du es normalerweise nicht isst, Hollie
aber das ist ja nicht nur deine Sache.
Du bringst dein Kind in Gefahr.
In der Schwangerschaft muss man eben besonders
vorsichtig sein.
Es geht jetzt nicht mehr nur um dich.
Es geht ums Baby.
Fleisch
Fleisch
Fleisch
schuldiges Fleisch
Fleisch.

Dee isst auch kein Fleisch. Nur Fisch. Der beste Kommentar, den er sich anhören musste, war der:

Freund: «Hollie ist schwanger?»

Dee: «Ja.»

Freund: «Und, habt ihr wieder angefangen, Fleisch zu essen?»

Dee: «Nö.»

Freund: «Wie hast du es dann überhaupt geschafft, sie zu schwängern?»

Klar, ich habe Anämie, und Dee kann keine Spermien produzieren. Alles nur wegen Fleischmangel.

Versteht mich nicht falsch, Fleisch *ist* ein guter Eisenlieferant. Und Eisen ist wichtig, während der Schwangerschaft und auch sonst. Und Eislutschen *kann* ein Zeichen von Anämie sein. Ich will das nicht runterspielen.

Deshalb habe ich mich heute noch mal meinen Eisenwert bestimmen lassen. Ergebnis: kein Eisenmangel.

Also werde ich weiter mein Eis zerbeißen und es, egal, wo ich bin, unters T-Shirt stecken, wo es schmilzt und mir aufs Herrlichste den Bauch runterläuft. Und während es meine Haut entlangrinnt und meine Übelkeit lindert, singe ich:

Eis
Eis
Verdammtes Scheiß-
Eis
Eis
wenn mir irgendwer erzählt,
mein Baby braucht Fleisch.

17. DEZEMBER
6½ Monate schwanger

Mich schüttelt es jetzt manchmal richtig vor Aufregung.
Ein Zittern, das sich tief im Innern aufbaut. Ich bin wirklich schwanger. Ich habe es jetzt allen gesagt und fange langsam an, selbst dran zu glauben. Ich bilde es mir nicht ein. Ich habe mir heute in der Mittagspause ein geblümtes Umstandskleid gekauft. Ich ging nach Hause, zog es an und stellte mir einen Moment lang vor, ich würde damit am Strand flanieren. Als ich merkte, dass es nur ein Werbespot war, der in meinem Kopf rumgeisterte, zog ich es wieder aus. Ich brachte es am nächsten Tag zurück. Es war einfach nicht das Richtige. Aber eine Sekunde lang schien es wieder eine Option zu sein.

Die Erwartungen bedrücken mich schon oft. Aber zwischen den Sorgen und den Schmerzen und der Übelkeit und der Panik, wenn alle anderen weg sind und endlich mal die Klappe halten, fühle ich ganz deutlich Schauer der Aufregung, die durch meine Adern jagen und Funken sprühen und mich in so eine Art feierliche Stimmung versetzen. Als würde was Außergewöhnliches passieren. So wie damals, als meine Mutter mir erzählte, in mir würde ein Apfelbaum wachsen, wenn ich die Kerne äße, und ich träumte, wie die Äste in meinem Körper langsam ihre Form annehmen, und sie wachsen aus meinen Fingern heraus und an ihnen rote saftige Äpfel. Meine Haare sind Blätter, und mein Körper ragt aus einem riesigen Wald in den Himmel. Aus irgendeinem Grund kam mir nie der Gedanke, dass der Apfelbaum sich durch meine inneren Organe und meine Haut bohren müsste und mich beim Aufschießen verstümmeln würde, bis ich nur noch ein Haufen gebrochener Knochen und zerfetztes Fleisch wäre.

Neulich las ich mal wieder in *James und der Riesenpfirsich*. Ich weiß, es ist ein Kinderbuch, aber ich stehe immer noch auf Roald Dahl. Ich las wieder die Stelle, wo James stolpert und den magischen Sack fallen lässt, den er von dem geheimnisvollen Mann bekommen hat und der sein ganzes Leben verändern soll. All die grünen Samenwürmchen schießen zu Boden. James ist außer sich vor Trauer und Angst, doch am nächsten Tag sieht er am Ast des Baumes, der sich schon unter der schweren Last biegt, einen riesigen Pfirsich hängen, und die ganze Qual und die Trübsal seines Lebens mit Tante Schwamm und Tante Spitzig sind auf einmal vergessen. Ich stelle mir diesen Pfirsich vor, sein Fleisch und seine süßen Säfte und die Pracht, die er in den schäbigen Garten gebracht hat.

So fühlt es sich jetzt manchmal an. Als ob Tausende kreischende Möwen das Baby und mich auf einem gigantischen Pfirsich in die Luft heben und mit uns über den Ozean fliegen – als ob Leben in meinem Körper entsteht. In diesem Moment. In meinem Fleisch.

23. DEZEMBER
7 Monate schwanger

Ich bin jetzt im siebten Monate schwanger. Und ich werde schon ziemlich dick. Meine Oma hat mir letzte Woche eine Strickjacke mit der Post geschickt und dazugeschrieben, es wäre vielleicht besser «den Bauch zu bedecken, Kind».

«Weißt du, wie komisch du aussiehst?»

Die Betriebsweihnachtsfeier war echt die Hölle.

«Weißt du, wie komisch du aussiehst?»

Ich zähl neuerdings mit, wie oft ich so was in der Art zu hören kriege, meist gefolgt von: «Es ist einfach merkwürdig, deinen Körper so zu sehen, Hollie!»

Bei der Weihnachtsfeier gab's einiges zu verzeichnen, und als Bonus noch ungefragt jede Menge besoffene Hände auf meinem Bauch. Was soll denn das? Ihr habt meinen Bauch doch vorher auch nicht angefasst – dann lasst es auch jetzt. Vielleicht reagiere ich auch über. Ist ja im Grunde irgendwie auch was Süßes: Neugier. Und es ist auch irgendwie schräg, Lizenzen zu verteilen. *Du kannst meinen Bauch anfassen. Nein, du nicht, verpiss dich gefälligst.* Eine «Leute, die berechtigt sind, meinen Bauch anzufassen»-Liste. Vielleicht ein bisschen spalterisch, ich weiß. Aber die Feier hat mir echt gereicht. Ich hab zusammengenommen fünf Minuten gestoppt, in denen mir niemand mit seiner verschwitzten, besoffenen Hand die heiße, gespannte Haut gerieben oder gestreichelt hat oder einfach draufgepackt.

Vielleicht bin ich auch nur genervt, weil mal wieder alle betrunken sind und mich anstarren, und ich bin die nüchterne Schwangere, die sich angestarrt fühlt und an ihrem Soft Drink festhält. Ist ja eigentlich keine schlechte Idee, Limonade im Weinglas, aber auf Dauer wird's langweilig. Ich trinke jetzt einfach nur noch Wasser und spar mir die Kohle. Es ist schwerer, als ich dachte, die Nüchterne auf

der Party zu sein; erst recht die nüchterne Schwangere.

Weißt du, wie komisch du aussiehst?

Weihnachten mit der Familie in Schottland. Ich liebe das. Ich bin die Einzige in der Familie mit englischem Akzent, und ich habe hier das Gefühl, meine Ohren kommen zurück in ihre wahre Heimat und nehmen ein Bad in den Stimmen aus Glasgow und Stirling. Am ersten Tag wollen wir bei Dobbie's zu Mittag essen, einer Art Garten-Center mit Restaurant. Als wir losgehen, fragt mich meine Großmutter, ob ich ihren Ring leihen will.

«Nein danke», sage ich lächelnd in der Hoffnung, die Sache so abbügeln zu können.

Aber sie fragt noch mal.

Ich sage: «Nein danke, ich möchte den Ring nicht ausleihen, vielen Dank, Oma.»

Sie sagt: «Ich dachte, du trägst gerne Schmuck.»

Ich weiß, sie will sich nur kümmern und versucht es auf die subtile Tour, aber es klappt nicht.

Ich sage: «Schon gut, Oma.»

Sie sagt, sie will nur nicht, dass mich wer verletzt.

«Hier, nimm die Strickjacke, Kind –
Deck den Bauch zu»
«Es ist ein Baby», sage ich.

Sie lächelt und sieht weg
Heute gehen wir mittagessen
meine Großmutter zieht ihre Handschuhe aus
und bietet mir ihren Ring an
Und obwohl mich das etwas beschämt,
weiß ich, sie will mich nur schützen
davor, dass Leute mich so behandeln
wie sie, hätte sie das Gleiche getan.
Die andere Oma fasst mich um die Hüfte
und zieht mich hauteng an sich heran.
«Bei uns gab's früher auch reihenweise Unfälle»,
flüstert sie.
«Wir haben es nur vertuscht
und schnellstens geheiratet.»

Ledig und schwanger. Mir wird klar, dass es genau das ist, wofür mein Körper jetzt steht. Ich kann mir nicht vorstellen, wie es damals für meine Großmütter war, denn schon für mich jetzt ist der Gedanke wahnsinnig schmerzhaft, meine Familie könnte sich in irgendeiner Weise dafür schämen, dass ich ein Kind in mir habe. Ein gesundes Kind. Mir wird klar, dass mein Körper aller Welt mitteilt: Ich, Hollie McNish, hatte ungeschützten Geschlechtsverkehr. Männerkörper geben nicht so viel preis. Wobei es bei Männern ja sowieso niemanden stört, wenn sie Sex haben. Niemand fragt Dee, ob er nicht lieber einen Ring tragen will, wenn wir ausgehen. Es fragt nicht mal jemand nach Heiratsplänen. Und anders als bei mir würde sich bei ihm auch niemand trauen, Sachen zu fragen wie: «Ich dachte, sie nimmt die Pille?» oder «Hast du dir ein Kondom über den Penis gezogen?» oder «War es geplant?» – was im Grunde alles aufs Gleiche rauskommt – sie fragen nur mich, als ob die Sichtbarkeit meiner Schwangerschaft plötzlich allen das Recht gibt, mich über mein Sexleben auszufragen. Sonst noch Fragen zum Thema irgendwer, wo wir schon mal dabei sind? Welche Stellung war es? Welche Unterwäsche habe ich dabei getragen? Habe ich mich in die vermeintlich todsichere Rausziehmethode reinquatschen lassen? Sonst noch was?!

54 Dee steht nur hinter mir und lacht leise. Entschlossen rubbelt er meinen Bauch und sagt, wie sehr er die gewaltige Kugel liebt. Meine Großmutter lächelt, zuckt aber auch etwas zusammen, sagt ihm, er soll damit aufhören. Ich wollte einfach nur was essen. Eine Ofenkartoffel, einen Krautsalat, eine Tasse Tee. Es sollte keine Freakshow werden. Schließlich wickele ich mir doch die Strickjacke um den Bauch und stelle mir vor, wie furchtbar es damals für meine Großmütter gewesen sein muss, schwanger zu sein – dieses Gefühl, man hätte was falsch gemacht und jeder sieht's.

Weißt du, wie komisch du aussiehst?

Jemand rief mir neulich auf der Straße «Teenie-Mutter» hinterher. «Ich bin sechsundzwanzig», schrie ich zurück. Ich wünschte, das hätte ich mir verkniffen. Ich arbeite viel mit Teenie-Müttern, und ich sehe, wie tapfer sie sind und was sie jeden Tag durchmachen, entgegen dem Vicky-Pollard-Klischee. Ich will nicht wissen, wie sie sich in solchen Momenten fühlen. Ich hätte einfach sagen sollen: «Ja, das bin ich.» Was für ein gottverdammter Idiot. Junge Schwangere zu dissen ist anscheinend der neue Hexenjagdsport für die Jugend von heute.

Weißt du, wie komisch du aussiehst?

Ja, ich bin ledig und sexuell aktiv. Nein, wir haben kein Kondom benutzt. Und ich soll jetzt eine Wolljacke und einen falschen Ehering tragen, um die Scham zu lindern, die alle empfinden. O. k., nicht alle. Nicht mal die meisten – ich weiß, es ist eine andere Generation – aber es ist trotzdem schwer auszuhalten. Ich ermahne mich selbst, auf die Mehrheit zu hören, auf die, die sich freuen, die lächeln, wenn ich es ihnen sage, die mich umarmen. Die meinen Bauch anfassen wollen. Vielleicht ist es also doch was Gutes. Vielleicht ist es doch gut, meinen Bauch anfassen zu wollen. Besser als es nicht zu wollen wahrscheinlich. Was, wenn niemand es wollte?

Weißt du, wie komisch du aussiehst?

Solche und ähnliche Sprüche. Ich habe jetzt angefangen, sie mir zu notieren.

Die Liste: Was man einer schwangeren Frau besser nicht sagen sollte

Weißt du, wie komisch du aussiehst?
Hast du dich schon mal im Spiegel angesehen?
Es ist einfach so seltsam, deine Figur
Es ist einfach so riesig, ich mein ja nur.
Bist du sicher, es sind keine Zwillinge?
Du wirkst irgendwie dicker als andere Schwangere
Zumindest als die aus den Vorabendserien!
Während mein Körper umfasst und begafft wird
Weißt du, wie wahnsinnig komisch du aussiehst?
Ich hätte nie gedacht, dass du fett werden könntest
Wenn ich deine Statur seh', ich glaub's einfach nicht.
«Wunder» würde ich das nicht nennen, sagte sie,
Es sieht einfach nur merkwürdig aus
Dünne Arme und Beine, nur die Mitte umgebaut

Sie sagen:
Weißt du eigentlich, wie du aussiehst?
Wenn du die Straße langwatschelst!
Und schläfst du anständig?
Scherze, dass sie sich freuen, weil ich scheiße ausseh'
Zum ersten Mal bin ich jetzt dicker als sie
Und ich lache und antworte ein-, zweimal freundlich

Aber ehrlich gesagt, richtig nett find ich's nicht
In kürzester Zeit verlierst du, was du hast
Die Größe, die Form, das Gefühl, das du warst
Du musst damit klarkommen, Mutter zu werden
Hast einen Bauch und lauter Beschwerden
In dir ein Baby mit Beinen, die treten
Musst besorgt und verzaubert sein, weinen und wüten
Gehst an Spiegeln vorbei und wirst durch die Dublette
Erinnert an deine Ballonsilhouette
Du bist unsicher, fragst dich, wie soll's weitergehen
Und das Letzte, was du brauchst, sind große Augen, die dich ansehen
Die Hauptattraktion bei jedem Spaziergang
Wenn sie dich im Park anstarren, im Bus, in der Bahn
Und wegen des «Missgeschicks» mitleidig nicken
Zweimal «Teenie-Mutter» und den Tag kann ich knicken.
Ich will ja, dass alles ganz neu ist und toll
Und stolz meinen Bauch zeigen, strahlend und prall
Das Seltsame einsaugen, andächtig, still
Die neue Tür öffnen mit ernstem Gefühl
Doch ich will
Mich noch lieber mit meinen Narben verstecken
Vor den Augen, im Dunkeln, in lichtlosen Ecken
Vor arroganten Passanten, die Sitze besetzen

Vor Freundinnen und «Jetzt bin *ich* dünner»-Witzen
Manchmal will ich wegrennen, mich im Dunkeln
verstecken
Meinen Körper beschützen vor Sprüchen und Blicken
Denn mal spür ich Ekel vorm Wachsen in mir
Mal größtes Glück übers Erwachen in mir
Eine Frage des Zeitpunkts; wenn's mir scheiße geht
Und mein Körpergehäuse die Hüfte lahmlegt
Dann fühl ich mich erniedrigt und mickrig und mies
Wenn du mich fragst: «Weißt du, wie komisch
du aussiehst?»

Kann sein, dass ich lache, auch wenn das Herz weh tut.
Doch ich denke: *Ja, weiß ich,*
Und zwar verdammt gut.

25. DEZEMBER

7 Monate schwanger

58 Es ist der erste Weihnachtsfeiertag, um mich rum türmen sich die Geschenke für ein Baby, das noch gar nicht geboren ist. Meine Familie ist so reizend. So aufmerksam. Der Boden sieht aus wie eine bunt schillernde Grotte. Ich habe ein richtig schlechtes Gewissen.

Ich habe ein schlechtes Gewissen, weil wir alle belogen haben nach dem Ultraschall.

Und grade am heutigen Tag, an dem ich lauter wunderschöne Babyklamotten auspacke, ist der Gegenstand dieser Lüge das große Gesprächsthema.

Das war die Lüge:

Alle: «Ist es eine Junge oder ein Mädchen?»

Wir: «Ach, das wollten wir gar nicht wissen.»

Ich hasse Lügen, aber ich will einfach niemandem erzählen, dass wir es wissen. Denn ich lebe in diesem seltsamen Reich namens England, und aus irgendeinem Grund führen dort die Geschäfte nur eine Farbe für kleine Menschen mit Möse und eine für kleine Menschen mit Pimmel. Machen sie das, weil sie Geld sparen, wenn sie die Farben en gros kaufen? Das muss es sein. Ich wüsste sonst jedenfalls keinen Grund für diese seltsame Besessenheit. Nicht, dass ich Hellrosa hassen würde, aber ich wollte einfach nicht, dass es die einzige Farbe in unserer Wohnung wird oder die Farbe, die mein Baby die ganze Zeit sieht, während es versucht, die Welt und seinen Platz darin zu begreifen.

Sie: «Wer bin ich? Was ist das für ein Planet? Was mache ich hier?»

Wir: «Du bist hellrosa. Du magst Prinzessinnen, Schmetterlinge und Blümchenbilder auf all deinen Kleidern. Du magst keine Züge oder Roboter oder Traktoren.»

Also sagen wir: «Wir wollten es nicht wissen.»

Das hat die Leute mehr aufgebracht, als ich dachte. Viele meinten, sie wüssten gar nicht, in welcher Farbe sie jetzt
Babyklamotten kaufen sollen. Ich will dann immer sagen: Wenn ihr Babykleidung kaufen wollt – und ich wäre euch wirklich sehr sehr dankbar dafür –, hier ein paar Vorschläge für Farben:

Rot
Orange
Gelb
Grün
Blau
Indigo
Violett
Schwarz
Braun
Weiß
Cremefarben
Türkis

Wann sind diese Farben in Vergessenheit geraten? Ich weiß, die Läden sind voll mit Rosa und Blau, wenn's keine anderen gibt, nimm irgendeine von den beiden, sag ich. Ich mag beide, und mir ist egal, ob die Leute glauben, mein Baby wäre ein Junge oder ein Mädchen. Babys sehen sowieso alle gleich aus, und ich bin ziemlich sicher, dass es keine wissenschaftlichen Hinweise darauf gibt, dass sich kleine Jungen in Monster verwandeln, wenn sie Hellrot tragen. Oder dass kleine Mädchen in Hellblau explodieren. Und, in Richtung meiner homophoberen Freunde gesprochen: Ich glaube auch nicht, dass sich nachweisen lässt, dass ein ganz bestimmter Ton einer ganz bestimmten Farbe durch die Haut der Babys in ihr Blut und ihre Gehirnzellen sickert und ihre spätere Vorliebe fürs eine oder andere Geschlecht beeinflusst. Wobei ich andererseits sicher bin, dass ein Baby, wenn man es immer rot anzieht, als Erwachsener Labour wählt. Oder auf Arsenal steht.

Jedenfalls wissen wir bis auf weiteres das Geschlecht nicht. Fragt mich bitte was anderes. Denn ich hasse es zu lügen. Es ist furchtbar. Entschuldigung, ihr alle.

9. JANUAR
7½ Monate schwanger

Zu Weihnachten habe ich von meiner Mutter eine zweite Eiswürfelschale bekommen. Dee hatte Probleme, meinen steigenden Bedarf mit nur einer zu decken. Also kaufte sie uns noch eine. Cool.

Außerdem habe ich «Die Hälfte des Himmels» zu Ende gelesen – Geschichten über Frauen aus aller Welt. Auch ein Geschenk von meiner Mutter. «Für Frauen ist die Todesursache Nummer eins weltweit immer noch die Geburt», las ich da. Danke, Mum, Spitzenwahl. Ist dir aufgefallen, dass ich schwanger bin? Die Eiswürfelschale hätte gereicht!

Ich kann es trotzdem nicht weglegen, und eine Geschichte lese ich wieder und wieder. Ich krieg sie einfach nicht aus dem Kopf. Ich werde aufhören, mich über meine morgendliche, tägliche und nächtliche Übelkeit zu beschweren; über Leute, die meinen Bauch anfassen; über Erfrischungsgetränke auf Partys; darüber, wie sexy oder unsexy ich mich fühle. Das ist alles ein Witz. Die Frau in der Geschichte ist in meinem Alter und schwanger. Ich war einkaufen mit meiner Mutter, und als sie mich fragte, woran ich denke, las ich ihr das Gedicht vor. Sie meinte, ich hätte ihr damit ihr erstes Einkaufserlebnis als Oma versaut, und ich hätte doch auch einfach «Babybettwäsche» sagen können. Ich sagte, dann hätte sie mir das Buch nicht schenken dürfen.

Hohl

Bei uns beiden fing es gleich an, zwei geschwängerte Mädchen
Aufregung bei Partnern und Müttern und Vätern.
Freunde, die reinschneien und anfassen wollen
Bäuche und Brüste monströs angeschwollen.

Es fing bei uns gleich an, mit wachsenden Bäuchen
Zwei reife Tomaten mit Schwangerschaftsstreifen
Wir versuchten auf dem Weg von der Arbeit nach Haus
Ja nicht zu watscheln, dass niemand blöd schaut.

Bei uns beiden fing es gleich an, wir beide erwachten
Frühmorgens von Tritten, gähnten und lachten
Jetzt liegt sie am Straßenrand, blutüberströmt,
schreiend und stöhnend, ich liege bequem.

Weil in meiner Stadt keine Soldaten marschieren,
Weil hier keine Kriegsverbrechen passieren
Ich gehe bucklig, aber furchtlos mit dem Baby durch die Straßen
Ich dürste nach Eis – sie dürstet nach Rache.

Und wenn du fragst, woran ich denke, an Fäustlinge, Schühchen?
Muss ich sagen, ich denk' einfach, dass ich froh bin, hier zu leben.

Mein Wasserballonbauch wird voller und straffer
Ihr Leib ist ein ausgehöhlter Kadaver

Falsche Zeit, falscher Ort, falsches Land, falsche Straße
Falscher Stamm, falsche Seite, Partei oder Rasse.

Wir gehen beide geduckt an Passanten vorbei,
Doch meine passierten, ihre kreisten sie ein.

Aus dem Radio an die Truppen: Ziele sind ab sofort 63
Mütter, Kinder und Moses im Uteruskorb
Mit Macheten und Messern schnitten sie wie durch Speck
Ihren Bauch auf und alles, was in ihm war weg.

Bei uns beiden fing es gleich an, zwei Mädchen geschwängert
Mein Freund war erfreut, ihrer hat sich erhängt.
Meine Eltern waren stolz, ihre konnten nur klagen
Um ihren Bauch schwirrten Fliegen, als auf meinem seine Hände lagen.

Weil in meine Stadt keine Miliz einmarschiert
Das Radio keinen Ethnozid kommandiert
Und wenn du fragst, was ich denke, mit einem Kind in mir drin
Gräbt meine Hand sich in die Haut, und die Seele will fliehen.

Wenn du fragst, was ich denke, an Spielzeug oder Kleidung?
Lächle ich und nicke, denn ganz ehrlich: an keins von beidem.

Wenn du mich fragst, was ich denke, jedes Mal,
wenn es tritt
Und was, wenn sein Herz wieder mal schlägt wie wild
Was ich denke, ich weiß, das klingt ziemlich verrückt
Ist: *Wie könntest du leben, nach so einem Schnitt?*

Doch es gibt keinen Krieg in der Stadt, wo wir leben
 Auch Gräueltaten wird es wohl nicht so schnell geben
Kein Messer zerschneidet, was ich in mir trag,
Und verwandelt meinen Leib in ein offenes Grab.

Was ich meistens denke, und es macht mich verrückt,
Ist *Wie könntest du leben, nach so einem Schnitt?*

9. JANUAR

7½ Monate schwanger

Mit den Tritten wird's langsam irre. Ich habe einen beidfüßigen Fußballer im Körper. Die ersten Tritte waren schon etwas beängstigend. Aber das jetzt ist wirklich unglaublich. Ein paar 14-Jährige, die bei einer Lyrik-Veranstaltung, wo ich mitgemacht habe, in der ersten Reihe saßen, wären fast schreiend von den Stühlen gekippt, als sich ein zwergorangengroßer Fußabdruck auf meinem Bauch abzeichnete. Es war ein ernstes Gedicht, ich fragte mich, was es da zu kreischen gibt. Ich fühle mich wie Sigourney Weaver in *Alien*. Wenn ein Fuß oder eine Hand rauskommt, muss ich irgendwie immer versuchen, reinzukneifen. Das fängt an, richtig Spaß zu machen. Ich könnte stundenlang dasitzen und auf meinen Bauch starren. Meine Hände, Dees Hände, Hände von Freunden, alle warten und starren wie auf einen neuen Fernseher. Dann die Schreie:

«Oh mein Gott, hast du das gemerkt!»

«Verdammt! Hab's verpasst.»

Es ist echt eigenartig. Nein, großartig. Großartig. Es ist eine Ehre, diese Erfahrung machen zu können.

«Tut mir leid, Dee», sage ich. Er legt seine Hand auf meinen Bauch und lächelt. Das Baby tritt gegen seine Hand. Doch ein Linksaußen?

Tritt mich

Das klingt für andere sicher komisch
Aber ich mag es, wenn du mich trittst.
Es ist so, als wüsste ich, wenn ich den Schmerz fühl,
dass du in diesem Moment bei mir bist.
Und Baby, auch wenn der Schmerz oft ganz schön krass ist
Wenn ich deine Faust, deinen Tritt unter der Haut spür
Weiß ich, dass du jetzt hier bei mir bist.

Angewidert glotzen meine Freunde
meinen Bauch an, die Seite, den Brustkorb
Sie sagen, sie haben dich da gesehen

Auch wenn es weh tut von Zeit zu Zeit
Halt ich den Atem erwartungsvoll an
Die Hand reibt die Seite wie von alleine
Doch mein Geist bleibt immer gespannt

Auf den nächsten Kontakt
Und es wird immer
weniger schlimm
Zuerst drehte sich mir der Magen um
Dann sehnte ich mich nach der Sensation
Und jetzt

Warte ich
Zwischen jedem deiner Tritte
Stopp ich die Zeit
Jeden Sekundenschlag, bis du mich schlägst
Ich bete, es kommt bald ein Ellenbogencheck

Der mir zeigt, dein Herz ist topfit
Denn manchmal ist das der einzige Beweis
Dass du noch da bist, ein Anfang in Sicht
Der einzige Beweis für deinen Vater und mich
Dass du noch da bist – und lebst

Denn wir sehen dich nicht
Also warten wir.

Einatmen.
Hände auf dem Bauch
In dem die Hölle los ist.

Bis wir deine winzigen Füße spüren.
Baby, wir lieben es, wenn du trittst.

12. JANUAR
7½ Monate schwanger

 Oh mein Gott. Die letzte Nacht war der helle Wahnsinn. So witzig. Allerdings auch etwas ekelig.

Ich war in einem Club. Schon ganz schön schwanger, aber Dee war MC an dem Abend, und Taskforce sollten auch spielen, die wollte ich unbedingt sehen. Außerdem wusste ich, dass in dem Club direkt vor der Bühne eine weiche Ledercouch steht, und es ist ein kleiner gemütlicher Laden in Peterborough, nah genug, um danach schnell nach Hause zu kommen. Ich ging also hin.

Ich war auf die typischen nervigen Sachen vorbereitet, die immer passiert sind, wenn ich schwanger auf Konzerten war. Kommentare wie:

«Darfst du denn ausgehen?»

«Ist das o. k. in deinem Zustand?»

«Schadet die laute Musik nicht?»

«Aber du trinkst doch nichts, oder?»

Oder du gehst auf eine Party, und jemand bringt dir ungefragt einen Softdrink.

Aber gestern Nacht war es anders.

Wir kommen in den Club. Er ist ein bisschen schrabbelig, aber die Musik ist super, und ich mag auch irgendwie die versiffte, verschwitzte, schummrige Atmosphäre an solchen Orten. Ich hole mir einen Drink und fläz mich auf die Couch, um die Bands zu sehen. Das abgewetzte, kalte Leder fühlt sich großartig an am Rücken. Dee muss weg, backstage. Mein Bauch wölbt sich über die Stretch-Leggins, und ich bin ziemlich fertig, trotzdem ist es schön, mal wieder aus zu sein. Auch wenn ich alleine rumsitze und dazu noch stocknüchtern. Die gute Musik reicht mir.

Doch sofort hat mich eine Frau erspäht und kommt angerauscht. Sie ist auf Pille und über die Maßen freundlich. «Du bist schwanger! Scheiße, wie cool», sagt sie zum Einstieg. «Ich war auch schon mal schwanger.» Dann setzt sie sich neben mich.

«Ich habe zwei Kinder zu Hause, mitsamt Vater. Meine Freundin hat ihrs grad bekommen. Ich geh heute mit ihrem Mann aus. Also nicht in dem Sinne jetzt, nicht mit Vögeln. Es ist nur, sie hat das Neugeborene zu Hause, weißt du, und da bleibt die Leidenschaft schon mal auf der Strecke. Und ich und mein Mann sind durch. Ich gehe nicht fremd – wir machen gar nichts. Nur ein paar Drinks, und na ja, vielleicht du weißt schon. Wie heißt du?»

Wir quatschen ein bisschen über ihre Nicht-Affäre mit dem Mann ihrer Freundin und wie Babys Untreue begünstigen. Sie ist ziemlich lustig, es ist das erste Mal, dass jemand uneingeschränkt positiv auf mich als Schwangere reagiert. Wirklich erfrischend. Sie geht weg, um mit dem Typen zu tanzen, und als sie über die Tanzfläche läuft, rutscht eine andere Frau mit ihren Stilettos aus, schlittert über den Holzboden, reißt dabei ihren Begleiter mit um und legt sich voll auf die Fresse. Alle bepissen sich vor Lachen, bevor sie weiter tanzen, grabschen und kopfnicken.

Es ist komisch, hier nüchtern zu sein, ich komme mir vor wie eine Reporterin. Eine Spionin. Ich sehe den Leuten zu, wie sie sich aneinander reiben und aufgeilen, und frag mich, wann ich mich das nächste Mal wieder besoffen zum Arsch mache. Das letzte Mal ist jedenfalls ewig her.

Etwa eine halbe Stunde später, ich chille grad zur Musik, kommt ein Typ auf mich zu. Schätzungsweise siebzehn. Er setzt sich neben mich, leckt sich die Lippen und sagt: «O.k.?» Dabei zieht er lasziv die Augenbrauen hoch. «Ja, bei mir ist alles o.k.», sage ich. «Ja, du siehst auch o.k. aus», antwortet er. Er ist schon ordentlich besoffen, aber ich denke trotzdem, vielleicht hat er einfach meinen enormen Bauch übersehen. «Ja, ich sehe schwanger aus», sage ich. Lächele und denke, vielleicht ist dieses Schwangersein ja doch mal zu was gut. Aber nein, es hat genau den gegenteiligen Effekt. «Ja», sagt er und leckt sich wieder die Lippen, jetzt sogar noch langsamer, «das sehe ich.» Leckt sich einfach die Scheißlippen! Ich sag, ich will nur in Ruhe Musik hören und wie es wär', wenn er einfach abhaut? Das funktioniert. Dee kommt vorbei, um zu sehen, ob alles o.k. ist. Alles o.k. Dann legt er mit seinem Set los.

Fünfzehn Minuten später passiert das Gleiche noch mal. Etwas anderer Typ, älter. «Schwanger, was?», fängt er an und mustert mich von oben bis unten, vor allem unten. Ums Gesicht geht's ihm nicht, da bin ich ganz sicher. Er ist ein etwas härterer Brocken als der Erste und fragt dauernd, im wievielten Monat ich bin, aber in einem Ton, der eher zu der Frage passen würde, was für ein Höschen ich tragen will, wenn wir gemeinsam seine Matratze qualmen lassen. Geht's noch? Ich schweige ihn fassungslos an und verberge mein Lachen. Als er mir mit seinen Mätzchen zu nahe kommt, erzähle ich von meinem Freund und zeige auf ihn. Endlich zieht er gelangweilt ab, und ich kann Musik hören und chillen.

Ich bin nicht so drauf, dass ich denke, jeder, der mich anquatscht, will mich gleich abschleppen. Mir passiert so was sonst auch extrem selten. Aber das hier, dieses Lippenlecken und Zaunpfahlwinken, war eindeutig sexuell motiviert.

Ich weiß auch, dass es Leute gibt, die schwangere Körper sexy finden; und Frauen, die es sexy finden, schwanger zu sein. Ich habe einiges über sie in Zeitschriften gelesen. Nur geht's mir selbst anscheinend nicht so. Und zwar so gar nicht. Die Vorstellung, jetzt, in meinem hochschwangeren Zustand, Sex zu haben, turnt mich wirklich in keiner Weise an. Das nur nebenbei. Auch nicht im angeblich so praktischen Doggy-Style. Es fühlt sich immer irgendwie komisch an. Vielleicht, weil ich mich irgendwie komisch fühle.

Am nächsten Tag rufe ich meine Mutter an, um ihr zu erzählen, wie der Abend war. Ich erzähle ihr von den Typen. Ohne eine Sekunde zu überlegen, sagt sie: «Sie dachten bestimmt, wenn sie dich flachlegen, wissen sie zumindest, dass du nicht schwanger wirst.»

Mein Gott, das wird es sein … Sehr schmeichelhaft, Mum. Wirklich schmeichelhaft.

28. JANUAR
8 Monate schwanger

Ich habe versprochen, nicht mehr zu jammern, und ich weiß, das ist kein großes Ding, aber ich muss es einfach rauslassen. Ich habe heute fast eine Stunde lang in der U-Bahn gestanden, zwischen Balham und King's Cross – auf der Northern Line gab's ein paar kleine Verzögerungen –, und niemand hat mir seinen Platz angeboten. Für so was bin ich echt nicht die Richtige.

Mich führen immer wieder Lesungen nach London und erinnern mich daran, wie froh ich bin, nicht in dieser Drecksstadt zu wohnen. Vielleicht ist es meine Schuld, so spät in der Schwangerschaft noch Lesetermine anzunehmen. Ich bin im achten Monat, mein Bauch ein Wasserballon, und niemand bietet mir einen Sitz an. Nur einige abschätzige Blicke. Vielleicht bilde ich mir das auch nur ein, aber ich könnte schwören, einige Blicke sind abschätzig. Spöttisch. Spott über ein ungeborenes Baby.

Einige schauen fahrig rüber und dann sofort wieder auf ihr Kindle, und ich frag mich, ob jetzt, wo man die Cover nicht mehr sieht, alle nur noch pornographisches Zeug lesen. Bei einer Frau bin ich mir sogar sicher. Mein Bauch ist wund, meine Hüften sind wund, bitte nicht heute. Schwangerschaft exponiert dich. Sie stattet dich aber nicht mit dem Selbstbewusstsein aus, auf einen Wildfremde, der absichtlich nicht von seinem Sitz aufgestanden ist, zuzulatschen und zu sagen: «Ähm, Entschuldigung, würde es Ihnen was ausmachen, aufzustehen, damit ich mich hinsetzten kann, denn wie Sie eventuell bemerkt haben, habe ich ein Baby im Bauch, und zwar ein scheißschweres.»

Oder etwas Höflicheres. Ein paar meiner Freundinnen sind um einiges unverschämter. Nein, «unverschämt» ist das falsche Wort. Selbstsicherer. Sie sagen, es gibt von den Londoner Verkehrsbetrieben Anstecker, wo draufsteht «Ich bin schwanger», damit alle es wissen, aber ich weiß nicht recht. In der achten Woche vielleicht, wenn einem schlecht ist und schwindelig, es aber noch keine für andere sichtbaren Anzeichen gibt. Aber doch nicht im achten Monat – das sieht ja wohl jeder, und ich möchte nicht in einer Welt leben, wo so was nötig ist. Natürlich ist es nicht immer nötig. Manchmal steht auch wer auf. Nur heute eben nicht.

Also stehe ich da, halte meinen Bauch, um meinen stechend schmerzenden Rücken zu entlasten, und starre diesen einen Mann an. Er scheint um die dreißig zu sein, fit, gesund, rotwangig, leicht arrogant, Anzug, glänzend schwarze Lackschuhe. Irgendwann treffen sich unsere Blicke. Er hat mich garantiert gesehen. Ich lächle, mein erbärmliches Lächeln, wie ein schwacher Seufzer, und senke meinen Blick. Er sitzt auf dem Platz mit dem Schild, das bittet, den Platz bei Bedarf freizugeben für Leute wie mich. Leute wie *mich*, du bekloppter Idiot. (Das sage ich nicht laut.) Oder alte Leute. Oder für irgendwen, der Probleme hat, länger zu stehen. Ich weiß, dass meine Freundin einfach rübergehen würde mit ihrem Bauch wie einem leuchtenden Warnlicht und ihn bitten aufzustehen. Aber ich gehe in meinem Kopf alle möglichen Gründe durch, alle Beschwerden, die ihn möglicherweise daran hindern könnten, aufzustehen, und ich stelle mir vor, wie peinlich das wäre, wenn ich ihn anspräche und er sagen würde, er kann nicht stehen. Er hat mich auf jeden Fall gesehen. Er wäre doch sicher aufgestanden, wenn er könnte. *Vielleicht hat er ein schlimmes Knie*, denke ich, *vielleicht hatte er letzte Woche eine Operation, irgendwas an der Blase oder sonst was, das man von außen nicht sieht.* Also bleibe ich stehen und merke, dass die Schwere meines Bowlingkugelbauchs mir so stark auf die Blase drückt, dass ich mir vielleicht gleich an Ort und Stelle in die Hose pinkele. Ich versuche, meinen Hass auf die Menschheit zu zügeln, und endlich sind wir da. King's Cross.

Der Typ steht auf und geht an mir vorbei, raus aus der Bahn und sprintet über den Bahnsteig, um seinen Zug zu kriegen. Es war also nichts mit seinen Beinen. Er wollte einfach nur seinen Platz nicht aufgeben. Zu wichtig, wahrscheinlich.

Penner.

Ich hasse London. Ich hasse Lesungen. Ich hasse Lyrik. Ich hasse es, schwanger zu sein. Ich hasse es, mich so dämlich anzustellen. Ich will nach Hause. Ich war noch nie in meinem Leben so müde. Ich wollte mich doch einfach nur hinsetzen. Wieso habe ich das Gefühl, ich habe irgendwas falsch gemacht? Ich darf doch schwanger sein, oder?

9. FEBRUAR
8½ Monate schwanger

Versucht sie die Erde in mich hineinzuziehen?
Versucht sie, den Wind und den Regen zu fühlen?
Es ist, als ob sie uns zugehört hat
– nicht mal mehr ganz ein Monat –
Und unbedingt rauswill zum Spielen.

Ich hatte gestern meinen letzten Arbeitstag. Endlich keine halbstündigen Radfahrten ins Büro mehr mit dem Bauch auf der Stange. Wobei Radfahren immer noch um einiges einfacher ist als Laufen. Laufen ist inzwischen eine echte Herausforderung. Genauso wie sich den Arsch abzuwischen, zu schlafen, zu stehen, sich von einer Seite auf die andere zu drehen – vor allem nachts – die Zehen oder die Möse zu sehen und zu atmen. Eigentlich ist alles schwierig, außer – auf allen vieren, in einer Art nichtsexuellen Hündchenstellung – Filme zu schauen oder zu lesen und darauf zu warten, dass das Baby aus meinem Körper rauskommt. Ich habe kein Verlangen, mein Haus zu putzen bzw. mein «Nest», wie es in den E-Mail-Updates heißt, die ich aus einem unerfindlichen Grund immer noch lese. Unser Baby ist jetzt ein Kürbis, einer von der Größe, mit der man auf dem Land Zuchtwettbewerbe gewinnt. Das Einzige, was ich will, ist Eis essen. Und es schneit. Ich bin so froh, dass es schneit. Diese Woche habe ich zwei große Biergläser voll Schnee gegessen und

50 von Dee fieberhaft wiederaufgefüllte Eiswürfelschalen erledigt. Es dreht sich jetzt alles um Eis und Dreck. Gute, günstige Begierden.

Eis und dreckige Kartoffeln

76 Versucht sie die Erde in mich hineinzuziehen?
Versucht sie den Wind und den Regen zu fühlen?
Es ist, als ob sie uns gehört hat
– nicht mal mehr ganz ein Monat –
Und unbedingt rauswill zum Spielen.

Das wäre der einzige Grund, der mir einfällt
für das neue Gefühl, das entsteht
je größer sie wird
desto mehr wächst in mir
die Begierde nach Eis und Schnee.

Die Kolleginnen brüsten sich mit ihren Lüsten
mit den Mengen an Süßem, die sie verdrücken
Mein einziges Laster: gefrorenes Wasser
Eiskalte Tropfen von riesigen Blöcken.

Jetzt singt mein Mund dem Frost auf der Zunge
ein Lied zum Lob und zum Dank
In den schneeweißen Gipfeln
die Gran's Scotland Road säumen
sehe ich Dinner, Frühstück und Lunch.

Gefrorener Schnee, wohltuend wie nie
knirscht zwischen den Zähnen beim Kauen

Ein splitternder Klang
und ich zittere bang
und bete, es möge nicht tauen.

Ich kaue Eislollies, Eiszapfen, Eiswürfel, Schneematsch
tief atmen beim Radfahren, ein eiskalter Rausch
Ich fühl in der Lunge die Kühle der Züge
so frisch wie ganz neue Formen der Liebe.

Ich liebe es, lutsche es, und ich zerbeiß' es
So lang, bis im ganzen Haus nichts mehr aus Eis ist
Mein Bauch sagt mir, was sich bei ihr abspielt –
Da drin war's zu warm
jetzt wieder alles gechillt.

Ein Baby im Iglu-Nest kuschelt sich ein
Ich lass' es auf meine Zunge schneien
Ein süchtiges Glück, eine neue Art Liebe
Reich mir einen Drink und tu Eiswürfel rein.

Ich suche Cafés jetzt nach ihrer Eispolitik aus. Am besten sind die Hohlen. Rund, nicht eckig. Etwas weich. Matt weiß, nicht durchsichtig. Porös. Noch besser ist so ein Crushed-Ice-Knopf wie an dem Angeberkühlschrank meiner Freundin Anna. Ich glaube, ihr ist schon etwas suspekt, wie oft ich jetzt immer zu Besuch komme. Aber das Eis ist einfach der Hammer. Ich meine, sie natürlich auch. Es geht nicht nur ums Eis. Sie ist phantastisch. Einfach ein bisschen Wasser drauf, etwas anschmelzen lassen. Perfekt. Oder die «Slush-Puppies», die ich mir mit 14 bei den Dates mit Chris oder Thurston in der Bowlingbahn immer bestellt hab. Ich bin besessen von Eis, dem Geruch dreckiger Kartoffeln und verwitterter bröckliger Ziegelsteine. Wenn wir ausgehen, bestellt Dee mir schon immer sofort «ein Weinglas mit Leitungswasser und massenweise Eis, bitte».

«Ja, ja – schwanger» – habe ich ihn jetzt auch schon ein paarmal sagen hören.

78 Früher hat mich der Duft von Parfüm angemacht
So wie mein Freund roch, sexy und frisch.
Jetzt gib mir Baumrinde, Moder und Dreck
und ein wohliger Schauer durchströmt mich.

Ich atme tief ein in der Nähe von Schlamm
und spüre den Lungenkrampf
Eine Freundin hatte Schimmel
Wie auf der Türmatte zum Himmel
saß ich dort schnuppernd im Dampf.

Wie Geilheit, nur ohne einen Weg, sie zu stillen
Ich kann nicht so tief atmen, wie ich es will
Ich blähe die Nüstern, atme heftig und schwer
Die Lungen werden immer weiter und schreien nach mehr

Ich riech an Kartoffelschalen, die noch
voll Erde sind, während der Topf überkocht
Ich will in der taukalten Erde graben
Sie einatmen und ihr Geheimnis erraten

Ich liebe den Ziegelgeruch der Garagen
Wünsch mir einen Bau, werde neidisch auf Hasen
Beim Ausflug in Edinburghs Höhlen und Grüfte

Wollte ich gar nicht mehr weg aus dem Duft
schlechter Lüfte

Ich hab rumerzählt, dass ich im Baum wohnen werde
Umgeben von Eiswürfeln, Frost und Erde
Und in mir drin um sie rum ist, ich weiß es,
der Geruch dieser Welt und die Kälte des Eises
Es ist, als ob sie uns gehört hat
– Nicht mal ein Monat –
Und so zieht sie die Erde von außen nach innen.
Ihre kichernden Sehnsüchte werden zu meinen
Ich zerbeiße das Eis und rieche an Bordsteinen.

Wenn niemand hinsieht, fang ich den Schnee auf und stecke ihn mir in den Mund. Wenn niemand hinsieht, schnüffele ich an Erde, lecke an Steinen und starre in Bohrlöcher, in denen Arbeiter graben. Wenn niemand hinsieht, fühle ich mich nicht wie ein Freak, ein Freak mit geschwollenen Brüsten, Kugelbauch und einem Kinn, an dem geschmolzener Schnee runterläuft. Ich fühle mich großartig. Wie der gigantische, reife, saftige, magische Pfirsich. Wenn ich alleine bin, ist alles so großartig. So faszinierend; die Sehnsüchte in meinem Körper, in dir. Warum fasziniert uns so was nicht noch viel mehr? Du da drin. Kannst du mich hören? Wenn dein Vater dir was vorsingt, kannst du das hören? Wenn er meinen Bauch reibt und durch die Haut stiert, als hätte er Röntgenaugen? Jetzt, wo die Arbeit erstmal vorbei ist und ich dazu komme, das alles in mich aufzunehmen – dich in mich aufzunehmen –, wird mir bewusst, dass ich schon ein Baby habe, eins, das in meinem Fleisch lebt und das ich bald treffe. Ein Fremder in meinem Körper. Ich bin nicht Sigourney Weaver in *Alien*, ich bin eine lebende russische Puppe. Ich esse noch eine Handvoll Schnee, aber ich drücke ihn erst noch zusammen, damit er wird wie die steinharten Schneeballbrocken, für die man in der Schule immer mit Nachsitzen bestraft wurde.

Zwei Wochen, das hört sich lang an. Ich sehe meinen Bauch an. Eine Faust kommt durch die Haut, ich fasse sie an. Ich halte Händchen mit einer Fremden, die seit fast neun Monaten in mir lebt. Ich hoffe, du kannst mich hören. Du bist ein Schneebaby, du lässt mich Schnee und Eis essen, als hinge mein Leben davon ab.

15. FEBRUAR

8¾ Monate schwanger

Heute ist ein guter Tag. Ich konnte in Ruhe mit dir quatschen. Ich nahm dich mit an meinen Lieblingsplatz und sah raus aufs Wasser. Endlich ist alles still. Das Wasser. Die Enten. Die Bäume. Mein Kopf. Die Sonne spiegelt sich im Wasser und erhitzt durch den Frost hindurch meine Wangen. Ich hoffe, du hörst zu. Die Welt da draußen ist aufregend, weißt du. Das muss man auf jeden Fall gesehen haben. Ich kann's nicht erwarten, dir alles zu zeigen.

Schneebaby

Der Schnee wird gehen, wenn du kommst, Baby.
Und das Eis schmilzt dahin.
Ein blühender Frühling wird dich erwarten
Wenn du rauskommst zum Spielen.

Wenn sich deine Augen auftun, siehst du Blumen
und Zweige färben sich bunt.
Bienen kommen zurück zum Blütenangriff
und Honig schmilzt um dich herum.

Das Weiß ist zerteilt, wenn du kommst, Baby.
Die Farben zersplittern im Regen.

Die Monotonie der Decke aus Schnee
zerschmilzt zu Regenbögen.

Die Kälte ist weg, wenn du kommst, Baby,
nur eine laukühle Brise wird wehen.
Die Blätter der Bäume sind pfefferminzgrün,
die Flüsse fließen zurück in die Seen.

Der Tau ist hier, wenn du kommst, Baby.
Tierchen stecken den Kopf aus dem Dreck.
Narzissen trompeten Spalier Richtung Park,
wenn dein Ohr die Erde entdeckt.

Das Land wird weich sein, wenn du sitzt, Baby.
Ein Lager aus Gras und Blumenkranzmatten.
Die Sonne wird scheinen, die Hitze wird leicht sein.
Du liegst unter Bäumen im Schatten.

Der Schnee wird weg sein, wenn du kommst, Baby,
Jetzt ist er ein silbernes Vlies.
Also mach's dir noch etwas bequem und wart ab
bis die Knospe den Frost bricht und sprießt.

Der Frost wird weg sein, wenn du kommst, Baby.
Die Pfade glitzern und klirren.

So stärk dich im Frühling
und wenn der nächste Winter singt
kannst du dich in seinen Wundern verlieren.

17. FEBRUAR
9 Monate schwanger – 1 Tag vor dem Termin

Heute bin ich in einem Anfall von Panik bei Mothercare reingerannt und habe zwei Fläschchen gekauft. Was, wenn ich nicht stillen kann? Was, wenn Dee es nicht rechtzeitig in die Stadt schafft? Ich habe gelesen, man soll immer zwei Fläschchen bereithalten für das Baby. Die Verkäuferin zeigte mir, wo sie stehen, und fragte mich dann, ob ich einen Sterilisator habe.

«Nein», sagte ich.

Sie sagte, ich brauche einen, um die Flaschen zu sterilisieren.

«Oh, o. k.», sagte ich. Ich hatte davon gehört, aber nie einen gekauft.

Sie zeigte mir verschiedene Sterilisatoren für die Mikrowelle zwischen 20 und 70 Pfund.

«Ich habe keine Mikrowelle», sagte ich.

«Oh, Sie werden aber eine brauchen, wenn Sie ein Baby haben», lachte sie. Das haben Dee und ich schon tausendmal von allen möglichen Leuten gehört – dass wir eine Mikrowelle brauchen. Wir brauchen eine Mikrowelle, wenn wir ein Baby haben. «Ihr könnt kein Baby haben ohne Mikrowelle», sagen sie. «Und ein Auto mit vier Türen, damit man das Baby besser reinsetzen kann. Und eine größere Wohnung, ihr braucht eine größere Wohnung mit eigenem Garten, keinen, den man sich mit anderen teilen muss.»

«Ich habe keine Mikrowelle. Haben Sie auch andere, die ohne Mikrowelle funktionieren»?

«Nun ja», sagte sie und sah mich an, als wäre ich eine Außerirdische. «Es gibt einen elektrischen Sterilisator, wenn Sie keine Mikrowelle haben.»

Er sah aus wie eine Kiste aus Plastik, war aber 40 Pfund teurer als die anderen und hätte unsere halbe Küche eingenommen.

«Brauche ich wirklich so ein Ding?», fragte ich.

Ich wollte keine nervige Kundin sein, ich verstand nur einfach nicht viel davon und hatte kein Geld zu verplempern.

Sie zeigte mir zwei Clips unten in der Kiste, in denen man die Fläschchen einhängen konnte. Dann zeigte sie mir eine andere Flüssigkeit zum Sterilisieren, wenn ich es kalt machen wollte. Die gab es in Flaschen oder einzelnen Päckchen, etwas größer als Teebeutel, aber mit wesentlich mehr Plastik drum herum. Dann gab es Sterilisationstabletten und schnellreinigende Irgendwas-mit-Dampf-Dinger. Dann fragte sie mich, ob ich einen Flaschenwärmer hätte, damit die Milch auch nachts immer die richtige Temperatur hat.

«Ähh, nein», sagte ich.

Ich war sehr müde. Ich wollte nichts weiter als zwei Fläschchen kaufen, damit ich mein Baby auch dann füttern kann, wenn die Brüste nicht funktionieren, aber jetzt wurde alles nur immer verwirrender.

«Danke», sagte ich, «ich sehe mich noch etwas um.»

Sie ging weg, und ich stand mit leerem Blick alleine vorm Regal. Ich habe keine Ahnung, was ich brauche und was nicht.

Eine ältere Verkäuferin kam zu mir.

«Ich tue die Fläschchen in einen Kochtopf und koche sie für zehn Minuten», sagte sie, «legen Sie einen Teller drauf. Oder …», fuhr sie fort, «wenn Sie stillen können, noch besser, Brustwarzen müssen nicht sterilisiert werden, und die Milch hat immer die richtige Temperatur. Wenn das funktioniert, brauchen Sie nichts zu kaufen, außer Stilleinlagen und Kohl.» Dann ging sie lächelnd weg. Ich lachte und sah mir die Pumpen an. Ich entschied mich, erst mal zu sehen, was mein Körper so draufhat. Ich kaufte zwei Fläschchen, und das war's.

Während ich zurück zur Bushaltestelle watschelte, rief ich meine Oma an.

«Unsinn», sagte sie. «Du brauchst auch kein Kinderbett, wenn du eine große Schublade hast oder einen Korb oder irgendeine Kiste. Wir haben meine Schwester in die obere Schublade von Grandad's Schrank gelegt. Und als Babybad kannst du gut das Waschbecken nehmen, perfekte Höhe, da machst du dir den Rücken nicht kaputt. Und während des Krieges war der Luftschutzbunker im Garten ideal als schalldichte Babykammer.»

Beim Letzten war ich nicht sicher, ob es ein Witz war.

Meine Oma hat ihr ganzes Leben in Glasgow gewohnt, und sie hat mir früher schon mal erzählt, wie sie ihren kleinen Geschwistern gedroht hat, sie müssten raus in den Garten, als die Bombenangriffe besonders schlimm waren und sie alle zusammengepfercht im Bunker hockten. Meine andere Oma wurde nach Stirling evakuiert.

Aber Gran war noch nicht fertig: «Holzlöffel und Töpfe sind gut als Spielzeug, da musst du nichts von diesem ganzen Mist kaufen. Und Wäscheklammern. Und nein, Kind, du brauchst keine Mikrowelle. Wir sind immer gut ohne ausgekommen. Und ich bin vierundneunzig.»

Ich sagte ihr, sie sollte als persönliche Beraterin im Babyausstattungsladen anfangen. Sie sagte, dann wäre der Laden bald pleite.

Mutterschaft als Markt

Ich hab' aufgehört, Sachen fürs Baby zu kaufen
Sachen, die man angeblich braucht
Meine Großeltern lagen
Damals in Schubladen
Und ich wurde Opfer vom Kaufrausch
Und der Gier, die aus allem Geld schlägt, was sie sieht
Aus Geburt und Tod zieht sie ihren Profit
Millionen Eltern sehen wie ich das «Mothercare»-Logo
Produktlisten gibt's zum Geburtsplan dazu
vermarktete Emotionen, freiwilliger Kaufzwang
Verplemperte Vermögen aus Schuldgefühlen und
Angst

Wenn hundert mit Ratschlägen prallvolle Bäuche
sich durch die Gänge schleppen,
überall Etiketten und an ungeborenen
Babys schon Preisschilder kleben

Besorgte Eltern füllen die Wagen
Patente verteuern und preisen die Waren
Allen Schwangeren an, nach dem Motto:
Wenn du das nicht kaufst, ist das Baby versaut

Die Gewinne steigen in jedem Jahr
Neugeborene Ängste zahlen in bar

Liebe verkauft in papierenen Päckchen
Gepunktete Designerjäckchen
Luxusbettchen, Windelsäckchen, der Mercedes
  unter den Kinderwägen
Ganz große Ansage, Johnson & Johnson
Ein unvorstellbar blöder Nonsense
Babycremes und Öle und Gele
Jeden Tag, für die richtige Pflege
Gezahlt wird jeder absurde Betrag
Für Cremes gegen hypothetischen Ausschlag
Bespritzen Kinder mit Petroleumlotion
Paraffin! Zwei Pfund pro Portion!
Elektrische lärmige Babyspielsachen.
Wann haben die Menschen verlernt zu sprechen?
Können wir keine Bücher mehr aufschlagen?
Geschichten vorlesen, Gedichte vortragen?
Reicht nicht ein Topf, ein Holzlöffel, Glocken?
Lass sie fühlen, sehen, riechen, schmecken.

Hunderttausend für die Liebe von Mothercare
Für sie geben Eltern ihr letztes Hemd her
Weil ihnen gesagt wird, sie würden versagen
Von denen, die derweil die Beute heimtragen.

28. FEBRUAR
9 Monate schwanger

Heute haben wir beide nur dagesessen und auf dich gewartet, aber nichts ist passiert. Ich weiß nicht, wie das jetzt läuft. Ich habe eine Ananas gegessen und ein Tikka Masala mit Gemüse. Zu Trinken gab es Himbeerblättertee. Julie brachte mir später noch eine Ananas.

Alle kaufen mir jetzt dauernd Ananas.

Ich war schwimmen. Dee hat ein Foto gemacht, es an meinen Vater geschickt und geschrieben, das sei das Geburtsbecken. «Ist es jetzt so weit?», schrieb mein Vater zurück. «Nein, aber heute ist das offizielle Datum, also dachten wir, wir fahren einfach ins Krankenhaus, setzen uns rein und sehen, was passiert» – schrieb er.

«Oh, o. k.», war die Antwort.

«Sorry, Dad, war nur Spaß», schreib ich.

«Oh, o. k.»

Nicht ganz so ein Knaller, wie wir erwartet haben. Aber das Schwimmen war gut. Ich würde im Wasser schlafen, wenn ich könnte. Wenn ich schwimme, stelle ich mir vor, wie die Kleine in meiner Gebärmutter schwimmt. Eine Schwimmerin in einem Pool in einer Schwimmerin in einem Pool. Cool.

1. MÄRZ

9 Monate und 1 Tag schwanger

19:15 Uhr

Sie ist jetzt überfällig.

Ich war heut wieder schwimmen. Dee hat von seiner Schule einen Pass für so ein schickes Fitness-Center. Wir können aber nur spätabends rein, tagsüber sind da die Kinder, die Dee unterrichtet.

Dees Tage sehen im Augenblick so aus: den Tag über an der Schule arbeiten; abends als Bademeister für die schwangere Freundin; im Club arbeiten, die Menge bis vier Uhr morgens mit Drum 'n' Bass zum Toben bringen; aufstehen um 7, zur Schule fahren. Das Ganze von vorn.

Meine sehen so aus: Panik schieben, watscheln, versuchen zu entspannen, schwimmen, Eis essen, versuchen zu schlafen.

Aber der Schwimmpass ist das Beste. Der Mann, der grade seine Bahnen schwamm, wäre beinahe aus dem Wasser gesprungen, als er mich sah.

«Du siehst aus, als würdest du jeden Moment platzen», sagte er, «wann ist es denn so weit?»

«Gestern», sagte ich. Dann ist er raus aus dem Becken. Er hat wirklich das Becken verlassen.

Es fühlt sich so gut an, im Wasser zu sein. Rauskommen ist anstrengend. Du bist wirklich schon ganz schön schwer, also, wenn du erwägen würdest, in nächster Zeit mal rauszukommen, würde mich das wahnsinnig freuen.

Seit ich im Schwimmbad nackt vorm Spiegel stand und weiß, dass mein Körper aussieht wie ein Trichter, habe ich noch mehr Angst, dass zwischen meinen Beinen viel zu wenig Platz ist für das riesige Baby in meinem Bauch.

Ich habe Angst davor, entbinden zu müssen. Geburt ist die häufigste Todesursache bei Frauen weltweit. Noch mal

danke für das Buch, Mum. Ich habe schreckliche Angst. Ich habe die Form eines Trichters und wirklich eine wahnsinnige Scheißangst.

Um ehrlich zu sein, ich hab's mir anders überlegt. Ich will kein Baby bekommen. Ich meine, ich will ein Baby haben. Ich will nur keins *bekommen.* Ich will ein Mann sein. Ich habe Angst, denn jetzt gibt es kein Zurück mehr. Und ein Mann kann ich auch nicht werden.

Meine Mutter meinte letzte Woche, ich soll vorsichtig sein. Bei meiner Cousine haben nach der Geburt die Nieren versagt. «Sei ja vorsichtig», sagte sie. Aber wie soll ich vorsichtig sein? Wie soll ich vorsichtig gebären? Ich habe keine Ahnung, wie das gehen soll. Wirklich, ich habe eine Wahnsinnsangst, und ich lebe in England. Und ich bin so dankbar wie noch nie zuvor, dass ich hier lebe. Dass wir den NHS haben. Es ist unwahrscheinlich, dass man bei der Geburt stirbt. Aber nicht ausgeschlossen. Und wie kann es sein, dass noch immer so viele Mütter und Babys unnötig bei der Geburt sterben? Ich habe Angst und komme mir egoistisch vor. Ich hoffe nur, dir geht es gut. Lass es bitte alles gutgehen. Was kann ich tun, damit es gutgeht? Das ist zu viel Verantwortung für meinen Körper.

«Es tut mir leid, Hollie. Es tut mir leid, dass du das durchmachen musst. Bitte, hass mich nicht», sagt Dee.

«Ich hasse dich nicht. Ich habe nur Angst. Wenn ich sterbe, gib nicht dem Baby die Schuld, o.k.? Sie kann nichts dafür.»

«Sag so was nicht.»

«Bitte versprich mir das. Gib nicht dem Baby die Schuld. Du darfst ihr nicht grollen!»

«O. k. Werde ich nicht.»

Ich weine.

Ich warte auf die Geburt, und das Einzige, woran ich denken kann, ist der Tod. In meiner Clique fragen sie mich, ob ich glaube, dass das Baby lockige oder glatte Haare haben wird. Blaue oder braune Augen. Ehrlich gesagt, ist mir das alles scheißegal. Gesund. Ein Ziel. Gesund. Bitte. Bitte Bitte.

Wahrscheinlich

Wahrscheinlich sterbe ich nicht bei der Geburt
Wahrscheinlich bin ich nicht allein
Wahrscheinlich reißt die Aorta nicht
Wahrscheinlich breche ich mir nicht das Schambein.

Wahrscheinlich lässt man mich nicht verbluten
Wird mein geschwollener Bauch nicht mit Tritten verletzt
Wahrscheinlich wird mein Kind nicht gekidnappt
Mein Schoß nicht von rostigen Messern zerschlitzt.

Wahrscheinlich muss ich nicht zum Krankenhaus laufen
Nur um zu hören, es gibt keine Plätze

Wahrscheinlich krieg ich keine inneren Infekte
nur weil ich keinen Penny besitze

Wahrscheinlich reißt mein Haut nicht,
Fisteln, aus denen Exkremente austreten.
Wahrscheinlich habe ich keine der Komplikationen,
die weltweit Millionen Gebärende töten.

8. MÄRZ
9 Monate und 8 Tage schwanger

4:00 Uhr morgens

Um zwei weckte ich Dee auf, weil ich dachte, die Wehen setzen ein. Ein mattes Flüstern in sein Ohr, und er springt schneller aus dem Bett, als ich es je erlebt habe, und ruft, vor Müdigkeit noch leicht lallend, «Fuck. Cool. Ich hole die Autoschlüssel.»

Ich gehe aufs Klo und merke, ich musste nur scheißen. Peinlich. Er geht wieder zurück ins Bett und lacht. Es ist schon das zweite Mal diese Woche, dass mir das passiert. Ich steckte mir zwei Kissen unter den Bauch und versuche zu schlafen, was zurzeit ziemlich aussichtslos ist. Alle sagen einem: «Sieh zu, dass du Schlaf kriegst. Wenn das Baby erst mal da ist, gibt's keinen mehr.» Hahaha, lustig. Schlaf du mal, wenn an deiner Wirbelsäule ein Basketball aus Blei hängt. Wieder sehe ich einen Film, wo ein strahlendes Pärchen verkündet: «Wir sind schwanger.» Ich kann diesen Satz nicht mehr hören. Ich schreie den Typen im Fernseher an: «Du bist nicht schwanger, verdammte Scheiße. Du weißt überhaupt nicht, wovon du redest, du eingebildeter Wichser. Und dein Leinenhemd sieht auch kacke aus.» Er hört mich nicht. Dee und ich bekommen ein Baby. Er ist nicht schwanger. Da sind wir uns beide einig.

Auf die Wehen warten ist ein bisschen wie Weihnachten. Es ist aufregend. Ich habe keine Ahnung, wie Wehen in Wirklichkeit sein werden. Nur warten. Wach. Warten auf einen intensiven Schmerz. Warten auf das komplett Unbekannte und die völlige Veränderung meines Lebens.

«Wenn du noch telefonieren kannst», sagt die Hebamme, «sind das nicht die Wehen. Bei Wehen sind die Schmerzen zu groß zum Sprechen», lacht sie. Super, danke. Dann warte ich eben einfach. Auf einen Schmerz, der so stark ist, dass ich nicht mehr sprechen kann. Gut. Warten. Ist es das jetzt, geht es los? Nein. Tapfer sein. Atmen. Ich kann nicht schlafen. Ich starre aus dem Fenster in die Sterne und weine.

Voller Angst.

Warten.

Warten

2

FRÜHLING
EIN NEUES BABY

12. MÄRZ
9 Monate 2 Wochen

24 Stunden Geburt
7 Geburtspositionen
2 Eltern
1 Baby – 4 Stunden alt
10 Uhr morgens

Die ersten Gedanken nach der Geburt

1. «Push it» von Salt 'N' Pepa auf der Geburts-CD war nicht so lustig, wie ich dachte.

2. Ich glaube, als das Baby kam, habe ich nicht geweint, weil mich die Mutterliebe überwältigt hat. Ich glaube ich habe geweint, weil mir keiner mehr sagte, ich soll eine Bowlingkugel aus meinem Arsch rauspressen, und weil ich keine Angst mehr hatte, dass meine Rippen brechen oder meine Lungen zerplatzen oder mein Gesicht explodiert. Kurz gesagt, die Geburt ist vorbei, und alle haben überlebt. Ich bin ewig dankbar und extrem glücklich und werde mich nie mehr über irgendwas in meinem Leben beschweren.

3. Ich wünschte, jemand hätte mir gesagt, dass du, wenn du genug gepresst hast und das Baby geboren ist, es noch lange nicht geschafft hast. Auch wenn das im Fernsehen anders aussieht, danach musst du erst noch die Plazenta rauspressen; was zwar nicht weh tut, sich aber anfühlt wie ein riesiger kalter Berg Wackelpudding zwischen den Bei-

nen. Dann hält wer deine Beine auseinander, und du wirst genäht, wenn es sein muss. Und das ist eine problemlose Geburt. Ich hatte Glück. Ich brauchte nur einen Stich. Und doch hat's mir davor gegraut, die Plazenta herauszupressen. Meine Beine waren blutüberströmt. Niemand hat mir gesagt, dass meine Beine voller Blut sein würden und dass die Plazenta sich anfühlt wie kalter Wackelpudding zwi-

schen den Beinen. Oder dass sie fast so groß ist wie das Baby selbst. Das Fernsehen lügt. Das sind alles Lügen. Ich habe das Gefühl, mein Leben lang belogen worden zu sein. Ich habe nicht runtergeschaut. Ich hatte zu viel Angst zu sehen, was dort war.

4. Ich hatte eine gute Geburt, ich weiß das und bin verdammt dankbar. Die Hebamme hat mich so großartig unterstützt und beruhigt, wie ich es mir nur wünschen konnte, Dee war phantastisch, und alles ist o.k. Aber als der Arzt nach der Geburt reinkam und auf dem Krankenhausformular das Kästchen neben «normal / unkompliziert» abhakte, war es trotzdem wie ein Schlag ins Gesicht.

Unkompliziert, alles klar, du Arsch. Dann probier es doch mal aus. Sie sollten das Wort aus den Formularen streichen oder zumindest «gut gemacht» oder so was dazu schreiben.

5. Ich glaube, ich bin einem Geheimbund beigetreten. Warum hat mir vorher niemand was davon erzählt? Ich rufe meine Großmutter an, die vornehmste Frau, die mir je begegnet ist. Aber statt die von mir erwarteten Freudentränen über die Ankunft eines neuen Urenkels zu vergießen, stößt sie einen tiefen Seufzer der Erleichterung aus und sagt: «Oh Hollie, bin ich froh, dass es dir gutgeht. Eine grauenhafte Scheiße ist das, nicht wahr?» Mein Tantchen, Lehrerin in einer Grundschule hier in der Gegend,

sagt nur: «Na, Wassermelone geschissen?» Meine Mutter, seit dreißig Jahren Krankenschwester und die Einzige, von der ich erwartet hätte, dass sie mich nach der Geburt fragt, bricht schlicht in Tränen aus und kann vor lauter Schluchzen nicht sprechen, wofür sie sich, wie immer, wenn sie weint, entschuldigt. Ich weine auch. Ich weine, weil ich nicht weiß, was ich fühlen soll. Ich berühre meinen Bauch. Er fühlt sich leer und weich an und anders als alles, was ich jemals angefasst habe. Ich weine, weil mein eigener Körper mir völlig fremd vorkommt und weil niemand mich davor gewarnt hat. Ich weine, weil ich mich mühsam an den schwangeren Körper gewöhnt habe und mich jetzt wieder neu an den alten gewöhnen muss. Ich weine, weil Dee ein Baby hält, das aus meinem Körper herauskam. Ich weine, weil jetzt grade ein Baby auf meiner Brust ist und es ihm gutzugehen scheint.

6. Als das Baby geboren war, kroch es sofort die magische braune Linie, die meine Haut mir auf den Bauch gemalt hatte, aufwärts und fing an, Milch aus meiner Brustwarze zu saugen. Unglaublich. Woher wusste sie, was zu tun ist? Sie ist ein Genie. Ich weine noch etwas, weil alles so gut läuft. Ich fühle mich ein bisschen wie eine Kuh. Aber wie eine heilige indische Kuh. Die dankbarste Kuh auf dem Planeten.

7. Ich werde niemals, wirklich niemals, wieder scheißen. Ich werde nie mehr irgendwas aus meinem Körper herausdrücken. Ich weiß nicht, was mein Verdauungssystem dazu sagt, aber es wird irgendwie klarkommen müssen. Mir wird gesagt, ich solle pinkeln. Werde ich aber nicht. Ich werde niemals, jemals, nie im Leben wieder pissen oder scheißen.

8. Ich wurde zum Pinkeln gezwungen. Als die Geburt

geschafft und ich genäht war, kam ich in ein anderes Zimmer, zum «Entspannen». Ich würde ja eher «Erholen» sagen, aber gut. Man gab mir etwas Toast und eine Tasse Tee, und dann hieß es, ich soll pinkeln gehen. Ich könnte erst auf die Wöchnerinnenstation verlegt werden, wenn ich gepinkelt habe. Ich sollte dafür ins Bad nebenan gehen. Sie mussten wissen, ob ich wieder pinkeln konnte, nachdem ich fast während der gesamten Wehen einen Katheter in der Harnröhre hatte. Eine Stunde lang konnte ich es hinauszögern. Dauernd kam wer rein und fragte: «Haben Sie schon Wasser gelassen?» Sie brauchten das Zimmer wohl dringend. Bei dem Gedanken daran, zu pinkeln, musste ich heulen. Wie soll ich denn jetzt pinkeln? Mein Körper hat entsetzliche Angst vorm Pinkeln. Schließlich pinkelte ich im Bad. Ich sah kurz mein Spiegelbild, meine Hände zitterten, und alle Äderchen in meinem Gesicht waren rot vom ewigen Pressen. Noch nie in meinem Leben war Pinkeln derart gruselig und schmerzhaft. Ich werde nie mehr scheißen. Niemals. Mein Körper ist kaputt.

9. Ich weiß nicht richtig, wie man im Stehen ein Baby hält. Ich habe nur einmal im Leben ein Baby gehalten, vor zwei Wochen, weil Dee mich dazu gezwungen hat. Wir haben seine Cousine mit ihrem neuen Kind besucht. Dee nahm das Baby, reichte es mir rüber und sagte: «Hier, Hollie, ein Baby.» Und verließ den Raum. Penner! Ich will niemandem erzählen, dass ich nicht weiß, wie man das macht, aber irgendwann werde ich ja auch mal mit dem Baby rumlaufen müssen. Ich lass es einfach auf mich zukommen. Ich komme mir vor wie ein Idiot, wenn ich frage, wie ich mein eigenes Kind halten soll. Ich kann im Moment sowieso noch nicht laufen, also denke ich mal, das kann warten. Ich habe ein bisschen Angst vorm Aufstehen.

10. Die Matroschka hat sich geteilt. Wir waren eine Einheit. Jetzt sind wir zwei einzelne Menschen, und ich weiß immer noch nicht ihren Namen. Aber sie ist zufrieden, wenn sie auf mir liegt, und das ist gut. Vielleicht warte ich, bis sie sprechen kann, und frag sie dann, wie sie heißt. Es kommt mir irgendwie seltsam vor, ihr den Namen von jemand anderem zu geben.

11. Ich bin froh, dass ich die riesigen Unterhosen eingepackt habe. Die Krankenhausbinden sehen aus wie Windeln. Ich blute in eine Windel und halte mein Baby im Arm und weine. Meine Mutter erzählte mal, dass bei ihr im Krankenhaus eine Frau für nach der Geburt Tangas mitgebracht hat. Ich verstehe jetzt, wie schrecklich das war.

12. Dee hat seine Mutter, Großmutter, Tanten, Cousinen und alle anderen Frauen aus der Familie angerufen, die Kinder haben. Zum einen, um ihnen mitzuteilen, dass er ein gesundes Baby hat. Zum anderen, um ihnen dazu zu gratulieren, Kinder geboren zu haben. «Im Ernst», höre ich ihn sagen. «Alle Achtung, Grandma. Ich meine, sieben?» Er ist wie unter Schock. Ich auch. Sein neu entdeckter Respekt für Mütter ist immens. Meiner auch. Ich höre, wie er jeder, die er kennt, am Telefon gratuliert. «Danke, Mum. Nein wirklich, danke, Mum.»

«Alle Achtung, Hollie», sagt er. Er sieht mich an und drückt das Baby an die Brust. «Wir haben ein Baby.» Und er weint. Und ich fange auch wieder an zu weinen. Ich glaube, diesmal weine ich aus Liebe. Aber sicher bin ich nicht. Ich bin furchtbar müde. Das Baby ist die einzige Person, die nicht weint. Die Tapferste von uns.

Gegenteil-Mann

Er ist das Gegenteil von dem, was im Artikel stand.
Dort stand:
«Überlegen Sie sich gut, ob der Vater mit reinkommt.»
Nemesis vergangener Männergenerationen
Ihr ewiges Lied vom Mutterinstinkt.

Du überstrahlst den Mackerschwachsinn
Träufelst mir Energie auf die Zunge
Mit Wasserflaschen und sanftem Gesang
Als ich am ganzen Körper zitterte
Als Gefäße zerplatzen im Gestöhne der Wehen.

Hast du sie genommen
Sie als Erster gewaschen
Du hast die Schnur durchgeschnitten
Du hast das Schlimmste oder, wie du sagen würdest,
das Beste
gesehen, was ein Mann jemals sehen kann.

Grandad hat sich das nicht getraut.
Hat draußen gesessen, besorgt vor sich hin geschaut
Rauch zum Sekundenzeiger geblasen beim Warten
Keinen Schimmer davon, was Frauen so taten.
Du stehst gegen die Historie
Dein Anblick der von Glanz und Glorie
Während andere angeekelt abwinken
Und sagen, «Geburtskram» ist nicht so ihr Ding.
Dein Lob macht meine Schmerzen lind
Wenn du damit prahlst, wie stark ich bin
All die Sachen die ich als «Lady» im Stillen
denke, obwohl ich sie rausbrüllen will.

Weil ich im alten Frauenstil
Mich und die Schmerzen runterspiel.

Wir brauchen mehr Männer wie dich, die wissen
Und weitererzählen, was wir durchmachen müssen
Du bist das Gegenteil von dem, was im Artikel stand.
Dort stand:
«Überlegen Sie sich gut, ob der Vater mit reinkommt»

Denn du hast mich beruhigt und gelacht, als ich litt
Die verschwiegene Kraft brüllst du raus für mich mit

13. Aber dann höre ich wieder so einen Typen reden. «Ich wechsel keine Windeln», sagt er, vor den Ohren seiner Partnerin. Sie haben zwei Kinder. Aber er wechselt nun mal keine Windeln. Mag er nicht. Nö. Ich kann das nicht fassen. Vorher hat mich das nicht so gestört – wenn Männer so was gesagt haben. Aber jetzt, nach alldem, jetzt, wo ich weiß, wie es wirklich ist, schwanger zu sein und eine Geburt durchzustehen, kippe ich ihm in Gedanken den Windelinhalt über den Kopf. Auch etwas kindisch, ich weiß, aber …

Scheiße

«Ich wechsel keine Windeln», blubbert's aus ihm raus,
Und ich lieg wach, statt zu schlafen, denn das Feuer
geht nicht aus.
In mir lodern die Flammen, ich weine vor Wut
darüber, dass ein Sexist, was nicht gut riecht, nicht tut.
«Er wechselt keine Windeln» heißt

«Er mag nicht so gern Scheiße»
Als ob Freundinnen, Frauen, Mütter von Natur aus darauf heiß wären
Nach all ihren Sorgen, ihrer ganzen Tortur
Will er nur wiegen, weinen, knuddeln und ansonsten seine Ruhe.
Neun kotzüble Monate trägt sie es unterm Herzen

Der Körper verformt sich, der Rücken ächzt vor Schmerzen
Angst bei jeder Bewegung, dem Kind vielleicht zu schaden
Keine Drogen, kein Alkohol, von Sorgen beladen.
Dann die Geburtswehen, bis zu vier Tagen
Zur Geburt selbst will ich lieber nichts sagen
Der Blick der Horrorconnaisseurs
darauf, wie's ihr an dem Tag geht
Tja, die Natur nimmt ihren Lauf,
Tschüs dann, ich geh' den anderen Weg.

Kann sein, dass andere die Qual
vergessen können, ich niemals.
Dann wieder mit dem Kind zu Haus
Explodierende Brüste, Sack als Bauch
Milchmaschine, Lebensquelle
Brustkrampf, sobald das Baby sich meldet
Brustwarzen nässen, die Narbe sticht
Nie ist ein Ende der Plagen in Sicht
Und dazu wird sie auch noch
Dreimal pro Nacht zum Stillen wach.
Und trotz allem, was sie erleidet und leistet
Sagt er «Ach nee, ich mag keine Scheiße»
Wenn du mein Freund wärst, das tät ich:

Vergiss das Kind.
Ich scheiß auf dich.

Ich muss jetzt schlafen.
Dieses Baby ist ein Wunder.

16:00 Uhr
«Sie können jetzt nach Hause gehen», sagte die Schwester und lächelte.

Ich wollte nicht nach Hause. Ich habe keine Ahnung, was ich da machen soll. Aber auf der Station war es bullenheiß, und mit einem Baby rumzusitzen und den Frauen im Kreissaal zuzuhören, die lauter schrien, als ich je wen hab schreien hören, hatte was von einem interaktiven Horrorfilm. Aus irgendeinem Grund war es jetzt, nach meiner eigenen Entbindung, noch schlimmer, die Schreie zu hören. Wahrscheinlich, weil ich es mir bildhafter vorstellen konnte. Ich weiß nicht, warum ich kaum geschrien habe. Vielleicht, weil ich generell nicht viel brülle oder schreie. Habe ich noch nie gemacht. Ich habe weder geflucht noch Dee gehauen. Ich glaube, er war etwas enttäuscht. Ich habe ihm auch nicht die Hand gebrochen oder ihm gesagt, dass ich ihn hasse (auch eine beliebte Filmszene). Ich saß nur da und spielte Buddha und drückte heimlich auf meine Klitoris, um die Nerven von den Schmerzen im Rest meines Körpers abzulenken. Den Tipp hat mir eine Freundin gegeben, doch allgemein spricht man anscheinend nicht offen davon. Ärgerlich eigentlich, denn immerhin ist das bei Frauen die Stelle mit den meisten Nervenenden, am besten geeignet, den Geburtsschmerz wenigstens etwas zu entschärfen. Wie ein Paracetamolrausch. Aber im prüden Großbritannien würden sich die Leute vorstellen, dass man sich fröhlich durch die Wehen fingert, und einen womöglich als sexbesessene, durchgeknallte Dreckschlampenmutter beschimpfen. Finger am eigenen Kitzler – Nummer eins im weltweiten Sündenregister – super.

Na, jedenfalls war es schrecklich, wieder nach Hause zu kommen. Neun Stunden nachdem mein Körper neun Monate an einem Kind geschuftet hat. Ich. Keine Erfahrung mit Babys. Oder Stillen. Oder Baden. Oder irgendwas. Ich verließ die Station ganz langsam und brach in Tränen aus. Ich dachte, mein Brustkorb wäre verschwunden. Ich geriet in Panik. Ich tastete nach meinen Rippen. Ich konnte sie nicht finden. Ich fing an, hektisch atmen.

«Bist du o. k., Hollie?», fragte Dee.

«Ich habe keine Ahnung. Ich weiß nicht, welches Gefühl jetzt das normale wäre. Mein Körper ist ein Schrotthaufen. Ich weiß nicht mehr, was o. k. ist und was nicht.»

Mein ganzes Innenleben hat dem Baby Platz gemacht, das grade von seinem Vater getragen wird und eine babygroße Lücke hinterlassen hat, die Organe rutschen langsam wieder zurück in ihre alten Positionen. Ich dachte wohl, dass würde alles ganz schnell gehen, wie bei einem Pop-up-Zelt. Das ist dumm, ich weiß. Mein Brustkorb fühlt sich an, als wäre er zu weit oben, und ich kriege keine Luft. Wieder suchte ich meine Rippen und hatte den Eindruck, sie gingen um meinen Hals rum. Das machte mir Angst. Ich wollte nicht nach Hause. Wir gingen zurück zur Station und meldeten uns wieder bei der Frau an der Rezeption.

«Na ja, Sie können warten, aber ich kann Ihnen nicht sagen, wann ein Arzt kommt. Kann eine halbe Stunde dauern, kann auch acht Stunden dauern», sagte sie. Ich lächelte, lief aus dem Krankenhaus und versuchte meine

Tränen zu verbergen. Ich wollte doch nur, dass jemand, dem es nicht völlig am Arsch vorbeigeht, wusste, dass ich fast umkam vor Angst. Ich wollte die nette Hebamme zurück. Dee hielt meine Hand, und wir gingen.

Zu Hause

Und doch ist es schön, zu Hause zu sein.
Schön, zu Hause zu sein, mit dem neuen Mitbewohner.
Und was passiert jetzt?
Wir starren ein Baby an, das auf einer Decke
in unserem Bett schläft.
Und was passiert jetzt?
Nichts, sie schläft weiter.
Wir sitzen still da, trinken Tee und schauen einer
kleinen Person dabei zu, wie sie schläft.
Warten. Aber diesmal nicht auf Schmerzen.
Es viel schöner so.
Warten.
Warten.
Warten.
Sie schläft weiter.
Ich kann nicht glauben, dass wirklich ein Baby
in mir darin war. Ein echtes.

14. MÄRZ
1 Tag alt

1:00 Uhr

Dann schwirren Besucher an wie Fliegen. Alle Augen auf dem Baby und mir.

Ich kann nicht richtig pinkeln, und wenn, muss ich mich danach in der Dusche abspülen, weil man eine Zeitlang kein Toilettenpapier benutzen soll wegen der Infektionsgefahr. Das hat mir auch vorher keiner gesagt. Alle sagen, wie gut ich aussehe, und mir tut Dee ein bisschen leid. Jeder macht sich selbst Tee. Manche sagen sogar, ich sehe dünner aus, was ich seltsam finde. Ich habe mir Sachen aus Musselin, die wir fürs Baby gekauft hatten, in die Hose gestopft, weil es die Binden aus dem Krankenhaus nicht richtig bringen und mir niemand gesagt hat, dass ich bluten würde, und ich später keine Zeit mehr hatte, welche zu kaufen. Niemand hat mir gesagt, dass ich blute, als wenn ich mir das selbst denken könnte. Konnte ich nicht.

Und ich blute.
Meine Brustwarzen tropfen.
Ich stille.
Ich weine.
Ich bin am Ende.

Der Tag voller Gäste.
Dann hört alles auf.

Alle gehen.
Nur noch er und ich und das Baby.

Und er muss schlafen, damit wir nicht *beide* zu Zombies werden, aber ich will nicht ins Bett. Es kommt mir immer vor wie ein schlechter Witz, wenn ich im Bett liege und ums Verrecken nicht einschlafen kann.

Ich bleibe sitzen.
Und er küsst uns auf den Kopf und verabschiedet sich.
Und von zwei bis sechs sind hier nur du und ich, Baby.

Abseilen

Du seilst dich von meiner Brust ab wie ein winziger
Bergsteiger
Du hältst dich fest und stützt dich auf die
Schulterblattklippen
Dann kämpfst du dich von links nach rechts,
konzentriert, die Augen offen
Kein Gore-Tex, keine Gurte, nur ein lila Strampler
Du hältst inne, brummst nach Hilfe, ich sehe schon
die Panik
Bis die flinken Finger Halt finden
Du den Kopf durch die Luft schwingst
Zur Seite deiner Wahl
und du landest

Du bringst deine Lippen an
Trinkst und schläfst erschöpft ein
Mein hungriges Extremsportbaby

Seil dich jederzeit
an mir ab.

5:15 Uhr

Cool

Du willst um fünf Uhr morgens treten, cool,
ich schreibe ein Gedicht
Du willst um drei Uhr früh geschaukelt werden, cool,
ich mag die Nacht
Du willst durch Fensterscheiben sehen, cool,
ich mag das Licht
Du willst auf meinen Brüsten liegen, cool,
ich mag den Anblick.

14:00 Uhr

Heute ist die Milch «eingeschossen». Ich habe nie ganz verstanden, was das bedeutet. Es bedeutet, dass sich meine Brüste anfühlen, als ob sie jeden Moment explodieren. Sie wurden steinhart und wund und wuchsen an wie die Wasserbomben, mit denen Caroline, Jodie und ich, als wir klein waren, immer auf Sally's Schuppen kletterten und dann unsere älteren Geschwister bewarfen. In Panik bat ich meinen Vater, mir eine Milchpumpe zu kaufen. Ich hatte wirklich Sorge, dass sie einfach nicht aufhören, vollzulaufen. Er hat sich zu sehr geschämt. Meine Brüste platzen vor Milch, zwischen meinen Beinen blutet es permanent, und das Baby schreit. Und das Zimmer ist voller Besucher. Aber mir ist nicht nach Plaudern zumute. Ich will meine große Unterhose anziehen und schlafen. Ich will einfach nur schlafen. Meine Mutter sagt, meine Brüste werden nicht explodieren, und vom Abpumpen würden sie, clever, wie sie sind, nur noch mehr Milch produzieren. Wenn das Baby trinkt, ist es, als würde sie Luft aus einem zu fest aufgepumpten Monstertruckreifen lassen. Nur sie kann das. Trink, bitte, trink!

Ich gehe pinkeln und dusche mich ab, und aus irgendeinem Grund taste ich nach der Narbe. Vielleicht bin ich nur neugierig, wie es sich da unten anfühlt. Ich wage es.
Es fühlt sich komplett anders an. Ich glaube, die Fäden zu spüren, aber ich bin nicht sicher. Da ist etwas Drahtiges, und die Konsistenz drum herum ist auf ganz unbekannte Art glibberig. Ich kriege wieder Panik und höre auf. Ich erkenne meinen Körper nicht wieder. Er sieht anders aus und fühlt sich anders an. Ich kann nicht aufhören, daran zu denken, wie sehr er sich verändert hat. Gerade habe ich mich ans Schwangersein gewöhnt, jetzt muss ich mich ganz neu an meinen Körper gewöhnen. Und wenn ich das geschafft habe, was dann? Wenn's überhaupt dazu kommt. Jedes Mal, wenn mir Leute erzählen, wie gut ich aussehe, möchte ich weinen. Ich will ihnen sagen, wie verstörend das ist, dass meine Haut plötzlich leer ist, dass ich mich noch nie so gesehen hab, dass ich noch niemanden so gesehen habe. Und wie schwer es für mich ist, weil nichts um mich herum mir sagt, dass ich gut aussehe. Ich will sie bitten, nicht grade jetzt über mein Aussehen zu reden. Immer, wenn mir jemand sagt, wie süß das Baby ist, bin ich verwirrt und kriege ein schlechtes Gewissen. Sie ist wirklich süß, sie ist gesund und glücklich, und daran sollte ich jetzt vor allem denken. Und ich denke auch daran. Aber gleichzeitig habe ich Angst, fühle mich irgendwie gefangen, bin durcheinander und besorgt und müde. Glücklich bin ich auch. Und ich fühl mich auch wohl. Nur, sobald mir

jemand anders das sagt, fühle ich mich grauenhaft, dass ich überhaupt andere Gedanken habe. Ich kann es nicht erwarten, die kleine Person richtig kennenzulernen. Und meinen eigenen Körper zum zweiten Mal.

Letzte Nacht schien sie keine Milch rauszukriegen. Da es ein Uhr nachts war und ich nichts Besseres zu tun hatte, sah ich zu. Sie hat bestimmt eine halbe Stunde lang an meinem Nippel rumgefummelt. Sie hat draufgeblasen, reingezwickt, bis sie merkte, dass Milch kam, und am Schluss draufgeklopft, sodass er hart genug wurde, um dran nuckeln zu können.

Ich machte gar nichts, saß nur da und sah zu, wie bei einer außerkörperlichen Erfahrung. Es dauerte eine ganze Weile, fast eine Stunde, aber als die Milch da war und der Nippel saugbereit, trank sie, und es ging gut. Sie hat alles alleine gemacht, ganz ohne Hilfe. Sie ist ein verdammtes Genie. Ich bin ein Gefäß. Ein bisschen befremdlich. Aber auch faszinierend. Sie hat auf jeden Fall kein Problem damit, und das ist das Wichtigste. Ich muss von ihr lernen. Es nervt mich, dass ich dieses ganze Ding mit dem Stillen so komisch finde, obwohl es doch eigentlich so großartig ist.

15. MÄRZ
3 Tage alt

6:00 Uhr

Dee hatte gestern einen Auftritt. Er sagte, dass er nicht unbedingt hinmuss, aber ich bestand drauf. Bevor die Kleine geboren wurde, haben wir viel davon gesprochen, dass es weitergehen soll mit der Arbeit und dass er keine Auftritte absagen muss. Tags und nachts zu arbeiten, wenn man ein Baby hat, ist schon etwas absurd. Sein Set ging von zwei bis vier. Während er weg war, habe ich mich die ganze Zeit nicht ein einziges Mal bewegt. Ich saß aufrecht im Bett, meine Arme als Wiege. Ich starrte ihr Gesicht an und versuchte, sie nicht zu wecken. Ich saß auf glühenden Kohlen, denn ich musste tierisch aufs Klo. Aber ich hatte Angst, dass dieser winzigen, winzigen Person was zustößt. Geh bitte wieder zurück in meinen Körper. Nein, lieber doch nicht. Ich erinnere mich an die Geburt wie an einen Albtraum. Ich weiß, das klingt schlimm, aber so ist es für mich. Ich kann immer noch nicht glauben, was ich dort erlebt habe.

Jedenfalls kam Dee nach einem zweistündigen Einsatz als MC auf einem Drum-and-Bass-Rave wieder nach Hause. «Alles o.k.?», fragte er und nahm sie mir ab. «Ja, ja», sagte ich und versuchte, zu vertuschen, wie schwer es mir fiel, meine Arme und Beine aus der Position rauszubewegen, in der ich seit zwei Stunden erstarrt war. Dee und die Kleine scheinen irgendwie zu wissen, wie man alles macht. Er kommt gut klar mit Babys. Ich weiß überhaupt nicht, wie man irgendwas macht.

Eine meiner Freundinnen hat erzählt, sie wollte ihr Baby nicht mit dem Vater alleine lassen, weil er nicht wüsste, was er machen soll. Ich weiß es aber auch nicht. Ich habe grad nicht den geringsten Schimmer, was ich machen soll. Und der Partner meiner Freundin wird es nie wissen, wenn er sich nie um sein Baby kümmern darf. Ich weiß nicht, warum immer davon ausgegangen wird, für Typen sei das was anderes. Es geht doch darum, wie viel Erfahrung man mit Babys hat, nicht ums Geschlecht.

Bald werde ich lernen, dich hinzulegen, ohne dich zu wecken. Und dich richtig zu halten. Und dich zu baden. Und eine Mutter zu sein. Und nicht so viel Angst zu haben vor jeder Bewegung. Du bist aber schon ganz schön gut als Baby. Hut ab.

15:00 Uhr
Dieser Kreislauf des Lebens Ist schon was Wundervolles. Ich fand immer interessant, wie Nahrung entsteht, wie Samen wachsen und aus Sonnenschein und Wasser die Dinge werden, die wir essen und dann wieder ausscheißen und so weiter. Aber jetzt macht mein Körper daraus einfach ein ganz neues Produkt, und ein anderer kleiner Mensch klinkt sich ein in meinen Lebenszyklus. Das ist alles zu viel für meinen Kopf. Diese großartige Erde. Mein großartiges Verdauungssystem.

Sonnenschein

Baby, ich kann dir nicht sagen, welche Freude es ist,
dich zu stillen
Ausgestreckt im halb dunklen Zimmer, zwischen uns
nichts als Leben
Stille milchselige Schlucke, zwischen denen du
friedlich ruhst 115
Mit deinen winzigen Fingern klopfst du mir leicht
auf die Brust
Bäuche treffen sich im Takt, langsam ein und aus
Das Herz tobt in der kleinen Brust, die Lippen sind
in Weiß getaucht
Ich sitze da und warte und sehe die alte Kirsche stehen
Licht wird zum Blatt, wird zu Atemluft, und auch durch
mich fließt das System
Drückst du dein Gesicht an mich
Dann sehe ich den Kreislauf
Denn du recycelst
Das Essen und trinkst das Sonnenlicht.

Traum

Lachst du im Schlaf, lächle ich wachend
Weil ich weiß, ein schwebender Traum ließ dich lachen
Wenn du wach bist und lachst, weine ich lächelnd
dein liebliches Zeichen, dass irgendwas stimmt.

3:44 Uhr

Backen

Wenn ich sie schlafen seh', die beiden
Will ich in ihre Backen beißen
ich meine, seine und ihre.

Ich meine Po und Gesicht.

4:15 Uhr

Ich sehe ihr beim Weinen zu und weine, weil sie nicht aufhört zu weinen. Ich hoffe, sie hört bald auf. Dann hört sie auf und schläft ein und lacht. Ich finde es unglaublich, dass wir, bevor wir reden oder laufen oder rennen können, schon lachen und weinen und lächeln. Wenn das Kind bei der Geburt weint und schreit, ist das das Zeichen, dass es lebt. Das war mein einziger Wunsch, als sie geboren wurde. Warum gilt es, wenn wir älter sind, als ein Zeichen von Schwäche? Ich weine noch ein bisschen weiter. Müde Tränen, glückliche Tränen und «Scheiße, was geht hier eigentlich ab»-Tränen. Es fühlt sich gut an, zu weinen – es ist regelrecht wichtig.

Neulich hat eine Frau in der Stadt zu ihrem kleinen Jungen gesagt, er soll aufhören zu weinen. «Du bist doch kein kleines Mädchen», hat sie gesagt. Ich finde, das ist eine Schande. Es muss schwer sein für kleine Jungen. Und für große eigentlich auch. Ich glaube, das nächste Mal, wenn mich ein Typ disst und mich fragt, warum ich denn jetzt zum Teufel noch mal weine, frage ich ihn, warum er es zum Teufel noch mal *nicht* tut. «Was ist los mit dir? Warum weinst du nicht? Warum weinst du nie?»

Das ist ein gefährlicher Bestandteil unserer Kultur, die

Angst davor, Flüssigkeit aus unseren Augen fließen zu lassen.

Weinen wie ein Mädchen

Ich fahre wie ein Mädchen, ich weine wie ein Mädchen
Zu viele Männer, die Selbstmord begehen
Ich weine wie ein Mädchen, ich halt's nicht zurück.
Ich weine wie ein Mädchen.
Zum Glück.

Ich weine wie ein Mädchen, ich fahre wie ein Mädchen
Zu viele Männer, die tödlich verunglücken
Ich fahre wie ein Mädchen, keine Rennen, kein
  Kunststück.
Ich fahr wie ein Mädchen.
Zum Glück.

17. MÄRZ

5 Tage alt

Das ist alles so seltsam. Komisch und seltsam. Die Kleine hat gestern, bevor sie fertig war, den Mund von der Brust genommen, und ein Milchschwall schoss ihr ins Gesicht und dann quer durch den Raum. In der Dusche habe ich die Arme hochgehoben, und aus beiden Brüsten sprühte Milch in messerscharfen Strahlen, wie bei «Austin Powers». Dee findet es zum Totlachen. Ich finde es manchmal lustig, aber auch sehr merkwürdig. Manchmal ist es ehrlich gesagt auch etwas ekelig, etwas zu sehr wie bei einer Kuh. Manchmal bin ich in der «Komm mal her, guck dir das an»-Stimmung, dann wieder mehr so «Hör auf, mich anzuglotzen». Ich bin wirklich froh, dass das bei mir so gut geht. Abgesehen von den Krämpfen und den feuchten, stinkenden T-Shirts und Milchflecken und wundem Busen, gibt es keine Probleme. Ich weiß, ich habe Glück.

Sie ist ein milchgieriges Monster, sie knurrt meinen Busen an, trinkt und sinkt dann wie volltrunken zurück. Dee nennt sie «Milchabzocker». Ich stelle sie mir als betrunkenen Räuber in einer Milchbar vor. Ich schreib noch ein Gedicht für sie. Vielleicht liest sie es irgendwann. Ich klau mir den Titel von ihm. Wird ihm schon nichts machen. Ich habe sein Kind geboren, Herrgott noch mal. Sie schläft, und ich frage mich, ob sie träumt. Träumen Babys? Ich glaube, wenn, dann vielleicht dies:

Milchabzocker

Du siehst müde aus, Baby, wo warst du denn bloß?
Sie lächelt verquollen und schaut zu mir hoch.
Sie sagt «Jede Nacht von zwölf bis drei
Zocken wir Milch ab, alle Babys sind dabei.
Wir treffen uns heimlich auf grünem Rasen
die Babys, die Vögel, die Katzen, die Hasen
Wir reiten auf Hasen den Vögeln nach
Die Katzenaugen erleuchten den Pfad
Auf dem wir zu den Seen im Park rennen
Zu den Brücken, zu unseren Freunden, den Schwänen.
Von den Rücken der Hasen springen wir auf die Schwingen
Flüstern zwischen den Federn und singen:
«Wir sind die Milchabzocker, und wir sind in deiner Stadt
Ladys, jetzt gut auf die Nippel aufgepasst
Mit Brechstangen knacken wir jeden BH
Stadtmatratzen-Milchabzapfer, seid ihr startklar?»
Mit all unseren Tierkumpels sitzen wir da
Und machen BHs klar in unserer Milchbar
Bis die Fettbäuche voll sind mit weißem Babyrum
Dann fliegen uns die Schwäne zur heimischen Fütterung
Nuckel ich an deinen Nippeln, hab' ich meinen Spaß
Du weißt nicht, ich war in den Milchbars heut' Nacht
Nuckel ich an deinen Nippeln, hab' ich meinen Spaß
Du weißt nicht, ich war Milch abzocken heut' Nacht.

19. MÄRZ

1 Woche alt

4:15 Uhr

Ich glaube, das war eine gute Woche. Obwohl ich immer noch nicht weiß, was ich tue. Dee hat mir gezeigt, wie man Windeln wechselt und ein Baby badet. Er war der ältere Cousin, ich war die jüngste Cousine. Bei ihm sieht das so einfach aus. Ich habe grob geschätzt eine Stunde pro Nacht geschlafen. Wie machen das Leute, die alleine sind? Ist mir wirklich schleierhaft. Mehr Unterstützung für Alleinerziehende. Schlafentzug ist eine Foltermethode, und manche Eltern sind allein, kriegen nur eine Stunde Schlaf nachts und keine Hilfe. Ich kann mir nicht vorstellen, wie das wohl ist. Bestimmt hart, richtig hart, und viel zu wenig gewürdigt. Sogar schlecht angesehen.

Dee sagt, seine neue Rolle ist die des Wasserflaschenfüllers. Stillen macht mich so durstig. Ich hab noch nicht rausgefunden, wie ich mich bewegen kann, wenn sie schläft, was nachts einige Probleme verursacht. Ich liege viel auf heißen Kohlen. Die letzte Nacht war die erfolgreichste bisher. Ich habe weniger geweint als in den anderen.

Wasserflaschen

Die erste Nacht:
Er stellte einen Becher Wasser auf den Tisch neben uns

bevor er ins Bett ging
küsste er unsere Köpfe
Als er wieder aufwachte
Saßen wir auf dem Sofa
am Fenster, und ich starrte
den Wasserbecher an
der nur ein Stück zu weit weg war.
Um drei hab ich mich bewegt
um die Sterne zu sehen
Sie hatte geweint
doch nach einer Stunde
schlief sie endlich ein
Also setzte ich mich hin
leider an die falsche Stelle
Jetzt ist mein Durst höllisch
Ich wollte sie nicht wecken
Sie schrie bei jeder Bewegung
Ich wusste nicht, was ich machen soll
Hab noch gar nicht geschlafen
Mein Mund ist so trocken
Ich will so gerne weinen
Und dann weinte ich.
Ich bin wohl nicht so gut darin, was?

Die zweite Nacht:
Er stellte ein Glas auf den Tisch
Und eins ans andere Ende des Zimmers
Noch eins auf den Schreibtisch
Das letzte ins Badezimmer
«Nur für den Fall», sagte er lachend
Und dann
Ist er schlafen gegangen

Und ich hab sie gestillt
bis sie eingeschlafen ist
Und ich streckte die Hand aus, fand gleich neben
mir ein Wasserglas
Ich atme aus und lächele
Und setze es an meine Lippen
Als winzige Füße mit winzigen Tritten

Den kalten Inhalt verschütten.
Das Baby blieb trocken, der Pyjama war nass
Ich weinte
In dieser Nacht
Ich saß still von drei bis zum Sonnenaufgang
Nasse Hose, nasser Schritt
Und wusste nicht, was ich tun soll
Um sechs kam er rein
Mit Marmelade, Toast und Obst
«Warum hast du mich nicht geweckt?»
«Ich weiß nicht», sagte ich.
Die Oberschenkel nass und feucht
Dann nahm er mir die Kleine ab
Ich zog mich um und legte mich hin
und weinte
Ich bin wohl nicht so gut darin, was?

Die dritte Nacht:
Er stellte Wasser in Flaschen
Auf jede Fläche im Raum
Flaschen laufen nicht aus
Es gibt Deckel zum Zuschrauben
Als er unsere Köpfe geküsst
und sich hingelegt hat,
als sie satt war

sah ich in ihr winziges Gesicht
legte ihre Hand in meine
und weinte schon wieder
«Ich bin nicht gut darin», flüsterte ich
Und ich bin sicher, sie hat mir zugezwinkert
Ich sehe ihr in die Augen
und ich weine.

123

Ich weine, weil mein Schritt trocken ist
Ich weine, weil ich verdammt müde bin
Ich weine, weil ich sie lächeln sehe
Ich weine, weil ich ans Getränk rankomme
Ich weine, weil ihre Lippen ein bisschen wie seine sind
Und ich sie mir erst jetzt in aller Ruhe anschauen kann.

24. MÄRZ
12 Tage alt

 4:00 Uhr

Zwei Dinge gehen mir nicht aus dem Kopf:

1. Die Verkäuferin für Babyzubehör, die man auf unsere Station gelassen hat, direkt nach meiner Entbindung. Seit wir wieder zu Hause sind, denke ich da dran und werde wütender und wütender. Wir wussten nicht, dass sie eine Vertreterin ist. Wir dachten, die wäre von der NHS. Aber jetzt habe ich mir das «Krankenhauspaket» angeschaut und komme mir vor wie ein Depp. Sie wollte definitiv nur ihr Zeug verschachern.

2. Die Tatsache, dass bei uns schon lauter Gutscheine und Prospekte, die irgendwas mit Babys zu tun haben, zur Tür reinflattern. Wer hat unsere Adresse denn jetzt schon an die ganzen Firmen weitergegeben?

Zur Haustür rein

Meine Mutter durfte mich nicht besuchen
pro Patient eine Person
Weder mein Vater noch Freunde konnten
kommen zur Gratulation
Und das wäre ja o.k., wär' nicht zwei Stunden
nach der Geburt die Tür aufgegangen
und eine Vertreterin von «Bounty» oder so

mit ihrem Sack voller Zeug reingekommen
Verkaufsangebote, Pampers-Club-Gutscheine
und Proben von Johnson's Baby-Shampoo
Ich war nach den Wehen noch nicht im Geschehen
«Und wer zur Hölle bist du?»
Und jetzt liegt bei uns ein Stapel von Werbung
Coupons und neue Pampers-Broschüren
und Spargutscheine von Asda
und Boots
und Johnson & Johnson
Und irgendwann dachte ich dann
Wie kommen die verdammten Firmen so schnell an uns ran
Wer gibt die Adressen frisch-fragiler Eltern
einfach fremden Händlern und Werbern?
Sind das nicht gefährliche Informationen
Orte, wo neuerdings Eltern wohnen
Zu zweit oder ganz allein in der Nacht
Mit schreiendem Baby und grummelndem Bauch
Wie eine Einladung für Kriminelle
Hier wohnt wer, der kann nicht gut weg auf die Schnelle
Der steht nicht auf und schlägt sich
Und ist bestimmt übernächtigt
Also immer herein, und die Party kann losgehen!
Und das ist legal?
Ein echter Skandal
Verkäufer, die unsere Gehirne verpesten
Konzerne kommen an unsere Adressen
weil bei uns jetzt ein Kind ist.
Ich glaub, ich spinn'
Wann verbietet man endlich den Wahnsinn.

24. MÄRZ

12 Tage alt

126 Wir haben heute einen Brief bekommen, in dem steht, wir müssen uns bis zu dem und dem Termin für einen Namen entschieden haben. Ich frage mich, was passiert, wenn man ihn versäumt. Darf das Baby dann nie mehr einen Namen haben? Oder suchen sie einfach irgendeinen aus?

25. MÄRZ
13 Tage alt

14:00 Uhr

Ich habe ein Stilltagebuch angelegt, das mich daran erinnern soll, ob es Tag oder Nacht ist, Zeit zum Stillen oder Schlafen oder Scheißen. Es ist ein bisschen wie auf LSD. Ohne die Party davor. Und ohne die Musik. Essen. Schlafen. Scheißen. Und von vorne. Essen. Schlafen. Kacken. Von vorne.

Drei Uhr morgens – linke Brust – schlafen. Viertel nach vier, scheißen – pinkeln – wickeln. Fünf Uhr rechte Brust – schlafen. Scheißen. Schlafen. Rechte Brust. Linke Brust. Wieder linke Brust. Rechts. Links. Links. Rechts.

Ich habe festgestellt, dass ich ziemlich viel träume. Aber nie zu Ende. Meine Träume haben kein Ende mehr. Traum. Schrei. Wach. Rechts, links, rechts, links.

4:55 Uhr

Auf Acid

Ich lebe ein Leben aus Halbträumen
Der Schlaf unterbrochen von Muttermilchströmen
Von nächtlichen Schreien zerhackte Filmszenen
Augen öffnen und schließen sich wie
  Münzzählmaschinen

Wenn ich mir alle zwei Stunden selbst die Schicht übergebe
Ich lebe ein Leben aus Halbträumen
Zellophanblumen und Mandarinenbäumen
Rudern durch Busentäler auf Milchflüssen
Zu Muttermilchsahneinseln in Teetassen

Ich lebe ein Leben aus Halbträumen
Arme im Koma, die wie von selbst wiegen
Spür ich ihren Mund an der Brust, muss ich rauskriegen
Hat sie getrunken, wartet sie noch
Ist sie satt oder durstig, bin ich überhaupt wach?
Ich lebe ein Leben aus Halbträumen
Hör im Schlaf mit einem Ohr auf ihre Atemgeräusche
Starr' an die Decke, höre die Vöglein
den Morgen besingen und schlaf wieder ein

Ich lebe ein Leben aus Halbträumen
Um Geschichten bestohlen von erwachenden Bäuchen
Senkrecht im Bett nachts bei jedem Schrei
Tränensäcke, Armmuskeln, Brüste wie Blei

Und ich erwarte in jedem Halbtraum
Dass ich aufwache und zwei große Augen mich anschauen
Die Faust zur Beruhigung im Mund geballt
mein Erwachen erwartend mit gieriger Ungeduld

Ich lag im Bett. Aufwachen. Stillen.
Ich träumte vom Schlafen. Aufwachen. Stillen
Ich träumte, wir küssten. Aufwachen. Stillen.

Träumte von deinen Lippen. Aufwachen. Stillen.
Ich schlief. Sie weinte. Aufwachen. Stillen
Ich war wach, als sie träumte. Aufwachen. Stillen.

Ich schlief ein, als sie saugte. Aufwachen. Stillen.
Ich wachte auf, als du sagtest. Aufwachen. Stillen.
Als sie satt war und lächelte, sind unsere Blicke
sich begegnet.
Aufwachen. Stillen. Wir sind gesegnet.

26. MÄRZ
Fast 2 Wochen alt

Dee geht jetzt wieder normal arbeiten. Zwei Wochen Elternzeit sind vorbei, und ich fürchte mich wieder zu Tode. Ich verberge es und lächele, aber ich habe wirklich eine Scheißangst. Ich habe das Gefühl, ich weiß jetzt ungefähr, wie man ein Baby hält. Stillen geht gut. Schlafen nicht. Ich habe wirklich Angst, den ganzen Tag mit ihr alleine zu sein. Vor allem, wenn ich so müde bin. Was ist, wenn was schiefgeht? Was, wenn's ihr nicht gutgeht, wenn sie krank wird? Wie soll ich essen? Wie soll ich aufs Klo gehen? Wie soll ich das Blut abwaschen und meine Binden wechseln? Was, wenn sie in einem Geschäft brechen muss? Was, wenn? Was, wenn? Was, wenn? Ich will, dass Dee noch eine Zeitlang bei mir zu Hause bleibt. Alle sagen: «Du schaffst das schon», aber ich weiß, es wird schwer, und der Druck, ganz alleine für ein kleines Baby verantwortlich zu sein, wächst und wächst. Mir graut davor, dass Dee wieder arbeiten geht. Dass ich das alleine machen muss. Vor allem davor, alleine aus dem Haus zu gehen. Und ich muss rausgehen, denn wenn ich die ganze Zeit drinnen bleibe, weint sie, und mir fällt die Decke auf den Kopf. Es heißt ja immer «der Elternteil, der zu Hause bleibt». Am Arsch! Das ist die falscheste Formulierung, die ich mir dafür vorstellen kann. Man sollte das wirklich anders nennen, sonst kriegen die Menschen einen völlig falschen Eindruck. Niemand, der ein Baby hat, bleibt zu Hause. «Der

Elternteil, der wie ein Zombie einen Kinderwagen vor sich herschiebt und sich ununterbrochen stresst und wundert, was jetzt wieder los ist» würde die Sache vielleicht besser treffen.

27. MÄRZ
2 Wochen alt

21:00 Uhr

Ich habe heute einen Artikel in der Zeitung gelesen, während die Kleine auf meinen Beinen lag. 61 Menschen starben vor der Küste von Tripoli, unter ihnen zwei Babys. Sie waren auf der Flucht, um ihr Leben zu retten. Zwei Wochen trieben sie im Meer dahin und verdursteten, und obwohl die Behörden sie gesichtet hatten, kam ihnen niemand zu Hilfe. «Afrikanische Flüchtlinge» werden sie in der Zeitung genannt. Also Menschen, richtig? Und Babys. Überlebende berichteten, dass Helikopter und Schiffe sich ihnen genähert hatten, als sie auf ihrem Boot auf dem Meer saßen. Sie hatten ihnen Zeichen gegeben, sahen, dass Tote an Bord waren und die Menschen Wasser brauchten. Doch von den Helikoptern kam keine Hilfe, man überließ die Menschen dem Tod. Die Nato hatte angeblich die Kontrolle und tat nichts, nicht mal als von Lampedusa der Notruf kam. Ich kriege das einfach nicht in den Kopf. Die Herrscher der Welt, Gaddafi, die Nato, alle spielen mit dem Leben von Menschen.

Es liegen also Menschen auf dem Meeresgrund, zwei davon Babys, aus dem gleichen Fleisch und Blut wie alle Babys. Und das nur, weil ein paar beschissene alte Spitzenpolitiker völlig in ihre Gier und ihre gottverdammten Egos verstrickt sind. Zwei Babys sanken in diesem Monat auf den Meeresgrund, obwohl sie leicht hätten gerettet werden können. Tote auf Booten, Rettungshubschrauber, die genau wussten, was los war, nur ein paar Meilen weit weg. Was glaubt ihr eigentlich, wer ihr seid? Und wir sitzen da und, während das passiert, gucken irgendwelche Scheiß-Spielshows und Kochsendungen und lösen Kreuzworträtsel. Und machen uns Gedanken darüber, wie wir das Kinderzimmer einrichten sollen, als wenn unsere Babys sich einen Dreck für die Matte, auf der ihre verkackten Ärsche gewickelt werden, oder fürs Wandmuster interessieren. Mir ist etwas schlecht heute. Ich muss daran denken, was ich alles in der Zeit hätte tun können, in der ich ihren Spielteppich ausgesucht habe. Ich frage mich, welchen Spielteppich die Babys hatten, bevor sie auf einem aufblasbaren Boot aus ihrem Land fliehen mussten. Ich frage mich, welche Farben ihre Decken hatten. Ich frage mich, wie sie hießen. Ich halte meine Tochter so fest wie möglich. Ich weiß nicht, ob ich sie jemals wieder loslassen kann

Meerjungfrauen

Ich hoffe, sie finden dich, Baby
Auf dem Spielteppich am Meeresboden
Ich hoffe, sie machen dir Laken aus Tang auf
  sandigen Riffen und betten dich warm
Ich hoffe, dass die Korallen sich wiegen, wenn du
  die Austerrassel schlägst.
Und Perlen staunen, wenn das Seepferd dir ein
  Band aus Blasen bläst
Ich hoffe, Meerjungfrauen singen und biegen die
  Wellen und lullen dich ein

Ich hoffe, Mutter Krake wischt die Tränen weg mit
ihren acht Beinen.
Babys, ich hoffe, ihr landet sanft auf dem Grund
des Ozeans
Und wir hier oben werden in Zukunft die Menschen
an unseren Stränden empfangen
Sie aus ihren Booten befreien
Und leben lassen auf sicherem Land

Für euch ist's zu spät.
Doch ich hoffe, ihr sankt sicher in der Meerjungfrauen
Hand.

09:30 Uhr

Aerosmith

Endlich verstehe ich die Liebeslieder
Endlich weiß ich, woran ich glaube

Wofür ich sterben würde, wofür
Ich Geist und Leben ließe, wofür
Ich in Schützengräben stehen
würde und zur Hölle führ

Ich will nicht klingen wie 'ne langweilige Angeberin
Doch glaub, ich weiß jetzt mehr über mein Leben
und seinen Sinn.

Meine Augen kleben an dir, Baby, ich glaube, sie bleiben für immer dort haften. Ich kann nirgendwo anders hinschauen. Endlich verstehe ich dieses Lied von Aerosmith.

Ich glaube, es war für Liv, nicht für seine Freundin. Es war mit Sicherheit für seine Tochter. «I don't wanna fall asleep 'cos I miss you babe and I don't wanna miss a thing.» In meinem Kopf höre ich mich an wie Steven Tyler, der das singt … «I don't wanna faaaaaaaaalllllllll asleeeeeeeeepp. Dah dah Dashhhhhhh.» Das erinnert mich an Klassenfeten. Lass uns Stehblues tanzen.

Aus Dummheit wach

Nach einer Woche Aufwachen um zwölf Uhr,
drei Uhr, fünf Uhr nachts
Die neue Mutter ist wach, ihr Zustand: zombiehaft
Wenn du dann einschläfst
Und auch ich müsste schlafen
Starre ich dich noch drei Stunden lang an.

Nach einer Woche Aufwachen um ein Uhr, drei Uhr,
sechs Uhr nachts
Die Augenlieder immer auf halb acht
Wenn du dann einschläfst
und auch ich müsste schlafen
Muss ich dich einfach weiter angaffen.

Nach einer Woche lang Aufwachen um zwölf Uhr,
zwei Uhr, vier Uhr nachts
Wachbleiben kostete all meine Kraft
Wenn du dann einschläfst
Und auch ich müsste schlafen
Streichel ich noch zwei Stunden dein Köpfchen.

12. APRIL
1 Monat alt

 16:00 Uhr

Was tue ich mir nur an? Schlaf, Hollie, schlaf. Aber das ist eben nicht so einfach. Ich bin kein Roboter. Das möchte ich am liebsten allen entgegenschreien. Ich kann nicht auf Knopfdruck schlafen, auch wenn ich müder bin, als ich für menschenmöglich gehalten hätte.

Meine Mutter war mit der Kleinen gestern eine Stunde lang im Park. «Dann kannst du schlafen, Hollie.» Ich konnte nicht schlafen. Als sie mittags wiederkam, habe ich eine Lasagne gemacht. Sie schrie mich an. Ich fühlte mich wieder wie fünfzehn. Meine Mutter schreit sonst nie.

Also habe ich angefangen zu lügen. Dee war letzte Woche mit der Kleinen draußen. «Dann kannst du schlafen, Hollie.» Ich konnte nicht schlafen. Er kam zurück, und das Erste, was er sagte, war: «Konntest du ein bisschen schlafen?»

In Wirklichkeit hatte ich mich aufs Sofa gelegt und die Augen geschlossen, bis ich merkte, dass ich nicht schlafen konnte, aufstand und ein Kleid anprobierte. Dann machte ich Ms. Dynamites zweites Album an – was ich auf eine Art lieber mag als das preisgekrönte erste, weil es mich so an Tanya Stephens erinnert –, legte mich mitten auf den Boden und sang die ersten drei Stücke mit. Ich stellte die Musik ab, machte mir eine Tasse Tee, trank sie kochend heiß und genoss die wundervolle Stille, wobei ich den

Dampf einsog, als wäre er Feenstaub. Ich rannte zurück ins Schlafzimmer, zog wieder meine Latzhose an, und als ich Dee zur Tür reinkommen hörte, legte ich mich hin, zog mir die Decke über und war völlig still.

«Hast du geschlafen, Hollie?»

«Ja, habe ich, danke», sagte ich und versuchte, verschlafen zu klingen. Ich habe gelogen. Aus tiefer Wertschätzung; und fast 90 Prozent der Zeit schlafe ich ja auch oder mache zumindest die Augen zu und ruhe mich aus. Ich bin ihm so dankbar, auch wenn es mich etwas ermüdet, Dee und anderen ständig dafür danken zu müssen, dass ich ausnahmsweise Sachen machen darf, aus denen früher einfach das normale Leben bestand. Danke, dass ich mal alleine aufs Klo gehen kann; danke, dass ich zwanzig Minuten schlafen darf oder in Ruhe duschen. Aber ich weiß es wirklich sehr zu schätzen, und ich will, dass sie wissen, wie sehr sie mir helfen. Ich würde das alleine nicht schaffen, niemals. Es ist nur so, dass ich mir ungern sagen lasse, was ich mit meiner einen freien Stunde pro Woche anfangen soll. Ich werde nicht gerne ins Bett geschickt. Ich bin erwachsen. Ich bin Mutter. Und dauernd sagt mir irgendwer, was ich mit dem letzten bisschen frei verfügbarer Zeit machen soll.

«Dann kannst du schlafen, Hollie.»

«Dann kannst du schlafen, Hollie.»

«Dann kannst du schlafen, Hollie.»

«Schlaf jetzt, Hollie. Sofort, Hollie. Wenn du jetzt nicht schläfst, beschwer dich später nicht, wenn du müde bist, du hattest schließlich deine Chance, eine ganze Stunde nachzuholen.»

Ich merke, dass sie das jedes Mal denken, wenn sie mir die Kleine abnehmen und ich nicht schlafe. Aber ein einstündiges Nickerchen kann nicht sechs Monate Übelkeit um fünf Uhr früh, drei Monate Schlaf mit schwerem Bauch, 24 Stunden Geburtswehen und ab da eine Stunde Schlaf pro Nacht wiedergutmachen. Natürlich trotzdem besser als gar nichts.

Dieses Mal verbringe ich die Stunde, in der Mum mit der Kleinen im Park spazieren geht, damit, Radio zu hören und Lasagne zu machen. «Warum machst du eine verflixte Lasagne?», schrie sie. «Du hättest doch jetzt eine Stunde schlafen können!»

Weil ich verdammte Scheiße noch mal nicht schlafen konnte, o.k.? Ganz so habe ich es nicht gesagt. Ich liebe meine Mutter.

Weil ich nicht konnte, sagte ich. Weil ich das Kochen vermisse, sagte ich. Weil ich endlich mal wieder was anderes machen will als stillen und beschissene Windeln wechseln und versuchen zu schlafen und denken, dass ich alles falsch mache. Ich weiß, wie man Lasagne macht. Ich vermisse es, ein bisschen Zeit für mich zu haben und was zu tun, was Erwachsene tun. Und es war so schön, alleine in der Wohnung zu sein und Essen für meine Mutter zu kochen.

Sie umarmt mich.

«Entschuldige, Schatz, es ist nur, weil ich mich erinnere, wie müde ich immer war, weil meine Leute nicht in der Nähe waren. Ich will nicht, dass du so erschöpft bist.

«Danke, Mum. Willst du ein bisschen Lasagne?»

Gestern Abend sagte Dee: «Ich geh noch kurz bei Pete vorbei», und ich antwortete: «Ich hasse dich.»

Ich würde so wahnsinnig gerne auch mal wieder sagen können: «Ich bin noch mal weg.» Er lachte. Ich lachte.

«Ich hasse dich nicht wirklich.»

«Tust du doch», sagte er.

«Tu ich nicht! Ja, doch, Entschuldigung. Aber nur, wenn du sagst: ‹Ich bin dann mal kurz weg.›»

Oder, wenn du, ohne zu fragen, alleine aufs Klo gehen kannst. Oder unter die Dusche. Oder eine Sekunde lang alleine durchatmen.»

Es ist wirklich frustrierend, wegen allem, was man tut, um Erlaubnis bitten zu müssen. «Entschuldigung, könntest du bitte freundlicherweise das Baby halten, damit ich scheißen und mir den Arsch abwischen kann? Oh, vielen Dank.»

Aber ich kann mich nicht beschweren. Dee nimmt mir die Kleine ab, wann immer es geht. Nicht, wenn ich ihn bitte, einfach, wenn er da ist. Weil er sein Baby im Arm halten will. Er geht mit ihr raus. Bringt sie ins Bett. Badet sie. Wechselt die Windeln. Ich sehe immer wieder Mütter, die ihre Partner um alles bitten müssen.

«Würde es dir was ausmachen, sie heute zu baden?»

«Wäre es o.k., wenn du heute mal mit ihr spazieren gehst?»

«Könntest du bitte dein *eigenes Kind* dieses eine Mal halten, damit ich mein verdammtes Essen essen kann – das schon kalt ist, weil du deins schon gegessen hast?»

Geschweige denn, dass sie einfach mal so Zeit für sich bekommen würden, um abzuschalten. Keine Chance. Ich glaube, durch so was ist schon viel Hass entstanden in Beziehungen. Tiefsitzende Feindseligkeit. Wenn ich Dee nicht ab und zu sagen könnte, dass ich ihn hasse, würde das mit uns glaube ich nicht funktionieren. Ich käme einfach nicht klar. Wahrscheinlich würde ich gewalttätig.

Dee haut also ab, um seine Kumpels zu treffen. Ich

schaue ihm neidisch hinterher. Dann lächelt mich die Kleine an. Ich lächele zurück, schuldbewusst, aber verliebt.

22:00 Uhr

Sterne

Ich kann immer noch begeistert die Sterne anstarren
in Ehrfurcht und Ruhe, ein Bündel Mensch im Arm
Durch den Gardinenspalt träum ich mich weg
Die Faszination nimmt mir den Schmerz
darüber, dass Nacht ist
und dass ich noch wach bin
und nicht wach sein sollte
und schlafen wollte.

Ich kann immer noch begeistert die Sterne ansehen
Besonders die, die schnell heranschweben
Mit Flügeln, an denen zwei Lichter rot blitzen
Ich sehe mich mit drinsitzen
Und Tee trinken aus Plastikbechern
Motoren surren leise und sicher
Anders als unruhiges Babygrunzen
Schweres Atmen
Und Schnarchen.

Ich sehe den taghell erleuchteten Gang
Auf dem Weg in ein wärmeres Land

Und ich frage mich, wer da oben grad fliegt
und auf die Stadt sieht, die wie eine Karte daliegt

Dann schaue ich runter und seh dein Gesicht
und bin wunschlos glücklich.

23:00 Uhr

Kind

Seit meinem Kind bin ich selbst wieder Kind
Ich wünsch mir so sehr, dass mich wer an die Hand nimmt,
dass die Mutter mir hilft – man mich ganz oft umarmt
Und mir andauernd sagt, ganz toll gemacht
obwohl ich nicht weiß, was zum Teufel ich mache.

Ich bin wieder ein Kind, das lernt und sich sehnt
Seit meinem Kind.

27. APRIL

1½ Monate alt

142 *23:32 Uhr*

Dilemma

Wenn sie endlich schläft, ich mein', *endgültig* schläft
Mund auf, Augen verdreht, die tiefe Art Schlaf
Die regungslos blickdichte, dicke Art Schlaf
Schwer folgt der Atem dem Herzschlag im Schlaf
Wenn sie endlich schläft, ich mein' endgültig schläft
Und wir haben seit Tagen kein Laken gesehen
Und es sind noch drei Stunden bis zum nächsten Mal Stillen
Und wir kriechen ins Bett, und unsere Beine wollen weinen
Endlich liegen wir hier, ihr Vater und ich –
Schon erscheint das Dilemma – neugeboren, unerbittlich.

Denn endlich schläft sie, und wir sind endlich
Im Bett und ich kuschel mich hautnah an dich
Wir kichern, die Lider lächeln so schwer
und wir zischen uns zu, um sie ja nicht zu stören

Ein Kuss auf die Wange, gute Nacht, schlaf schön ein
Ein Kuss auf die Lippe, eine Hand Richtung Bein

und es bleibt nicht viel Zeit, und dein Kopf will nur träumen
Aber dein warmer Körper an meinem
macht aus drei Stunden zwei, macht mich wach und gespannt
Dein Atem im Nacken fühlt sich so gut an
Doch jeden Kuss wird am Morgen der Wecker bestrafen
Ich hab seit drei Wochen nicht richtig geschlafen
Spiel ich das Spiel weiter und berühr dein Gesicht
Ersehnt unsere Seele die Nachtruhe vergeblich
Die Haut glüht vor Sehnsucht wie eine Wunde
Doch die Panik wächst jede wache Sekunde
Ich muss meine Hand vor mir selbst verstecken
Die Zeit will sich ums Verrecken nicht strecken
Ich bin hin und her gerissen, vereint und entzweit
Das Bett mal dem Schlaf, mal der Liebe geweiht
Geist und Körper müssen sich quälen
Zwischen Einsicht und heißen Seufzern wählen
Und das schöne Dilemma wird wiederkommen
Jedes Mal, wenn sie schläft
und wir liegen zusammen.

20. MAI
2 Monate alt

144 *Im Hinterzimmer*

Ich hatte heute zum ersten Mal wieder eine Veranstaltung. In Peterborough. Ich hatte vor der Geburt zugesagt und dachte, das wird schon gehen. Und es ging. Ich war ganz aufgekratzt. Meine Mutter war mit. Sie blieb den ganzen Tag da und passte auf die Kleine auf wie ein unterbezahlter Engel. Ich stillte sie noch mal, bevor ich reinging. Ich musste dreißig junge Dichter beurteilen, von zehn Jahren aufwärts, und es war wundervoll, mal was anderes zu machen. Als wir all die jungen Leute gelesen hatten (ohne dass die Kleine auch nur einmal geweint hätte), gab es erst mal eine Pause, bevor wir im Hinterzimmer den Sieger bestimmten. Ich gab ihr in der Ecke des Hinterzimmers die Brust, vor mir das Fenster, hinter mir die drei anderen Mitglieder der Jury, die plaudernd am Tisch saßen. Perfektes Timing. Als sie gestillt war, nahm meine Mutter sie wieder, und ich ging zu den Juroren. Großartige Dichter, Mark Grist, Tim Clare, MC Mixy. Alles junge, männliche Dichter. Alle brillant.

Dann, als alles vorbei war, Preise vergeben, Gedichte gehört, kam der Veranstalter des Ganzen, der mich persönlich eingeladen hatte, als ich hochschwanger war, zu mir und meinte: «Ich finde, du hättest das nicht machen dürfen, wenn du weißt, dass du es nicht schaffst. Ich fand das ehrlich gesagt nicht sehr professionell von dir.»

Heute habe ich mich als Mutter zum ersten Mal auf diese Art scheiße gefühlt. Ich habe ein Baby in der Ecke eines Hinterzimmers gestillt, zur Wand gedreht wie ein Kind mit Eselsmütze. Das war meine Entscheidung, vielleicht eine dumme. Und dafür, dass ich mein Baby stille (perfekt getimt, zwischen zwei Programmpunkten) dafür, dass ich ohne Probleme einen fünfzehnminütigen Auftritt bestreite, wird mir gesagt, ich sei «nicht professionell». Die einzige Frau unter vier Juroren in seinem Wettbewerb. Die einzige weibliche Person, die performed hat, und dann sagt er mir so was. Ich habe alles gemacht, was die anderen gemacht haben, gelesen, beurteilt, zugehört, bewertet. Das Baby war ein Engel, sie hat nicht einmal nach mir geschrien, man hat sie nicht mal gesehen. Mum hat sich extra von ihrer eigenen Arbeit freigenommen, um mich dreieinhalb Stunden herzufahren und mir hier zu helfen. Aber ich bin Scheiße noch mal nicht professionell. Wir sind Scheiße noch mal nicht professionell.

Einatmen, Hollie. Einatmen. Ehrlich gesagt, dachte ich, Mum würde ihm noch vor mir eine reinhauen.

Einatmen. Ist ja nur er. Er ist nur ein kleines Arschloch. Die anderen Typen haben nicht mal mit der Wimper gezuckt.

21. MAI
2 Monate alt

 Dieser Monat fließt dahin wie ein langer Tagtraum, ab und zu unterbrochen davon, dass eine der Mütter kommt, um zu helfen, wenn Dee und ich rausgehen oder mit dem Kind zur Baby-Gruppe. Die Gruppe wird zum Großteil von Frauen um die siebzig betrieben, es gibt aber auch einen zweiundsiebzigjährigen Mann. Dreimal die Woche öffnen sie die Türen ihres Gemeindesaals für müde Eltern, die sich bei einer Tasse Tee und Keksen ausruhen können, während die Babys rumkrabbeln dürfen und spielen. Ich bin wirklich dankbar, dass es hier so was gibt. Am Anfang fand ich es komisch, mit wildfremden Leuten zusammenzuhocken und fühlte mich, weil es in der Kirche ist, irgendwie fehl am Platz. Aber jetzt ist es für mich hier wie im Himmel. Ich freue mich an den Tagen, wo die Gruppe sich trifft, immer schon ab morgens auf den Tee. Ich habe noch nie so guten Tee und so gute Kekse bekommen. Im ganzen Leben nicht. Ich bin meiner Mutter und Dees Mutter und all denen, die Tee und Kekse für die Krabbelgruppe machen, wahnsinnig dankbar. Es tut mir nur leid, dass niemand bezahlt wird. Scheint so, als gäbe es jede Menge Frauen, die solche Arbeiten machen und nichts dafür kriegen.

So viel zu den schönen Pausen. Ansonsten vergehen die Tage und Nächte sehr eintönig.

Ich stille, sie schläft, ich schlafe, sie wacht auf, ich wach auf, ich stille, sie ist wach, er hilft, er hält sie, also schlafe ich, sie schläft, ich stille, wir gehen raus, wir kommen zurück, der Tee ist kalt, ich fühle mich dreckig, ich fühle mich super, ich bin ruhig, ich denke an mein bisheriges Leben, ich weine, ich atme ein, ich atme aus, und die Baby-Gruppe ist wie der Himmel, wo der Tee immer heiß ist, ich schluchze, ich hör auf, ich stille, sie schläft, ich schlafe, ich schlaf nicht, ich weine, wenn sie schläft, ich lächele und kreische, ich lache, sie lacht, ich weine, sie schläft, zwischen Tagen und Nächten verschwimmen die Grenzen, wir laufen, sie schläft, ich halte an, sie wacht auf, er hält sie, er geht aus, wir streiten ein bisschen, er lacht ein bisschen, er hält sie, also schlafe ich, ich schlafe nicht, ich weine, wir lachen, sie lacht, wir lächeln, weil sie sich bei uns wohl fühlt, wie es scheint. Es scheint, sie mag uns ein bisschen. Ich glaube, ihr geht's gut. Ich weine.

3

SOMMER
DREI MONATE ALT
DRAN GEWÖHNT

15. JUNI
3 Monate alt

10:00 Uhr

Es hat was Surreales, wieder hier in Glastonbury zu sein. Allerdings ist es viel einfacher, mit einem Baby Lesungen zu machen als mit Übelkeit, wie im letzten Jahr.

Sie schläft in einem Korb neben dem Wohnwagen, Dee und ich liegen im Gras und diskutieren darüber, ob wir sie zu Shakira oder Doggy Dog mitnehmen wollen. Hinter dem Campingbereich für die Künstler ist das «Arcadia», ein riesiges Sound System, wo die DJs die ganze Nacht Drum 'n' Bass rausblasen, und immer, wenn der Bass fett reinkommt, werden Silvesterraketen abgeschossen. Ich kann seit zwei Nächten wegen des Krachs nicht einschlafen bzw. wache immer wieder auf. Die Kleine stört es gar nicht, sie schläft trotz Trommelfeuerwerk durch. Sie ist diese Musik wahrscheinlich durch Dee schon so gewohnt, dass es für sie wie ein Schlaflied ist.

Seltsam, wie viel sich in einem Jahr ändert.

Horizontal (Die Glastonbury-Tagebücher)

Im grünen Gras lieg' ich und halte mein Kind
Ich erzähl ihr leis' Märchen, für sie ohne Sinn
Drei Monate alt, ein Lächeln aus Gold
Ich sag ihr, was vor einem Jahr hier geschah

Vom Ort, an dem
ihre Mutter zur Ruhe kam
Wo sie sich fühlte wie in einer Wiege
In Glastonburys heilender Hand
Den wenigsten bekannt

Es geht so …

Nach den Toiletten am King's Cross
nach einem blauen Kreuz
nach Händen im Gesicht
Unter Schluchzen, verwirrt, dann lachend
fand ich einen Ort
Auf einer Wiese
Hinter einem Zelt
Wo niemand sonst war
Nach der Zugfahrt, dem Starren
Auf drei Tests, drei Stunden lang
Nach dem Entschluss, bis zum Wiedersehen
zu warten
Trotz trockener Lippen,
Ihn noch nicht anzurufen
Das gab mir drei Tage Zeit.

Alleine mit meinem Geheimnis,

Und ich fand meinen horizontalen Hafen
In Glastonbury.

Ich hab mit durchhofften Nächten gerechnet
Ich hatte an Dizzee Rascal gedacht
An DJs und Dope bei Sonnenaufgang

Den Morgen durchgähnen, sich am Nachmittag
    fallen lassen
Neue Tracks, Rave im Dreck, zerfetzte Schuhe
Who is Who

Der Plan war, um fünf Uhr nachts wach zu sein
In hirnerschütternden Drum-and-Bass-Gewittern
Stattdessen lieg ich um drei Uhr nachts wach
Und wiederhole im Kopf das Wort
«Mum»
«Mum»

Alleine im Zelt
Hörte ich prollige Schnösel wie am Spieß grölen
Betrunkene Schritte im Morgengrauen
Und mein Herz schlug schneller
Bei jedem Mal:
‹Mum›
Ich dachte, ich würde um 10 Uhr früh
schlafen
Die Dubstep-Fetzen im Kopf weiterwabern
Doch jetzt sitze hier und bin wach um neun
Der Morgen ist heiß und ich will nur speien
Ich trotte durch den grünen Klee
trinke koffeinfreien Tee
Probiere Tricks aus der weißen Magie
vegetarische Frühstücksmelodien
Reis und Erbsen und Eiscreme

Ich wollte auf den Beinen sein in Glastonbury
Zu Offbeats abfeiern in Glastonbury
Mit geschlossenen Augen mein Inneres sehen

Stattdessen liege ich im Chai-Tee-Zelt
Mit Essenstabletts auf dem Bauch
Ich starre an Decken, versuch, nicht zu brechen
ich esse auf dem Rücken
Kipp mir Tee übers Kinn
Erfahr horizontal das Festivalgeschehen.

154 Damals sah ich Glastonbury
im Liegen
ich hörte die gleichen Geräusche
aber sah dabei Himmel und Wolken
Mied Partyvolk
Lag unten, sah nach oben
dachte an den blauen Strich
und versuchte nicht zu kotzen

Den Stars hörte ich zu, die Sterne sah ich
Auch den Fluchtweg des Rauchs im Bühnenlicht
Über den Black Eyed Peas sah ich drei Vögel fliegen
Und Bäume sich zu Jazzbässen wiegen
Akrobaten bei der Show vom Comedian reden
Leute Gaffer verkleben und Kabel verlegen
Sah den bestickten Tuchhimmel im Essenszelt
Aß mich durch Visionen einer besseren Welt
mit Minztee aus Marokko, thailändischen Nudeln
Spicy Beanburgern und Apfelstrudeln.

Ich war
verwirrt, als ich ankam
doch nach drei Tagen
Musik, die sie machten
Sachen, die sie kochten

an den Decken die Farben
Fixpunkte zum Atmen
Alle sprangen in Ekstase
Ich lag träumend im Gras
es gab heilende Massagen
Sud aus dampfenden Tassen
Strahlende Familien
Babys, die ruhig schliefen

Nebenan Yoga-Sessions
Eltern beim Essen
Kinder, die rumrannten
Und ich verstand, dass nicht alle gleich sind
Und ich freundete mich an
Mit dem Wort «Mum».

Nach den Toiletten am King's Cross, nach dem Blues, nach Händen im Gesicht,
nach dem Schluchzen, nach dem Verwirrtsein, nach der Übelkeit morgens
dem Wachliegen im Zelt, den Sternen, den Farben, nach drei Tagen Musik
nach dem Bad in den Klängen
Nach Partys, Gewürzen, Zirkus und Lyrik
Nachdem ich wieder zurück war und ihm alles erzählt hab
Nach einem Jahr
In die Senkrechte gekippt

Bin ich wieder auf dem Festival
Unser erster Familientrip.

22:00 Uhr

Was hat es nur auf sich mit diesem Ort? Er kommt mir vor wie ein magischer Jahrmarkt. Letztes Jahr war ich schwanger, dieses Jahr habe ich eine Reise nach Australien gewonnen. Eine Reise für zwei Personen, Dee und mich, nach Australien. Der Flug fürs Baby kostet 75 Pfund. Und wir sind in Glastonbury.

Ich hätte nie gedacht, dass ich gewinnen würde: ein Wettbewerb von British Airways für Leute, die als Vertreter ihre Landes ins Ausland eingeladen wurden – zum Studieren oder um dort aufzutreten – die sich aber den Flug nicht leisten können. Es ist gute Werbung für BA, das ist mir klar. Eine gute Methode, «jung» und «cool» dazustehen und den Namen BA unter jungen Menschen auf der ganzen Welt zu verbreiten. Du musst Leute davon überzeugen, für dich zu stimmen, um zu gewinnen. Damit komme ich klar. Es wäre trotzdem ein Traum für mich. Denn mit dem Baby kann ich die meisten Auftritte nicht machen, die mir angeboten werden. Ich kann sie nicht länger als zwei Stunden alleine lassen, und die wenigsten Veranstalter können für mich und Dee und das Baby zahlen. Nur den Kinderlosen steht die Welt offen. Deshalb habe ich teilgenommen.

Letzte Woche war ich noch die Siebte in einer Runde mit 10 Finalisten. Gestern, am letzten Tag, der uns für den Fang der öffentlichen Stimmen blieb, wurden Dee und ich aktiv. Auf einem der größten Festivals der Welt, unzählige riesige Felder voller Menschen. Öffentlich. Und jede Menge freie Zeit.

Also verbrachten wir den gestrigen Tag mit dem Handy in der Hand damit, Tausende von Leuten dazu zu bringen, im Netz für mich zu stimmen.

«Oh, was? Klar, cool.» [click]

«Hast du mal Feuer?» [click]

«Willst du ’n Joint?» [click]

«Wo bin ich? Oh, ja. Schnief.» [click]

«Ich liebe dich, Mann. Klar mache ich das, so viel Liebe jetzt grade.» [click]

Dee musste eine etwas andere Taktik wählen, um das «Vertrauen zu gewinnen», wie er sich ausdrückte. Er hat
die Erfahrung gemacht, dass Leute, ob bewusst oder unbewusst, nervös werden, wenn er, ein schwarzer Mann, auf sie zukommt. Manche wechseln die Straßenseite, weil sie glauben, er braucht einen Fahrschein für die Bahn; er wird am Zoll angehalten, im Urlaub nach Drogen durchsucht, öfter als andere von der Polizei kontrolliert. Jedem, der sagt, die Scheiße mit dem strukturellen Rassismus sei vorbei, rate ich, einfach mal einen Monat lang hinter Dee herzulaufen. Es ist wirklich traurig, so aufzuwachsen. Er sagt, das Beste an einem Baby, vom Baby mal abgesehen, ist, dass ihn zum ersten Mal im Leben Leute auf der Straße anlächeln. Wenn er mit ihr unterwegs ist, besonders, wenn er sie im Tuch trägt, wird er vom «jungen schwarzen Mann» zum «Mann mit Babytuch» bzw. «Vater». Ich glaube er würde sich am liebsten für den Rest seines Lebens ein Baby umschnallen deswegen. Was für ein Scheiß.

Er machte also nur mit, wenn er die Kleine tragen konnte. Während ich rumlief und auf Fremde zuging, die auf der Wiese schliefen, ließ Dee sich von Frauen umringen, die mit dem Kind (und ihm) turtelten, und passte den richtigen Moment ab, um zur Sache zu kommen und die Stimmen einzusacken. Und es klappte. Wir bekamen jede Menge Stimmen. Ich rückte von Platz sieben auf Platz eins vor, und das heißt, wir machen jetzt wirklich einen

Familienausflug zu einem australischen Poetry Slam. Wir müssen aber noch ein Jahr warten, damit die Kleine alt genug ist – aber nicht älter als zwei, sonst kostet ihr Flug den vollen Preis!

28. JUNI
3½ Monate alt

16:00 Uhr

Her mit den warmen Tagen. Es ist so viel angenehmer draußen. Der Kirschbaum im Park ist das beste Baby-Mobile, das es gibt. Ein bisschen Wind, und man sieht Stunden lang zu. Draußen schläft man auch besser, was ein bisschen ärgerlich ist, aber jetzt, wo es warm ist, macht es ja nichts.

Im Ernst, der ganze Scheiß, den wir kaufen, obwohl es viel angenehmer ist, unter einem Baum zu liegen und die Zweige anzuschauen. Wie ein gigantisches Mobile. Wirklich eine gute Idee, ich wünschte, sie wäre mir früher gekommen.

Kirschblüte

Die Kirschblüte fällt wie Schnee auf die Erde
Der Schwan hütet das Nest, wo die Kleinen groß
  werden
Du liegst ungerührt da
Augen zu und zufrieden.

Ich schiebe dich über einen Stein
Das warme Wasser glitzert im Sonnenschein
Brombeerhecken und Schmetterlinge schaukeln
  her und hin

Du liegst ungerührt da
Augen zu und zufrieden.

Die Sonne scheint auf meine Sommersprossen
Du träumst, dass wir Daddys Show sehen
Ungerührt, friedlich, die Augen geschlossen
Ahnst nichts von den Wundern, den kleinen
und großen.

1. JULI
3¼ Monate alt

Ich habe mich noch nie im Leben so über eine WM gefreut. Ich meine, ich mag Fußball, aber heute habe ich Fußball geliebt wie nichts auf der Welt.

Ich habe in letzter Zeit wieder öfter Lesungen gemacht, und Dee ist kreuz und quer mit mir durchs Land gefahren, sodass ich die Kleine immer einfach stillen konnte, bevor ich auf die Bühne ging. Es ist wirklich schwierig, im Geschäft zu bleiben, und ohne Dee hätte ich keine Chance, weiterzumachen. Nicht die kleinste. Er steht bei den Veranstaltungen in der Ecke und hält das Baby. Er ist mit ihr durch die Straßen von London gelaufen, hat sie getröstet, als sie am Ende meines Auftritts weinte, hat im Backstage geschlafen. Meine Mutter genauso. Sie ist nachts um zwölf mit einem drei Monate alten Baby in China Town essen gegangen, weil es noch nicht achtzehn war und nicht mit in Scott's Jazz Bar durfte, wo ich auftrat. Etwas ärgerlich, dass mir das keiner gesagt hatte, bevor wir da spätabends vor der Tür standen. Also mussten Mum und die Kleine durchs hell erleuchtete Chinatown streifen und im Auto dösen.

Gestern hatte ich wieder mal einen Auftritt in London. Also packten wir das Auto, und Dee fuhr.

Die Fahrt war echt scheiße. Wie alles im Moment, hängt der ganze Tag von der Laune des kleinen Menschen ab, den wir dabeihaben. In diesem Fall war sie furchtbar.

Es war heiß, der Verkehr war die Hölle, und jedes Mal, wenn wir anhielten, schrie die Kleine, bis ihr Gesicht lila anlief. Ich saß hinten, versuchte sie zu beruhigen und fragte mich, warum ich das allen antue. Ich bin sicher, Dee dachte das gleiche. Wir konnten nirgends halten, und am Ende musste ich mich, um sie zu stillen, abschnallen und mich so drehen, dass ich auf dem mittleren Sitz knien und ihr meine Brust in den Mund stecken konnte, während Dee 70 Meilen lang die M11 runterfuhr. Immerhin hat sie aufgehört zu weinen. Bezweifele aber, dass diese Stillmethode legal ist. Schließlich kamen wir bei der Bar an, alle mit beschissener Laune, ich mit dem Gefühl, ein egoistisches Miststück zu sein, weil ich einen schlecht bezahlten Gig in London machen will, obwohl wir zu Hause schön hätten abhängen können. Wir fanden keinen Parkplatz. Ich sprang raus und lief in die Bar rein. Sofort hatte ich das Gefühl, dass etwas nicht stimmt. Keine Stühle, keine Plakate für die Veranstaltung. Das Blut gefror in meinen Adern, es war die gleiche Panik wie damals, als ich beim Süßigkeitenklauen im Tante-Emma-Laden erwischt wurde, oder wie die, wenn man in einer Umkleidekabine in dem Kleid stecken bleibt, was man anprobiert, der Kopf drin, die Unterhose draußen. Kalte Panik. Trockene Kehle. Ich ging zu den Leuten von der Bar und fragte, obwohl ich die Antwort schon wusste, ob heute die Lesung ist.

Morgen.

Die Lesung ist morgen.

Die Scheißlesung ist morgen.

Warum habe ich das getan? Ich sehe aus dem Barfenster. Dee ist im Auto, die Kleine weint. Er wirft mir diesen von der Fahrt leicht gereizten «Was ist denn los?»-Blick zu. Ich habe nicht nur den Tag vergeudet, wir müssen morgen die gleiche Tour noch mal machen. Ich will ihm das nicht sagen müssen. Bitte nicht. Ich will abhauen. Wegrennen. Mir ist schlecht.

Dee kommt jetzt mit der Kleinen aus dem Auto, und ich gehe zu ihm hin.

«Es ist erst morgen.»

Stille. Wir stehen in der Bar.

«Willst du was trinken?»

Ich hole ihm was zu trinken. Keiner sagt was. Dann kommt Fußball. Das WM-Spiel. Dee setzt sich hin.

«Wenn wir hier schon völlig für ’n Arsch hergekommen sind, gucke ich jetzt wenigstens das Spiel. Glück gehabt, Hollie.» Er lächelt.

Ich liebe Fußball. Verdammte Scheiße, wie ich Fußball liebe.

16. JULI

4 Monate alt

164 Wir sind heute nach Wells-next-the-Sea gefahren, haben Fish and Chips gegessen und Crazy Golf gespielt. Dee hatte die Kleine umgeschnallt (gewonnen hat er trotzdem). Dann entschieden wir uns spontan, ein Ruderboot zu mieten. In der Mitte des Sees fing sie an zu schreien. Sie hatte Hunger. Ich war noch nie so froh darüber, stillen zu können. Ich habe wirklich Glück. Das Wetter ist schön bis jetzt, und ich kann problemlos stillen. Ja, meine Brüste tun weh. Und ja, manchmal fühle ich mich eingezwängt. Aber das war's auch schon. Es ist ein Segen. Ich bin wirklich dankbar.

Ruderboote und Zugfahrten

Wenn sie aufwacht, mitten in der Nacht
Wenn wir im Park sind
oder nur kurz draußen
Oder bei einer Freundin
Und wir länger reden als gedacht.
Wenn wir in einem Boot hocken und kommen
nicht weg
Oder wenn ich im Zug bin, noch ein Stück bis in
die Stadt
Habe ich keine Sorgen, denn sie wird schon satt

ich brauch keinen festen Plan jeden Tag
Ich muss nicht zurück nach Hause laufen
um Milch zu holen oder neue Flaschen
muss nichts sterilisieren und warm machen
Ich mach mir keine Gedanken ums Abkochen
Ich hab, was ich brauche, gleich hier im Körper
Und meine Brüste tragen sich leichter
Als das ganze Zeug.
Ich kann sie nicht vergessen
Sie sind leicht zu packen.
Will ich noch woandershin
muss ich nicht vorher zurückgehen
Ich brauche keine Tüten
Muss keine Pläne schmieden
Ich muss eh schon dauernd an irgendwas denken
Wenn ich rausgehe, nie ohne Windeln und Lätzchen
Und, falls sie kotzen muss, Kleider zum Wechseln.
Wenn ich mir vorstelle, ich müsste noch mehr packen:
Folgemilch, Wasser, Flaschen
Und sehen, wie ich's steril kriege, wo ich es heiß mache
Ich frage mich, was ist daran einfacher
als an Brüsten,
an körpereigenen Essensgeschenken
Ich muss nichts extra schleppen, ich muss nicht dran denken
ich habe auch einfach nicht genug Geld
für was, das mein Körper gratis bereitstellt.

18. JULI
4 Monate alt

Ich habe heute was über die Malediven gelesen, die wunderschöne Inselgruppe, die ich bislang nur von Postkarten kannte. Ich hatte «Urlaub» gegoogelt und schwelgte in der Phantasie, ihn mir leisten zu können. So stieß ich auf einen Artikel über die Malediven.

Dort hieß es, dass während der Wahlen stillende Mütter, die die «falsche» Partei wählten, ins Visier des Regimes gerieten. Genauer gesagt, ihre Brüste. Noch genauer gesagt, ihre Muttermilch. Ich schaute mir ein Interview an mit einer Frau vor Ort.

Brüste schlagen

Es fing bei uns gleich an
Wir gingen ins Wahllokal
kreuzten an
warfen ein
gingen heim

Doch bevor sie fliehen konnte
Schlug er mit seinem
Stock auf sie ein.

Sie lernen im Training
Hart und seitwärts zu schlagen
Ganz gezielt schlagen sie
Mütter zusammen
Nehmen ihnen die Zungen
Und Nahrung fürs Kind
Zerschmettern die Brüste
Bis sie vollständig platt sind.

Sie sank auf den Boden
Ihre Schreie blieben stumm
Während ihr Kind vor Hunger schrie
Fiel sie flehend auf die Knie

Bitte –
in meinem Land
Sind Brüste wie Gold
Wie Wählerstimmen
Wie Freiheit der Rede
Versunken in der See, die wir sehen
Auf Postkarten von ihrer Heimat

Paradiesisch, wie gemalt
die Malediven

Wo Soldaten mit Schlagstöcken warten
Und Brüste platt schlagen
Damit Babys hungern
nur weil sie
Mütter hatten, die Stimmen abgaben
für Demokraten.

30. JULI
4½ Monate alt

Sie zahnt. Kein Schlaf mehr. Ich bin müde. Manchmal lasse ich sie auf gefrorenen Melonenschalen rumkauen, das scheint zu helfen. Und ich kann die Melone essen, also haben alle was davon. Aber für sie muss es grade echt schlimm sein.

Steck's dir sonst wohin

Steck dir dein Kauspielzeug sonst wo hin, Mum
Ich pisse auf deinen beschissenen Beißring
Wenn das Zahnfleisch aufreißt und die Backen
  anschwellen
kannst du dir meine Schmerzen vorstellen?

Du sitzt beim Zahnarzt und kriegst deine Spritze
Schmerzmittel für alle, und ich kau auf einem
Stück Plastik
Mahl ehrlich.
Soll das ein Witz sein?
Ich stoß an meine Grenzen
Hab die Zahnwehen ertragen, so gut wie es ging
Um dich zu beruhigen, nennst du mich Kleinkind
Wenn deine Weisheitszähne rauskommen
Willst du dann meinen Beißring?

17. AUGUST

5 Monate alt

Ich lüge

Keiner meiner Freunde hat Kinder
Mir ist es erstaunlicherweise passiert
«Das passt», sagen sie
«Hollie,
Das passt zu niemandem so schlecht wie zu dir.»

So seltsam ist das, wir mit Kind
Sie fragen mich, wie es ist
Und wenn ich ihnen antworte
lüge ich.
ich lüge.
ich sage
«Ach, gut, viel Arbeit, aber auch schön»
Als wäre damit die Sache beschrieben
Ich sag
«Schon anstrengend, aber auch toll.
Ja. Toll.»
Ich erzähle ihnen nicht, wie oft ich weine,
sie mit müden Augen anschaue und staune
Um jedes kleine Detail ihres frischen
leinwandglatten Gesichts aufzunehmen
Wie ich in Träume abschweife
Wenn ich sehe, wie sie schläft

Weil ich es selbst noch nicht glauben kann.
«Ich bin eine Mutter», denke ich dann.

Ich sage nicht, wie mir das Herz stehenbleibt
Und wie mir der Atem stockt
Wenn ich versuche, den Raum zu verlassen
Oder was für ein Glück es ist
Ein Baby zu stillen
bis es schläft
Und dass ich dich vermiss'
Wenn du eingeschlafen bist

Dass es keine reinere Schönheit gibt
als eine warme, winzige Hand
die sich schutzsuchend
an deine Brust drückt
Und einen weit geöffneten Mund
Den die Milch in den Schlaf schickt

Dass lachende Lippen an deiner Brust
Und träumender Atem neben dem Bett
Und Augen, die morgens erwachen
und sich umschauen, voller Überraschung
Und die lächeln, wenn sie dich lächeln sehen
Oder wenn deine Stimme sie weckt
Mit nichts vergleichbar sind

Dass ich lieber sterben würde als sie traurig sehen
dass mein Herz noch nie so heftig geschlagen hat
Dass ich von Fremden gekränkt bin, die ihr Lächeln
nicht erwidern

und sie am liebsten wieder in meinem Bauch
verstecken
und vor der Welt schützen würde.

Und dass «Stolz» dem Gefühl nicht gerecht wird
Wenn Leben vor deinen Augen lebt
Und im Wohnzimmer spielt
Und wenn ich sie auf ihm rumtoben sehe
und Quatsch machen
und zu Reggae tanzen
und hysterisch ausflippen
muss ich wieder weinen

Es ist unbeschreiblich zu sehen
wie sich das kleine Wesen verändert

«Wie ist das so?», fragen sie
Ich lächele nur und sage, «es ist seltsam.
Ich meine, toll, ja, aber seltsam.»

4

HERBST
SECHS MONATE ALT
SEX UND STILLEN

12. SEPTEMBER
6 Monate alt

Ich hätte nicht gedacht, dass ich, wenn ich ein Baby habe, dauernd auf öffentlichen Toiletten rumsitze. Aber so ist es. In Restaurants, Cafés, Einkaufszentren. Leute erzählen immer von Stillzimmern, aber der Raum in unserem Mothercare ist eher eine Art nach Motten stinkender Aktenschrank. Ich sitze im Dunkeln wie eine verdammte Aussätzige, um ein Baby zu stillen. Der im John Lewis ist besser, aber ich habe keine Lust mehr, mit dem weinenden Kind durch die ganze Stadt ins oberste Stockwerk zu rennen, um dann danebenzusitzen, wenn andere Babys gewickelt werden. Ich habe auch genug von den Stilltüchern, die ich ihr über den Kopf ziehen soll. Sie fallen grundsätzlich runter. Babys bewegen sich. Sie strampeln rum. Dauernd musste ich dieses «Verhüllungstuch» aufheben. Würde ich es einfach weglassen, hätte man meine Nippel bestimmt seltener gesehen. Völlig absurd!

Das ist das Anstrengendste, was ich je im Leben gemacht habe, und ich lebe in einem Land, das einem das Gefühl gibt, etwas Verbotenes zu tun, wenn man sein Kind stillt, damit es nicht stirbt. Nichts am Muttersein erschöpft mich so sehr wie das. Ich muss sie alle paar Stunden stillen, also kann ich es leider nicht nur zu Hause machen. Ja, es ist peinlich, wenn die Leute nicht wissen, wo sie hinschauen sollen. *Ich* weiß manchmal nicht, wo ich hinschauen soll. Aber ich weiß auch nicht, wo ich hinschauen soll, wenn

Pärchen auf der Straße knutschen oder Freunde mit offenem Mund essen. Es ist mir peinlich, was gefragt zu werden. Es ist mir peinlich, wenn ich bestimmte Leute tanzen sehe, aber ich sage ihnen deshalb nicht, sie sollen damit aufhören. Peinlichkeit ist Teil unserer dummen Kultur. Aber ein Baby stillen? ICH STILLE EIN BABY. Warum ist mir das peinlich? Es ist sauber und hygienisch, und es hält sie am Leben. Ich habe wirklich Glück, ich habe keine Drüsenentzündung, keinen Milchstau, ich blute nicht. Ich muss keine Flaschen und keine Pulver mitnehmen, nichts zum Sterilisieren oder Nachfüllen. Und, für mich mit der wichtigste Punkt, es ist umsonst. Komplett gratis. Ich habe keine Probleme, abgesehen von unserer dummen Kultur. Ich sollte mich eigentlich überglücklich schätzen. Erica hat eine Brustdrüsenentzündung. Sie ist eine gottverdammte Heldin, sitzt da mit ihren rissigen Brustwarzen und versucht, unter Höllenqualen, Milch rauszukriegen. Ich weiß nicht, ob ich das könnte. Gott sei Dank müssen wir uns damit nicht rumschlagen. Also sollte ich endlich mal meine Frau stehen. Du bist gesegnet, Hollie. Du hast ein Riesenglück. Also vergiss die paar blöden Kommentare.

13. SEPTEMBER
6 Monate alt

14:45 Uhr

Ich sitze auf einem Klodeckel. Wieder mal. Es riecht nach Scheiße, und mein Baby schläft. Aber es ist schön zu sitzen. Ich komm mir vor wie eine Versagerin. Ich leg mir zurecht, dass ich Platz brauche, Ruhe, um zu stillen. Aber die Wahrheit ist, dass es mir peinlich ist, wenn ich alleine bin, ohne Dee oder meine Mutter oder Freunde. Der Sommer war ein Traum. Stillen im Freien. Keine Angst, zu tropfen oder zu kleckern. Ich habe ganz oben auf dem Wallace-Denkmal gestillt, Herrgott.

Aber jetzt ist es kälter, und ich bin drinnen. Ich habe keine Freunde besucht, die erkältet waren, habe Krankenhäuser und andere Orte gemieden, wo Keime sich tummeln, damit die Kleine nicht krank wird. Und jetzt sitze ich hier auf einem Klo in einer öffentlichen Toilette und stille ein Baby am vermutlich dreckigsten Ort der Stadt. Was mache ich für eine Scheiße? Aber ich weiß nicht, wohin ich sonst soll. Draußen regnet es, und ich bin grade beim Einkaufen, also wo soll ich hin?

Ich sollte mich auf die Bänke der Shopping Center setzen. Ich wünschte, Dee wäre da. Oder meine Mutter oder so. Warum schaffe ich das nicht, wenn ich allein bin? An der Tür ist ein Plakat vom Fez Club. Eine Frau tanzt im Bikini. Und ich sitze auf einem Klodeckel. Eine Frau, die ihr Kind stillt. Ich mach den Scheiß nicht mehr mit.

Ich fühle mich furchtbar – schau dich an, meine Kleine! Du bist so wahnsinnig schön. Ein winziges menschliches Wesen, und ich gebe dir dein Abendessen auf der Toilette. Und wenn nicht, dann mit einem schwarzen Tuch, das deinen Kopf verdeckt, damit ja niemand sieht, dass du deine Lippen an meinen Nippeln hast. Willkommen in der wirklichen Welt, mein Schatz.

Hier finden wir ekelhaft, Babys beim Essen zuzuschauen – wünsche einen wundervollen Aufenthalt. Willst du woanders hinziehen? Schweden? Ich auch. Es ist wirklich ein Witz. Ein beschissener Witz. Vielleicht wäre es euch lieber, ich würde sie weinen und brüllen und jammern lassen, bis ich wieder zu Hause bin. Ich hasse die Welt heute. Ich kann nicht glauben, dass ich mich schäme, mein eigenes Baby zu füttern. Was soll der Scheiß! Mein Busen, mein Baby. Die Leute erzählen mir dauernd, ich soll diskret und zurückhaltend sein. *Also echt!* Ich stehe nicht auf dem Tisch und schwinge vor aller Augen meine Brüste. Und überhaupt sind Brüste bei uns ja sonst auch nicht das Problem. Als ich tiefausgeschnittene Oberteile trug, hat mich niemand zur Zurückhaltung ermahnt. Brüste sind also in keiner Weise das Problem. Das Problem sind Babys, die an Brustwarzen nuckeln, wir sollten hier ehrlich sein. Wer hätte gedacht, dass das so ein Theater gibt.

Letzte Woche hat mich jemand gefragt, warum ich im Café stillen will. Ich lächelte und sagte: «Will ich nicht. Ich will nur ab und zu in Cafés gehen, und dann kann es passieren, dass sie da gestillt werden muss.» Verdammte Scheiße noch mal (das habe ich nicht gesagt), ich *will* nicht im Café stillen. Ich mache nicht stundenlang das Baby zum Rausgehen fertig, pack die Babytasche, ziehe sie um, gehe los, merke, dass sie in die Windel gemacht hat, gehe wieder rein, ziehe sie wieder um, wasch ihr die Kacke von den Beinen und mach die Reise in die Stadt, nur um dann in ein Café zu gehen und sie dort zu stillen. Nein, die meiste Zeit bin ich zu Hause. Aber manchmal … nur manchmal … kann es eventuell sein, dass ich die Wohnung verlassen möchte. Ist das o. k.? Manchmal will ich (und sie auch) an die Luft, einkaufen, zur Arbeit oder in den Park. Manchmal muss ich Bus fahren oder Zug. Manchmal muss ich sie mit zur Arbeit nehmen. Und ja, normalerweise stille ich sie vorher. Wer will schon sein Kind im Bus stillen? Niemand. Aber Babys sind keine Roboter, ich habe keinen Roboter geboren, zumindest nicht, dass ich wüsste.

Manchmal hat sie Hunger, wenn ich nicht damit rechne. Manchmal will ich für mehr als drei Stunden das Haus verlassen, und jetzt, wo es mehr regnet, bin ich auch mehr drinnen. Manchmal will ich nicht mein ganzes Leben um die Stilltermine herum organisieren. Ich habe was über eine Frau gelesen, die aus dem Bus geworfen wurde. Jemand brachte das Argument an, dass Stillen etwas ganz Natürliches sei. Jemand anders meinte: «Scheißen und Pissen und Sex sind auch natürlich, aber das macht man auch nicht in der Öffentlichkeit.» Die Leute vergleichen es immer wieder mit diesen Dingen. Niemand vergleicht es mit Essen! Oder Schwitzen oder Weinen oder anderen natürlichen Sachen, *die* man in der Öffentlichkeit macht. Oh Mann, ich bin's so satt, überhaupt darüber nachzudenken. Ich ernähre ein Kind mit meinem eigenen Körper, es funktioniert prächtig, und ich spare Hunderte von Pfund dabei. Nie im Leben hätte ich gedacht, dass das so ein Riesenthema sein würde. Ein seltsamer, seltsamer Ort. Es geht nicht um Brüste. Es geht um Babys, die an Nippeln nuckeln, ich wünschte, das würden endlich mal alle zugeben.

14:56 Uhr

Ich werde das nie mehr tun. Kein einziges Mal mehr stillen auf einer dreckigen Toilette. Einatmen. Dee hatte recht:

«Kümmer dich nicht drum. Du stillst unser Baby, Hollie, das ist alles.»

Ich bin es leid. Im Kern läuft es darauf hinaus, dass es Leuten unangenehm ist, wenn sie dem Baby beim Saugen zuschauen. Weil wir gelernt haben, dass es etwas Sexuelles ist, wenn jemand an einer Brustwarze saugt. Was es sicherlich auch sein kann. Oder auch nicht. Unsere Körper sind vielseitig. Jeder Quadratzentimeter deines Körpers ist potenziell erogen. Ich habe ein Tampon am gleichen Ort wo auch Abstriche gemacht werden oder ich mir bei Gelegenheit einen steifen Penis reinstecke. Und ich komme nie durcheinander bei den drei Sachen. Sie fühlen sich nicht gleich an. Ich denke nicht, dass ich einen Tampon ficke oder dass mein Freund mich untersucht. Ich benutze meine Zunge zum Küssen und zum Essen. Ich habe aber nie das ungute Gefühl, mein Essen zu knutschen. Ich küsse meine Tochter und meine Mutter und meinen Partner. Diese verschiedenen Arten von Berührung zwischen Haut und Lippen haben nicht dieselbe Wirkung auf mich. Sie fühlen sich nicht gleich an, nur, weil es der gleiche Körperteil ist oder dieselbe Handlung. Und genauso ist es etwas völlig anderes, ob ein Mann meine Brustwarze mit der Zunge umspielt und ab und zu kurz daran saugt, während wir nackt aufeinander rumturnen, oder ob ein Baby seine Lippen darüberstülpt und Milch heraussaugt, als ginge es um sein Leben (was es tatsächlich tut) und ich dabei in Jeans auf der Couch sitze. Beides kann sich gut anfühlen. Beides fühlt sich manchmal nicht so gut an. Aber mein Gott noch mal, wenn das Gefühl, dass dein Baby aus deiner Brust trinkt, angenehm ist – was es verdammt noch mal sein sollte, wenn du dich entspannen kannst und dir nicht wie ein Freak vorkommen musst –, heißt das nicht, dass du von deinem Baby angeturnt bist wie von einem Liebhaber. Beides ist intim. Beides hat mit Nähe zu tun. Aber es ist nicht das Gleiche. Ahhh! Fickt euch doch alle!

Ich habe die Schnauze voll davon, so zu tun, als würde ich lieber ruhig und heimlich stillen, nur weil wir in unserem Land derart verklemmt mit Körpern und Sex und Nerven und Gefühlen umgehen.

Ich wünschte, es wäre wieder Sommer. Sie ist so verdammt wundervoll. Tut mir leid, Kind. Ich bin eine Idiotin. Du musst nicht mehr auf dem Klo essen oder im Dunkeln. Du kannst essen, wo jeder andere Mensch auch isst. Auf dem Klo werden ab jetzt nur noch Windeln gewechselt.

Scham

Ich dachte, es wäre o.k.
Ich konnte die Gründe verstehen
Es könnte Kinder und schüchterne Männer verstören
Wenn sie unerwartet das kleine Stück Fleisch sehen
Also flüsterte ich, schlich diskret auf Zehenspitzen
Doch nach sechs Monaten ihres Lebens auf der Toilette
In denen Scheißgeruch ihre Nase beim Trinken
  umwehte
Sie ihren Kopf am Klorollenhalter anstieß
Frag ich mich, ob das für sie nicht entwürdigend ist.
Ich bin die Höflichkeit leid, und Diskretion stinkt
Wenn jeder ihrer ersten Schlucke in Scheiße ertrinkt
Ich hab das erste halbe Jahr ihrer kostbaren Lebenszeit

Damit verbracht, es allen recht zu machen mit Angst und mit Peinlichkeit
Am Anfang niemand außer der Familie gesehen
Es hat acht Wochen gedauert, bis ich mich traute, in die Stadt zu gehen
Jeder Kommentar ist wie ein Messerstich
Ich flieh in die Kabine, alles andere als glücklich
182 Weil ich ihr kein Fläschchen gebe, ernte ich Hohn
Ich verwünsche die Pulverfreaks der Koksgeneration
Ich sehe Schneeballsysteme den Planeten umspannen
Die Brust wird verbannt
Außer im Sexzusammenhang
Und wenn ich rausgehe, werde ich jedes Mal wütend
In der Stadt fühle ich mich umzingelt von Banditen
Im ganzen Land auf den Plakaten nur Titten
Jeder Zeitschriftenladen wird damit bestritten
In der Buchhandlung das Regal für den Mann
Warum stört sich da niemand dran?

Im ganzen Land auf den Plakaten nur Titten
Jeder Zeitschriftenladen wird damit bestritten
In der Buchhandlung das Regal für den Mann
Und ich schäme mich
Weil man ein bisschen Fleisch sehen kann

Ich will sie nicht ausstellen, mache keine Parade draus
Aber mir wird gesagt, bleib doch lieber zu Haus
Eine Mutter, die ich kenne, fliegt aus dem Bus
Einer anderen wird gesagt, dass sie den Pub verlassen muss
Ich bin sicher, die Milchhersteller lieben den Zirkus
Die Blicke voll Ekel, die Flüche, den Frust

Wieder steigt jemand von Brust auf Pulver um
Eingeschüchtert von den Sprüchen um sie herum
Während ich mein Kind unter die Strickjacke steck'
Wo es den Nektar, den uns Gott persönlich gab,
schleckt
Ich denke, mein Gott, Jesus hat ihn getrunken
auch Siddhartha
Mohammed

und Moses
Und deren Väter
Ganesh und Shiva und Brighid und Buddha
Und ich bin sicher, es roch dabei nicht nach Pisse
Und ihre Mütter mussten nicht auf kalten Klodeckeln
sitzen
In einem Land mit Plakatwänden mit lauter Titten
In einem Land mit knappen Tops und tiefen
Ausschnitten
In einem Land mit Mülltrennung und Stofftaschen.
Ich versuche verzweifelt, all das zu verkraften

Ich halte ihren Kopf, und ich krieg's nicht in meinen
Sie sind sauer auf uns statt auf die Schweinerei
Dass man tonnenweise Milchpulver verschifft
In Länder, wo es kaum sauberes Trinkwasser gibt
In Städte, wo Brüste, fruchtbare Oasen,
vertrocknen durch die Verlockung der Massen
Durch Labels und Logos, goldstandardisiert
Die uns weismachen, Muttermilch gehört
pulverisiert,
designed und verpackt, zum Festpreis verkauft
Nichts umsonst auf der Welt, Geld bestimmt ihren
Lauf

Es ist o.k.
Wenn du Flaschen nehmen musst oder willst
Wenn das Trinkwasser sauber ist und steril.
Doch in Städten, die in dreckiger Bracke versinken
Sterben Kinder, die Milch aus der Flasche trinken
in Städten, wo man sich jeden Cent vom Mund abspart
Zahlt man jetzt für etwas, das immer umsonst war

in Städten, wo Krankenhausbetten fehlen
Sterben Babys an Durchfall – weil die Mütter nicht stillen
Darum sitze ich nie mehr auf kalten Klobrillen
Egal, wie sehr ich mich schäme beim Stillen
In diesem Land mit Plakatwänden voller Titten
Denke ich
Ich sollte klarkommen damit.

18. SEPTEMBER
6¼ Monate alt

13:00 Uhr

Sex

Es sind schon über sechs Monate, und ich habe noch immer nicht richtig Lust darauf. Ich kriege langsam ein schlechtes Gewissen. Ich habe das Gefühl, die zwei erogenen Zonen meines Körpers sind keine mehr oder zumindest nicht mehr annähernd so erogen wie früher. Berühr mich bitte woanders. Irgendwo anders. Nur nicht da. Nicht an den Brüsten und nicht im Schritt. Hals, Rücken, Schenkel, Arme, Schultern, Füße. Such dir was aus. NUR NICHT DA.

Und es ist mir unangenehm, ich hasse es, Dee zu sagen, dass er das lassen soll. Dass er meine Brüste nicht anfassen soll, aber wenn Milch aus ihnen raustropft und sie wund sind und, na ja – ich fühle mich schlecht jetzt. Er ist so geduldig, aber ich weiß, wie zermürbend das sein muss. Ist bestimmt komisch für Typen. Heute kannst du; heute nicht; heute nicht die Brüste; heute bitte gar nichts anfassen. Furchtbar. Verwirrend. Aber ich muss erst mal meinen Körper wiederhaben, bevor ich mich darum kümmern kann. Ich denke immer, ich habe keine Zeit für Sex, aber daran liegt es nicht. Wir haben Zeit für Sex. Ich habe nur keine Zeit, mich sexy zu fühlen. Ich kann das nicht einfach so an- und ausschalten. Meine Brüste tun weh,

und ich muss die ganze Zeit daran denken, dass die Kleine jeden Moment zu schreien oder zu weinen anfangen könnte oder einfach aufwachen. Sexyness ist nicht dasselbe wie Sex. Sex, ja, dafür ist genug Zeit. Aber ich will keinen Sex um der Sache willen, ich will sexy Sex. Und mich sexy fühlen. Aber wenn man grade Mutter geworden ist – ein neuer Körper, Geist und Körper sowieso er-
 schöpft, ein Kind nebenan –, ist es schwer, sich sexy zu fühlen.

Es ist schwer, das ist alles. Ich finde es jedenfalls schwer. Und Spitzenunterwäsche ist auch keine Lösung. Was ich brauche, ist eine Woche Urlaub irgendwo, 30 Stunden Schlaf und eine Ganzkörpermassage. Nacken, Rücken, Beine, Knöchel, Füße, Schultern. Nur nicht an den Brüsten.

Beim Check-up sechs Wochen nach der Geburt schaute die Krankenschwester mir zwischen die Beine und sagte, dass alles gut verheilt. Dann sagte sie: «Sie können jetzt ruhig wieder Sex haben.»

«Sie können jetzt ruhig wieder Sex haben.»

Und ich dachte: «Fick dich.»

Was die Schwester natürlich meinte, war: «Sie können sich jetzt wieder einen Penis einführen, ohne irgendein postnatal bedingtes gesundheitliches Risiko einzugehen. Aber das heißt nicht, dass ich wieder Sex haben kann. Es heißt nicht, dass ich wieder Sex haben will. Meine Scheide ist vielleicht wieder in Ordnung, vielen Dank. Mein Kopf nicht. Und Sex ist nicht nur ein Penis in einer Scheide, egal, was viktorianische Sexualpädagogik und Hollywood uns lehren.

Und Dee geht mir nicht auf den Keks, wir können reden, und er macht immer Witze: «Die Schwester hat doch gesagt wir können, also los», und es *ist* ja auch komisch. Und ich frag mich, wie es für Frauen ist, deren Partner nicht so sind. Die aggressiv werden oder glauben, sie hätten das Recht, wieder Sex zu haben, egal, was die Frau fühlt. Ich bin genervt und mache mir sogar Vorwürfe, als wäre es bei allem, was Tag und Nacht um mich herum passiert, meine Pflicht, möglichst schnell wieder sexuell in die Gänge zu kommen. Kein Wunder, dass man früher gemeinhin trennte zwischen der Frau, mit der man Kinder hatte, und der Liebhaberin. Oder den Liebhaberinnen.

Manchmal denke ich, ich stelle mich zu sehr an. Dann denke ich wieder, wie wohl ein Typ sich fühlte, wenn sein Penis neun Monate lang aufgeblasen und 3 Stunden lang mit dem Hammer kaputtgeschlagen würde, um danach für acht Wochen zu bluten, wenn seine Brustwarzen anschwellen würden und aufreißen und als Babyspielzeug dienen. Und zusätzlich zum Schmerz und der Frustration müsste er sich die ganze Zeit schuldig fühlen, weil er «nicht richtig in Stimmung ist», während die Gesellschaft ihm mit jedem ihrer Bilder mitteilt, wie unsexy sein neuer Körper und sein demolierter Penis sind.

Trotzdem tut er mir leid. Und ich fühle mich schuldig. Ich weiß schon lange nicht mehr, was verdammt noch mal mit mir los ist. Eine Freundin, die wir regelmäßig besuchen, erzählt mir, wie geil sie während der Schwangerschaft war und dass sie es nach der Geburt kaum erwarten konnte, «wieder damit anzufangen».

«Weißt du, was ich meine?», fragt sie. Ich lächele und stelle mir vor, wie ich sie mit einem nassen Fisch verprügele.

Mein Körper gehört mir nicht mehr; immer ist irgendwo eine Hand, und das Letzte, was ich will, sind noch mehr Hände, wenn das Baby mal Pause macht. Aber auch das ist Mist. Ich will, dass mich Hände berühren, ich sehne mich sogar danach. Aber ich will mehr schlafen. Eine Frau erzählte mir, ihre Beziehung sei so kompliziert geworden, dass sie sich T-Shirts gemacht hat, damit ihr Mann sich nicht mehr wie ein sexueller Wegelagerer im Schlafzimmer rumdrücken musste. Es waren drei T-Shirts mit den Aufschriften:

«Uneingeschränkt»
«Eingeschränkt»
«Nein»

«Uneingeschränkt», wenn sie Lust hatte. «Eingeschränkt», wenn sie zwar Lust hatte, aber so müde und erschöpft war, dass sie sich nicht bewegen konnte, sodass er an diesen Tagen die Arbeit machen musste. Und «Nein», wenn sie vom Baby den Tag über schon genug in die Brust gebissen und begrabscht worden war. Oder wenn sie einfach keinen Sex haben wollte. Sie sagte, sie waren beide begeistert von der Lösung. Ich finde, diese T-Shirts gehören eher ins Krankenhauspaket als Baby-Lotionen und Angebote von Johnson's. Auch Gutscheine für BHs wären gut, meine haben alle Milchflecken. BHs sollte es von der NHS geben, zusammen mit Hygieneartikeln und Schlaf.

Aber sei's drum.

14:30 Uhr

Brüste

Niemand redet davon
Es wird nur geflüstert
Wir tappen
im Fackelschein des Tabus
Ich lese viel
Doch ich hab' nie was darüber gelesen
Wie eine Schreibblockade
Beim Busen ist Schluss.

Eine nackte Brust
Mein Atem wird schwer;
Für sie: Ernähren
Für ihn: Begehren
Meine Nervenenden
geraten in Panik
Ich muss zwei Körper in einem verwalten
Zwei Leben jede Nacht
Jedes will mich behalten.

Wir sitzen um sechs da, sie trinkt wie Siddhartha
Warm in meinen Armen, Lippen lachen im Schlaf
Und danach
Im schwachen Licht
Bei einer Barry-White-Platte
Gehe ich nach nebenan
Wo er geduldig auf mich wartet.

Haut an Haut Baby
Haut an Haut Mann
Erst starre ich Unschuld
dann Unterwäsche an
Und es ist schwer

Es ist sooooooooooo schwer gerade

Die Positionen zu wechseln
Zwischen einem verdunkelten Raum und dem nächsten
und ich wünschte, ich könnte meinen Körper aufsplitten
Eine Titte für Sex
Eine nur noch zum Füttern

Und du fühlst dich seltsam
Und dir wird übel
Wenn sie fragen:
«Wenn sie trinkt, ist das das gleiche Gefühl?»
Wenn sie dir die winzige Hand auf die Brust legt
Ist das natürlich ein anderes Gefühl als beim Sex

Und wir denken, es ist falsch, und lassen uns stressen
Wenn wir erst die heiß Geliebte, dann den Geliebten heiß küssen
Ich hab' lang gebraucht, meinem Gehirn beizubringen
Seine Hand auf mir nicht wie eine Last zu empfinden

Also leg ich sie hin
Schnell den Mund abgeputzt
Und nebenan wartet

unschuldiger Schmutz
Den mittendrin
Ihr Geschrei unterbricht
Wieder verwandele ich die Brüste zurück
Von Liebe
Zu Liebe.

15:15 Uhr

Ich habe das Gefühl, dass das Gedicht nicht richtig stimmt. Für manche Tage vielleicht schon, aber heute bin ich mir zum Beispiel nicht sicher. Es hat ein sehr süßes Ende. Ich glaube, ich habe es so geschrieben, weil ich mich so fühlen wollte. Mache ich mir, wenn ich so schreibe, als sei ich mit meinen Gefühlen im Reinen, selbst etwas vor? Ich fühle mich wie eine Betrügerin. Ahhh. Manchmal ist es wundervoll. Manchmal macht es mir nichts aus, ständig zwischen zwei Menschen zu wechseln, die ich beide liebe. Aber manchmal stehe ich im Flur zwischen zwei Schlafzimmern und weiß nicht, wohin, und … manchmal gibt es eine zweite Version des Gedichtes. Eine längere. Eine wahrere? Ich weiß nicht.

Brüste – Teil zwei!

Niemand redet davon
Pärchen schleichen um heißen Brei
Sind niedergeschlagen
können nicht schlafen
oder nichts damit anfangen

Ich lese viel
Doch ich hab' nie was darüber gelesen
Wie eine Schreibblockade
Beim Busen ist Schluss

Eine nackte Brust
Mein Atem geht schwer;

Für sie: Ernähren
Für ihn: Begehren
und meine Nervenenden
geraten in Panik
Ich muss zwei Körper in einem verwalten
Zwei Menschen jede Nacht
Jeder will mich behalten

Wie sitzen um sechs da,
sie trinkt friedlich und brav
Warm in meinen Armen
Lippen lachen im Schlaf
Und danach, im schwachen Licht
Bei einer Barry-White-Platte
Gehe ich nach nebenan
Wo er geduldig auf mich wartet

Erst Haut an Haut Baby, dann gleich
Haut an Haut Mann
Erst starre ich Unschuld
dann Unterwäsche an
Und es ist schwer

Es ist sooooooooo schwer gerade

Die Positionen zu wechseln
Zwischen einem verdunkeltem Raum und
dem nächsten
Und es geht schon einen Monat
Doch es ist immer noch hart
und ich wünschte, ich könnte meinen Körper
aufsplitten
Eine Titte für Sex
Eine nur noch zum Füttern

Und du fühlst dich seltsam
Und dir wird übel
Du fragst dich:
«Wenn sie trinkt, ist das das gleiche Gefühl?»
Wenn sie dir die winzige Hand auf die Brust legt
Ist das natürlich was anderes als beim Sex

Und wir denken, es ist falsch, und lassen uns stressen
Wenn wir erst die heiß Geliebte, dann den Geliebten
heiß küssen
Ich hab' lang gebraucht, meinem Gehirn beizubringen
Seine Hand auf mir
nicht wie eine Last zu empfinden
Und ich hab das Gefühl, ich sag immer den
gleichen Satz:
Ich bin müde, ich bin fertig, ich brauche etwas Ruhe,
Schatz.

Und manchmal scheint mein Körper mir nicht zu
gehören
Seit mehr als einem Jahr ist er da für wen anders
Und ich kann ihn nicht wiedererkennen

Und ich habe kein Anrecht auf ihn
Und sie fasst mich den ganzen Tag an
Und wenn sie schläft
ist er mit Spielen dran
und ich frage mich, ob ich je Zeit für mich haben kann
Denn ich bin nie wie er ohne Kind bei der Arbeit
Ich glaube, das macht er sich nicht klar.
Er scherzt, meine Brüste gehörten mal ihm
jetzt gehören sie ihr
Und ich find's nicht ganz fair
Denn sie gehören mir

SIE GEHÖREN MIR

Und sie werden immer von irgendwem berührt
Und manchmal kann ich keine Hand mehr ertragen
Und das sind die Gründe
Aus denen ich sage
«Fass mich heute nicht an
Ich will heute nicht wach sein»
«Ich will schlafen»
Und noch während ich es sage, bin ich krank vor Schuldgefühlen

Ich weiß, es ist schwer für dich
Doch es ist auch schwer für mich

Ich liebe es, wenn du mich anfasst
Ich weiß, du willst es, weil ich dir wichtig bin
Und du magst, wenn unsere Körper zusammen sind
Und natürlich find ich's auch gut

Nur grade im Moment
Nicht ganz so wie du

Und fühl dich mal sexy mit milchigem Top
Wenn es aus dir raustropft
Ich war den ganzen Tag geduldig
Und mütterlich
Es ist schön, wenn wir anfangen
Uns zu berühren
Doch in einer Stunde muss ich wieder nach drüben
Und wenn ich ihr dann den Mund abputz'
Und rübergehe zum unschuldigen Schmutz
Fängt sie bald an zu schreien, und ich muss wieder
Die Brüste umweihen, von Liebe zu Liebe
Von Raum zu Raum die ganze verdammte Nacht
Und ich will nur mal wieder meinen Körper für mich

Ich will nicht, dass mich andauernd wer anfasst.

Ich weiß, das klingt schrecklich, und ich könnte froh sein
Weil ich sie so gern stille
Und dich so gern fühle
Aber jetzt muss ich erst mal weinen

Von Raum zu Raum die ganze verdammte Nacht
Zurück ins Bett, dann wieder in ihr Zimmer
Manchmal stehe ich im Flur
Schaue hin und her
Zu ihr
Zu dir
Und frag mich, wohin
Und wo ich Schlaf finde.

Ich wünschte manchmal, niemand brauchte mich

Und will mich nicht immer müde fühlen und schuldig

Ich will nur einen Körper für mich.

25. SEPTEMBER
6½ Monate alt

1:00 Uhr 197

Ich wünschte so sehr

Ich wünschte so sehr, ich wollte deine Haut die
ganze Nacht küssen
Ich wünschte so sehr, ich wollte und lachen und
trinken und essen
Ich wünschte so sehr, ich wollte mit dir einen Film
sehen und ein Glas Wein trinken
Und bis zum rosaroten Morgengrauen verschlungen
liegen
Ich wünschte so sehr, ich wollte dich ausführen
und die ganze Nacht mit dir tanzen
Ich wünschte, ich wollte den ganzen Abend mit dir
dasitzen, plaudern und lachen
Ich wünschte so sehr, ich wollte mit dir sitzen, liegen,
essen
Den ganzen Abend mit dir verbringen, Sex haben
oder relaxen
ich wünschte, ich würde mit dir all das tun wollen,
wenn sie schläft, friedlich und brav
ich würde so gerne wollen, mein Schatz
Aber ich bin einfach zu sehr im Arsch.

9. OKTOBER
Fast 7 Monate alt

Heute hatte ich eine Erleuchtung. Als ich ihn beobachtet habe. Mir wurde plötzlich klar, wie sehr ich noch auf ihn stehe und dass das Problem nicht nur die Geburt und das Stillen und der Schlafmangel sind. Sexy ist jetzt einfach nicht mehr das Gleiche. Das ist es, ganz einfach. Sexy ist nicht mehr das Gleiche. Ich finde jetzt andere Sachen sexy als vorher. Barry Whites Musik zum Beispiel – bringt's für mich nicht mehr richtig. Wenn ich sie höre, denke ich nur noch an seine acht Kinder und wie viel Arbeit deren Mutter hatte, während er seine Karriere voranbrachte. Das Gleiche mit Bob Marley: ein Held, keine Frage, alles ganz toll. Aber wer hat sich um die Kinder gekümmert? Bob etwa? Nicht mehr sexy. Nichts zum Entspannen grade.

Und bei den Brustwarzen hat sich auch viel geändert.

Und dass ich heiß werde, wenn Dee mir ins Ohr flüstert: «Schlaf nicht ein, ich bin gleich wieder da» – das wird auch nicht mehr so leicht passieren. Aber jetzt grade sieht er sexy aus. Wenn er die Kleine anzieht, in das schöne weiche Tuch wickelt und mit ihr rausgeht – und mich eine Stunde lang alleine entspanne. *Das* ist sexy.

Und wenn er zu mir sagt: «Nein, bleib sitzen, Hollie, du hast schon genug gemacht heute. Ich mach den Tee.» – So was ist sexy.

Oder wenn er mir ins Ohr flüstert: «Ich habe zwar gearbeitet, aber auch wenn deine Arbeit nicht bezahlt ist und von unserer amtierenden Regierung – die generell keinen Schimmer von Kinderbetreuung hat und sie deshalb bei der Gesetzgebung systematisch vernachlässigt – nicht gewürdigt wird, bin ich mir dennoch der Tatsache, dass auch du den ganzen Tag gearbeitet hat, vollkommen bewusst.»

Das ist sexy Talk. (Das Letzte hat er nicht wirklich gesagt, aber wenn er's sagen würde …!)

D.I.L.F.

Seit ich ihn Windeln wechseln sah
Wirkt sein Penis auf einmal gewaltig
Die Muskeln werden ausgeprägter
Immer wenn er Strampler faltet
Seine Beine waren schon immer schick
Doch wenn sie auf dem Boden liegt
Und er sie mit dem Fuß sanft wiegt

Mich mit dem anderen dabei füßelt
Sind seine Schenkel
noch tausendmal so knackig

Seit ich ihn sie schieben sah
Und kochen mit dem Kind im Arm
Wiegenlieder selber machen
Lachend vom Geschrei erwachen
Beim Boxenstoppwickeln unter
    Wettkampfbedingungen
und bei der Kotzlappenreinigung

Seit ich ihn sah bei alledem
Ist alles doppelt groß an ihm
Doppelt schön sein Nacken, zum Lecken bereit
Nur habe ich dafür nur noch halb so viel Zeit
Seit das Kind schreit.

10. OKTOBER

Fast 7 Monate alt

13:00 Uhr

Dee und die Kleine sind wieder mal draußen. Ich sitze noch ein bisschen in Ruhe auf der Couch, bevor ich mich hinlege.

Wieder normal

Eine ruhige Wohnung
Eine heiße Tasse Tee
Zu wissen, die Viertelstunde gehört dir.
Manchmal reicht das, und ich fühle mich
wieder normal.

13:10 Uhr

Dass bald Winter wird, ist zumindest insofern schön, als die Kleine dann mehr von den Sternen sieht. Sie wacht auf, wenn sie zu leuchten beginnen. Ich weiß natürlich nicht, ob sie sie wirklich sieht, aber wir können abends zusammensitzen und die Sterne anschauen, das wird gemütlich. Und meine Probleme werden kleiner erscheinen.

Wir brauchen nur noch ein Lagerfeuer, aber ich glaube nicht, dass wir in der Wohnung eins anzünden dürfen.

Ich glaube, heute Nacht habe ich mal wieder einen Traum zu Ende geträumt. Zumindest wurde er nicht gleich im ersten Abschnitt oder Teil, oder wie das bei Träumen heißt, unterbrochen. Ich habe das Gefühl, sie schläft jetzt besser, vielleicht, weil es dunkler ist und wir abends öfter zu Hause sind.

«Sag das nicht zu laut, Hollie», meint Dee. «Ab jetzt schläft sie wahrscheinlich gar nicht mehr». Aber ich habe weiterhin Hoffnung, ich kann nicht anders. Ich weiß nicht mehr, wie es ist, nicht völlig fertig zu sein.

5

WINTER
SIEBEN MONATE ALT
ZURÜCK ZUR ARBEIT

Stilldemenz
Erste Schlucke
Nicht anfassen
Vorlesen
Wow!

1. NOVEMBER
7½ Monate alt

Ich habe wieder angefangen zu arbeiten. Ich meine, Gedichte schreibe ich schon länger wieder, aber jetzt bin ich wieder im Büro. Brotarbeit. Elternzeit, Urlaub und Überstunden. Alles aufgebraucht. Ich bin wieder da. Erziehungsbeauftragte in einer kleinen, gemeinnützigen Einrichtung. Als solche sitze ich die meiste Zeit am Computer und fülle Förderanträge aus.

Ich habe in den letzten anderthalb Monaten den Speiseplan der Kleinen umgestellt, sie kriegt jetzt Wasser und zerdrückte Möhren und Bananen und so weiter, wenn ich bei der Arbeit bin. Spannende Zeiten. Ich konnte nicht abpumpen. Ich hab's versucht, aber ich hab's einfach nicht hingekriegt. Ich saß zwei Stunden lang da, ohne einen Tropfen rauszubekommen. Ich weiß nicht, was ich falsch mache. Ich habe ehrlich gesagt auch keinen Bock mehr, es weiter zu versuchen. Ich würde sie lieber einfach stillen. Es ist echt frustrierend, wenn man verzweifelt versucht, sich was aus der Brust zu pumpen, und nebenan schreit das Baby vor Hunger. Dee hat angeboten, «mich abzupumpen», aber das kommt mir doch irgendwie komisch vor. Dabei wäre es schon eine Erleichterung, etwas Milch loswerden zu können. Na ja, jedenfalls, gut, dass die Kleine seit dem fünften Monat schon extrem gerne Brei isst.

Ich stille sie vor der Arbeit und danach, wenn ich wieder zu Hause bin. Schwellung und Härtegrad der Brüste haben dann schon die «Fass irgendwo an und Milch stürzt herab wie Wassermassen nach einem Dammbruch»-Marke erreicht. Ich muss bei der Arbeit nicht auf die Uhr sehen, ich kann die Zeit an der Größe meiner Brüste ablesen. So wie andere auf einer Seereise den richtigen Weg an den Sternen erkennen oder die Tageszeit an Sonne und Mond. Oder, gleiche Liga: Wenn ich mich der dritten Seite nähere, brauche ich noch ziemlich genau eine Stunde. So habe ich in der letzten Woche die Stillzeiten eingehalten, und zwar erfolgreich. Ich bin ganz stolz und etwas beleidigt, dass mir niemand einen Orden für mein Organisationstalent verleiht.

Am ersten Tag hat meine Chefin gleich Witze gemacht, dass alle «schon am Verdursten sind», weil ich nicht da war zum Teekochen. Das war das Erste, was sie sagte. Lustig, hahahaha. Weniger lustig, dass ich dann wirklich erst mal für alle Tee gemacht habe. Trotzdem musste ich ein bisschen lachen. Dann ruft Dee in der Mittagspause an, weil die Kleine seit zwei Stunden schreit und jegliche Nahrung verweigert. Er fährt her, und ich stille sie. Ein Kollege reagiert ein bisschen komisch, was mich ärgert, weil ich mir gleich wieder total blöd vorkomme. Als würde ich was falsch machen. Als wenn ich allen auf den Sack gehen wollte. Will ich nicht. Ich versuche nur, alles irgendwie hinzukriegen. Ich versuche nur zu arbeiten. Mir wird klar, dass gesetzlich verankerte Rechte eine Sache sind – sich wirklich trauen, sie einzufordern, eine andere. Ich stille sie, so schnell es geht, Dee haut sofort wieder ab und entschuldigt sich. Ich entschuldige mich auch, mit rotem Kopf. Dann sagt der Typ aus der Finanzabteilung, der mit uns im Meeting sitzt: «Meine Frau ist Beraterin und stillt auch, das ist kein Thema. Das muss drin sein.» Der Kollege schaut verlegen. Ich umarme in Gedanken den Finanztypen.

Am Abend entschuldigt sich Dee noch tausendmal, weil er mich angerufen und mir die Kleine zur Arbeit gebracht hat: Er sagt, es ist so frustrierend, wie aufgeschmissen man ist ohne Brüste. Ich versuche noch mal abzupumpen, aber es geht einfach nicht. Schuldgefühle in alle Richtungen! Ich fühle mich schrecklich, weil ich weiß, dass viele Männer die Kinder nachts füttern. Dee nimmt sie stattdessen und legt sie auf mich drauf, und sie trinkt, während ich schlafe. Sicher ein schöner Anblick!

Am nächsten Tag läuft es besser. Ihr geht es gut. Die Arbeit macht auch Spaß. Der Tee (heute nicht von mir gekocht) ist heiß und schmeckt gut. Am Computer sitzen, Erwachsenensachen machen, mit Erwachsenen reden, Statistiken lesen, HTML schreiben, noch nie kam mir das so großartig vor wie heute. Aber ich bin auch ganz schön geschafft. Normalerweise würden ich und die Kleine jetzt unser Nachmittagsschläfchen machen, aber auf der Arbeit geht das natürlich nicht. Keiner hat mir gesagt, dass das Baby nicht automatisch durchschläft, jetzt wo ich mich nicht mehr zwischendurch hinlegen kann. Scheiße! Aber im Ernst: Es ist wirklich schwer, die ganze Nacht *und* den ganzen Tag wach zu sein.

Und letzte Nacht war es besonders schlimm. Die Kleine ist jede Stunde aufgewacht, hat gezahnt und geschrien, und das Einzige, was half, war, ihr «Die kleine Raupe Nimmersatt» vorzulesen. Das, wo die Raupe schlüpft, Früchte isst, dann was Süßes, Schweizer Käse, Salami, dann Bauchschmerzen kriegt, ein Blatt isst, sich verpuppt und sich schließlich in einen Schmetterling verwandelt. Egal, wie oft ich ihr das vorlese, die Stelle überrascht sie immer wieder. Sie lächelt mit großen Augen und schläft ein.

Aber nicht lange. Das heißt, die Nacht sieht so aus: ich lese ihr aus dem Buch vor, sie schläft ein, ich weine vor Müdigkeit und Glück und schlafe auch ein, sie weckt mich, das Ganze geht von vorne los. Um sieben gehe ich dann endlich ins Bett, mein Wecker klingelt um acht, und

um neun bin ich bei der «Arbeit». Total am Ende. Aber ich bin da. Irgendwann im Laufe des Morgens kann ich nicht mal mehr meinen Stift finden. Ich suche den ganzen Schreibtisch ab. Ich frage meine Kollegin, ob sie ihn irgendwo sieht, daraufhin lacht sie wissend und sagt, ich würde wohl an «Stilldemenz» leiden.

Den Begriff habe ich schon in der Babygruppe gehört. Er spielt auf eine pseudowissenschaftliche Theorie an, der zufolge sich die Hirne von Frauen, wenn sie ein Kind kriegen, zurückbilden. Nur die Frauen sprechen davon. Die Männer in der Babygruppe haben noch nie etwas vom «schrumpfenden Vaterhirn» gehört. Männer nennen das einfach «im Arsch sein». Eine treffendere Beschreibung. Gut gemacht, Väter. Für Mütter würde ich vielleicht noch präzisieren: «Total im Arsch sein und währenddessen mit den psychischen und physischen Folgen einer kompletten – inneren wie äußerlichen – körperlichen Transformation umgehen müssen.»

Aber öfter höre ich «schrumpfendes Mutterhirn» oder auch «Stilldemenz».

Ich finde meinen Stift wieder, entschließe mich aber zu einem einstündigen Streik und tippe Gedichte:

Stilldemenz

Ich wandle nachts wach
und arbeite am Tag
Alle Flure riechen nach Betten
Auf Bildschirmschonern flimmern Bilder von Stränden
Und Raupen fressen sich laut durch den Schreibtisch.

Am Anfang waren's zehn
Eine schlief ein
Da waren es neun
Fünf gingen fort, acht fielen runter
Sechzigmal puppten sie sich ein.

Und sind jetzt schöne Schmetterlinge, die um mich flattern
Ich gehe ans Telefon wie ein betrunkener Roboter
«Was kann ich für Sie tun, schönen Tag noch, bye bye»
Sie sagten, einer ist zu Tisch, dann waren's noch drei
Die Geldgeber freuen sich, um fünf ist das Treffen
Sie spürte die Erbse, sie ist die Prinzessin

Ich liege neben ihr auf dreißig Matratzen
meine Hand auf ihrem Bauch, meinen Kopf hält der Boden
Mein Gitterbettengel, mit Zähnchen machst du
Mir lauter kleine Tribal-Tattoos
Wir spielen «Dschungelbuch», durch dichten Wald
waten wir schwitzend, die Wangen bemalt

Jetzt wird umgeblättert
Der Ordner teilt ein

zwischen Tag- und Nachtzeit, Nine to Five, Five To Nine
Dann kriegen wir zu hören, wie fertig wir aussehen
Es heißt, seit der Geburt ließen wir uns gehen

Wir wandeln nachts wach und arbeiten tags
Lächeln in Lust und in Pein
Und der nächste Ficker, der «Stilldemenz» sagt
kriegt von mir eine rein.

Wir werden zum Frauenklischee, hormongesteuert
Unkonzentriert, labil und bescheuert
Abwesend, hysterisch, zurückgeblieben
Geistig ausgelastet vom Wägelchenschieben
festgeschnallt und Schnuller im Maul
Nicht nur das Baby, auch die Mama, Fräulein, Frau
Verwundende Wörter im Zwangsjackenlexikon
Geschreibsel aus männlicher Subjektposition
Kommentare von Männern wie von kleinen Kindern
Und ich bin schwachsinnig, weil ich meinen Stift mal nicht finde!
Oder die Schlüssel, denn jeder fehlende
Gegenstand deutet auf weibliches Elend

Während man unsere Dummheit lebenslang festschreibt
macht Schlafmangel unsere Hirne zu Brei
Unsere unbezahlte Arbeit heißt «zu Hause bleiben»
Als wenn wir uns die Zeit auf dem Sofa vertreiben
Sie heißt nicht: «Kinderbetreuung mit Nachtschicht»
Wir haben volle Stellen, angestellt oder nicht
Und es ist wundervoll, reines, himmlischstes Glück

Und, nein, unser Gehirn bildet sich nicht zurück
Und wenn wir mal zerstreut sind und nicht ganz
bei Sinnen
Dann, weil sich unsre müden Tage zu Nächten
hinziehen
Und die Nächte werden Tage, wir sitzen und lesen
Und kraulen ihren Bauch, bis sie wieder einschläft
Ich schaue sie an, will weinen und lächele

Und gelegentliche Tränen bedeuten nicht Schwäche

Nach der allerletzten Seite les ich die erste von neuem
Es waren zehn *sehr schlaue* Raupen
jetzt sind es nur noch neun …

6. NOVEMBER
8½ Monate alt

 Zwei Wochen zurück auf der Arbeit

Ich liebe die Arbeit. Ich fühle mich schlecht, wenn ich das sage, aber es ist so. Es ist nicht der Job an sich, ich gehe einfach grade wahnsinnig gerne arbeiten. Ich freue mich, wenn ich nach Hause komme und das Baby wartet auf mich, und sie ist ganz aufgeregt, wenn sie mich sieht, und ich, wenn ich sie sehe. Ich freue mich, dass ich mit Dee über was anderes reden kann als über Windeln und alle Sachen, die ich am jeweiligen Tag machen wollte und nicht geschafft habe. Ich freue mich über heißen Tee, den ich trinken kann, solange er noch heiß ist. Ich freue mich darüber, mit der Gemütlichkeit eines Bulldozers essen zu können und nicht schlingen zu müssen, weil gleich wieder wer schreit. Aber am meisten freue ich mich darüber, dass Dee jetzt drei Tage die Woche mit ihr verbringt und wir uns besser austauschen können. Und wir sind einer Meinung, dass nicht nur *die* Arbeit Arbeit ist. Und dass Eltern, «die zu Hause bleiben», nicht zu Hause bleiben.

Ich meine, ich komme nach Hause und kriege gleich das Baby in den Arm gedrückt. Weil ich sie begrüßen will und weil Dee eine Pause braucht. Ich brauche keine. Ich bin den ganzen Tag «arbeiten» gewesen – habe heißen Tee getrunken, und mein Hirn ist nicht den ganzen Tag auf Hochtouren gelaufen beim Versuch, das Baby bei Laune zu halten.

Und wenn er jetzt von der «Arbeit» kommt, nimmt er mir das Baby noch schneller ab als früher, weil er jetzt weiß, wie es ist – dass ich vielleicht aufs Klo will oder mich an meinen eigenen Namen erinnern oder einfach mal nicht das Kind halten, so schlimm das vielleicht klingt. Manchmal will ich, wenn ich den ganzen Tag ein Baby gehalten habe, einfach mal kein Baby halten. Trotzdem ist es immer noch so, dass die Person, die das Baby hatte, sich erst mal mindestens 10 Minuten lang für alles entschuldigt, was sie nicht geschafft hat.

Ich frage mich langsam, ob schwedische Paare mit Baby bessere Beziehungen oder zumindest weniger Ärger haben. Die britische Regierung ist zumindest nicht völlig unschuldig an den Problemen junger Eltern. Sie gewährt zwei Wochen Elternzeit, sodass die beiden Elternteile gleich nach der Geburt in getrennten Welten leben müssen. Dabei denkt einer, der andere sitzt nur zu Hause auf dem Sofa, und dieser missgönnt jenem die Freiheit und das Erwachsenenleben. Und keiner versteht mehr die Welt des anderen.

Paarbeziehungen sind zwar etwas sehr Privates, eine reine Privatangelegenheit sind sie aber nicht. Nach zwei Wochen Vaterschaftsurlaub musste er wieder Vollzeit arbeiten, neben den Auftritten, und ich hatte das Baby Vollzeit. Und zwar wirklich Vollzeit. Mehr Vollzeit als jeder andere Job der Welt, Betreuer ausgenommen. Wir wurden in zwei völlig verschiedene Leben gestoßen. Ich habe mich über ihn geärgert, weil er nicht verstanden hat, wie schwer es für mich war. Und er war genervt, weil er zwei Jobs hatte und das Baby nie sehen konnte und deswegen dann auch noch Schuldgefühle vermittelt bekam, wenn er schon völlig erschöpft war.

Als wir beide anfingen, Teilzeit zu arbeiten, machte das die Sache glaube ich etwas einfacher. Ich war froh, dass ich wieder Erwachsenensachen machen konnte, über was anderes als das Baby reden und heißen Tee trinken. Er war froh, weil er mir mehr helfen konnte und nicht die ganze Zeit durcharbeiten musste und weil er die Kleine besser kennenlernte. Außerdem konnte er mit mir mal

wieder über was anderes reden als über Babys. Alles ist besser seitdem. Auch die Orgasmen. Es scheint, dass man Orgasmen leichter bekommt und intensiver empfindet, wenn man nicht die ganze Zeit einen heimlichen Groll gegen den Partner hegt. Es macht nicht so viel Spaß, jemanden zu berühren, von dem man denkt, er hat nicht den geringsten Schimmer von deinem Leben.

Insofern wette ich, dass schwedische Paare besser miteinander klarkommen, wenn sie Kinder haben, denn die Väter müssen drei Monate Elternzeit nehmen, oder sie verfällt. Ich kann mir niemanden vorstellen, der nach sechs Monaten als Vollzeitmutter nicht möchte, dass der Partner auch eine Vorstellung davon bekommt, wie das ist. Ich glaube wirklich, dass das gut für die Beziehung ist. Ich kenne zwar keine Studien, die das untermauern, aber ich bin sicher, schwedische Eltern haben bessere Orgasmen, einfach durch weniger angestauten Hass und mehr gemeinsame Elternzeit. Orgasmen, eine Frage der Politik. Zumindest die weiblichen.

28. NOVEMBER
8½ Monate alt

Hatte heute auf der Arbeit ein Treffen mit den Architekten. Jede Menge Gerede über ihre neuesten Projekte und Karrieren. Alle sind auf dem besten Weg. Einer fängt davon an, wie er es ganz allein als Architekt geschafft hat, ohne jede Hilfe. Ich zucke zusammen. Der jüngere Architekt unterbricht ihn:

«Und was ist mit deiner Frau? Hat sie nicht deine Kinder aufgezogen und dir deine Karriere ermöglicht, dein Büro, deinen Erfolg als Architekt? Es wäre sicher schwierig gewesen, von zu Hause aus zu arbeiten, mit nervigen Kindern um dich rum, und Unsummen für Babysitter zu zahlen.»

Ich hätte ihn küssen können. Ich hätte ihn direkt während des Meetings abknutschen können. Er blieb danach noch im Büro und beklagte sich über die Architekten, mit denen er zu tun hat. Er arbeitet Teilzeit. Seine Frau auch. Beide sind Architekten. Sie haben drei Kinder. Sie teilen sich die Kinderbetreuung. Außerdem hat er eine coole Frisur.

10. DEZEMBER
9 Monate alt

3:18 Uhr

Ich kann nicht fassen, wie friedlich Babys aussehen, nachdem sie getrunken haben. Alle Bilder von Traumata und Tränen und Gebrüll sind wie weggewischt. So friedlich. Man glaubt nicht, dass sie überhaupt etwas anderes sein können als das.

Erste Schlucke

Dieselbe Haut, die deine ersten Tränen stillte
Nach der Trennung retteten dich Schlucke
Lippen, die ganz langsam nur zur Ruhe kamen
Nackt und zittrig in zittrigen warmen Armen.

Die Mutter hält das Kind in der schweißnassen Hand
beide für sich todängstlich
Ruhig zusammen

Wieder zwei Herzen, die wie eines schlagen
Und zwei getröstete, trockene Augen
das Hier wird wieder dir zum Hafen
Und zum Zuhause, du kannst beruhigt schlafen
Ein Bett zwischen Himmel und Boden
Mit schmerzenden Armen und Schaukelwunden

Die warme Brust gab den Augen Schatten
Die das Licht des Tages hat weinen lassen
Schatten, die dich umhüllen wie finstere Nacht
Die Arme ahmen den Schutz des Mutterbauchs
Und seine Wärme nach

Das Baby schlürft sein Methadon
aus der Natur, es ist sein Halt 217
Sein Trost beim harten Übergang
zum eigenen Körper, schlagartig einsam
Von innen nach außen gezerrt
Vom friedlichsten Ort in die Welt

Du trinkst
als wolltest du
dich wieder
mit mir
verbinden

11. JANUAR
10 Monate alt

Ich bin in einem Café. Ich passe nicht auf die Kleine auf, und ich bin nicht bei meinem Brotjob (ich nenne es nicht mehr Arbeit, seit alles Arbeit ist). Ich sitze im Café, um Auftritte zu organisieren und meine Webseite auf den neuesten Stand zu bringen. Das ist das erste Mal, dass ich sie den ganzen Tag bei Dees Mutter lasse. Ich bin alleine mit einer heißen Tasse Tee. Draußen ist es eiskalt. Ich versuche zu arbeiten, aber ich starr die ganze Zeit nur aus dem Fenster und sehe den Leuten zu, die draußen vorbeilaufen. Das habe ich schon so lange nicht mehr gemacht. Ich fühle mich frei. Niemand hier weiß, dass ich ein Baby habe. Niemand weiß, dass ich Mutter bin, das ist seltsam. Ich habe das Gefühl, ich muss es ihnen sagen. Aber ich fühle mich gut (nachdem ich die ganze Fahrt lang geweint habe). Ich bin wirklich seit einem Jahr entweder Mutter oder arbeite – fürs Büro oder freischaffend. Mutter oder Arbeit. Freundin, Mutter, Arbeitskraft. Nicht *ich*. Mich einfach nur daran zu erinnern, was ich denke, wenn ich alleine bin bei einer heißen Tasse Tee. Außer Haus. Alleine. Alles, was früher selbstverständlich war. Jetzt sind es magische Momente in einer neuen, alten Welt, an die ich mich dunkel erinnere.

Die Kleine greift jetzt immer nach allem. Es ist sehr erholsam, irgendwo zu sitzen, ohne mir Sorgen zu machen, dass irgendwer vom Geschrei oder Geheul oder Gegrabsche genervt ist. Ich sehe den Tisch – scharfe Kanten, ein kochend heißes Getränk, steile Treppen in der Nähe. Aber sie ist nicht da, ich muss heute nicht alle Gefahren ausspähen. Sie entdeckt gerade die Welt, und es ist toll dabei zuzusehen, aber seit sie immer alles anfassen will, fällt mir auf, wie oft andere Kinder dafür angeschnauzt werden. Ich stelle mir dann immer vor, die Leute würden den Gesichtssinn auf die gleiche Art kontrollieren und immer rufen: «Guck das nicht an!». Dinge anfassen zu wollen ist genau so normal, wie Dinge sehen oder hören zu wollen – es ist verrückt, wie sehr wir versuchen, Kinder daran zu hindern. Unfairerweise – außer natürlich, sie tun sich weh oder machen was kaputt. Ich weiß noch, wie ich während meines Studiums in einem Klamottenladen gearbeitet habe. Samstags wurden immer die Kinder mitgeschleift und wollten unbedingt im Jeansregal spielen. Wir hatten nichts dagegen, aber immer, wenn sie was anfassten, wurden sie ausgeschimpft.

Ich weiß noch, wie ich selber als Kind immer auf den riesigen Teppichrollen gespielt habe. Es war der beste Spielplatz aller Zeiten. Und jetzt, wo ich allein bin und mit einer Tasse Tee in den Händen aus dem Fenster sehe und meinen Gedanken freien Lauf lasse, weiß ich wieder, wie Ruhe und Frieden sich anfühlen.

Nicht anfassen

Die jungfräulichen Fingerspitzen
drängt es zu den Dingen
Und die Nervenenden wollen
fast nach draußen springen

Von den Reizen angestachelt
hören wir's rufen
«Nicht anfassen!»
Die Babys müssen ihre Finger
traurig wieder sinken lassen

Kleine Kinder in Geschäften
mit tausend Farben, Formen, Spielen
Die Hände wollen nichts wie hin
«Nicht anfassen»
wird geschrien

Die Finger weinen, die Augen nicht
Die Hände wandern ins Gesicht
Und seufzen schwer und wundern sich
Evolution wird weggewischt

Etwas später, mit fünf Jahren
wollen die Finger Gräber graben
Das feuchte Gras, die Erde spüren
um dann die Lippen zu berühren
Kaum erreicht die Hand den Dreck
Gefühl der Welt, oh, Himmelsglück
Zerrt man das Kind brutal am Arm
Und Finger weinen, falscher Alarm
Zurück in Handschuhe, warm und öde
Frustrierte Fäuste, Marschbefehle!
Lass unter den Schritten die Erde beben
Um sie noch irgendwie zu erleben

Mit dreizehn ist es fast noch schlimmer
betrübte, früh verblühte Finger

Die Augen sehen, es hören die Ohren
Die Finger liegen und träumen verloren
Von wolligen Knospen und Honigtöpfen
Grashalmen und Münzen mit Zahlen und Köpfen
Davon, Tafeln zu kratzen, Füße zu kitzeln
Schienbeine zu streicheln, gegen den Strich
Aus Duschen regnen Opiate
Die Finger fahren durch die Haare
Und wollen nie wieder woandershin
Das Shampoo ist ihr Kokain

Mit neunundzwanzig kommt der Tick
Die Nerven sind im Keim erstickt
Finger tippen auf Tasten aus Plastik
Beim Job, der uns ums Glück betrügt
Tote Finger auf toter Materie
Sinnloses Tippen in endloser Serie
Schaudererregende Wellen des Nichts
Wir tippen und tippen weiter auf Plastik

Und wir
fühlen fast nichts mehr
Keinen Stoff, kein Essen
Das Internet hat unsere Haptik gefressen.
Mit fünfzig sind die Arme schlapp
Mit neunundsechzig ist der Lack ab
Während wir vorm Fernseher lungern
Müssen die Fingerspitzen hungern
Nur ein Katzenfell entschädigt
Den Tastsinn wenigstens ein wenig
Doch ansonsten gibt es nur
Fernbedienung, Tastatur,

Tasten zum Tippen und Telefonieren
Tassen, Taschen aus Papier

Ab und zu, vielleicht einmal im Monat
Besuche ich meine kurzatmige Oma
Sie umarmt mich so fest, dass meine Haut
Sich schält, und sie gräbt mir die Rippen aus
So stehen wir fünf Minuten im Flur
Ich höre die Fingerkätzchen schnurren
Wochenlang hat sie niemand im Arm gehabt
Sie sagt: «Seit dein Großvater starb»

Wir lassen die hungrigen Finger trinken
In warmen Bädern die Sorgen versinken
Massagekultur – nicht hier, schönen Dank
Wir trainieren die Hände von Kindesbeinen an

Mein Kind, zehn Monate, sucht Halt
Die Hand wie an mein Bein geschnallt
Schaut sich in Omas Wohnung um
Übt Greifen zwischen Taschen und Schuh'n
Der Raum wird wie im Traum durchfühlt
Sie fühlt und sieht, sie sieht und fühlt

Bis meine Oma
«Nicht anfassen!» brüllt.

1. FEBRUAR
10½ Monate

19:40 Uhr

Ich habe ein neues Ritual. Immer wenn ich sie ins Bett gelegt habe, setze ich mich daneben und lese eine halbe Stunde lang in meinem Buch, bis sie wegdämmert. Manchmal lese ich auch laut. Pures Glück. Eine halbe Stunde nur dasitzen und lesen. Wenn ich sie jede Nacht ins Bett bringen müsste, fände ich es wahrscheinlich nicht mehr ganz so toll. Ich glaube, ich hätte was dagegen, immer die Abende zu verpassen. Der Abend ist mit die schönste Zeit des Tages, wenn die Sonne versinkt und das Wohnzimmer schimmert. Es wäre schade, das nie mitzukriegen. Außerdem werde ich selbst schläfrig, wenn ich an ihrem Bett sitze, und ich will nicht immer um sieben schon schläfrig sein. Aber jede zweite Nacht ist es großartig. Wenn Dee dran ist, sitzt er in ihrem Zimmer und guckt Fußball, während sie eindöst.

Diese Woche habe ich ihr «Lady Chatterly» vorgelesen. Dee kommt an der Stelle ins Zimmer, wo grade die weiche braune Decke beschrieben wird, auf die der Gärtner die Lady im Hühnerstall legt. «Was liest du meinem Kind für einen Schweinkram vor?» Ich lache. Ihr scheint es aber zu gefallen. Mir auch.

Vorlesen

Ich hatte schon herrliche Nächte im Leben
bei Freundinnen schlafen, zu Kühlschränken schleichen
und wieder zurück auf Zehenspitzen
sich die Bäuche halten vor Snickers, Magnum und Witzen

Ich hatte schon herrliche Nächte –
auf Felsen und Dünen
mit freundlichen Fremden nachts raven an Stränden
neuvertraute Gerüche, miese Zelte, dicke Enden
von Pfeifen, benebelndes Gras

Ich hatte schon herrliche Nächte im Leben
auf Couches und Betten
Abhängen an Sonntagen
ruhig und gemütlich
von Armen umschlungen
Popcorngeräusche
lauter als die Filme
die mein vor Plänen
explodierendes
Hirn inspirieren

Ich hatte schon herrliche Nächte im Leben

aber wenn ich hier sitze
und die Nacht einbricht
und ich les dir was vor
und du zeigst auf die Kuh

ich versuche zu muhen
und du lachst
und ich mach es noch mal, nur für dich
und es regnet in Strömen
das Prasseln beruhigt dich
und deine Augen fallen zu
und du wehrst dich mit Gewalt –
in meinen Armen wie hingegossen
und die warme Haut
von Wange zu Wange
ein weises Babygrinsen
und ich lese mit sanfter Stimme
Stresshormonspiegel sinken
und du sinkst hinab durch die magische Pforte
zwischen Wachen und Schlafen, hier und dort

Von all meinen Nächten, allen Sternen, die sich sah
Von allen Nächten, allen Festen, auf denen ich war
War keine Nacht schöner als dieser Abend
ich lese dir vor
bis du schläfst
mit offenem Mund
ein Ohr auf meinem Arm
Dein Herz an meinem Herzen
und du lachst
und verirrst dich im Traum
Ich lese bis zum Ende
obwohl ich weiß
dass du schon schläfst

Ich starre dein Gesicht an
in Stille und Ruhe

Die besten Nächte meines Lebens
nur ein Buch, ich und du

21:00 Uhr

Als die Kleine geboren wurde, habe ich noch in derselben Woche den großen Spiegel bei uns abgehängt. Ich wollte meinen Körper nicht sehen. Das Körpergefühl hat mir schon gereicht, ich musste mir das nicht auch noch angucken. Es ist etwas Schreckliches, seinen eigenen Körper nicht sehen zu wollen. Es ist das Einzige auf der Welt, das dir gehört. Zumindest das Einzige, was du wirklich besitzt. Und meiner funktioniert ziemlich gut. Es ist ein guter Körper, und er hat echt ne Menge drauf. Es tat mir leid, ihm aus dem Weg gehen zu müssen, wo er grad so ein prachtvolles neues Geschöpf geboren hatte. Aber ich glaube, dieses Gefühl wird uns nun mal vermittelt. In der *Daily Mail* war neulich ein Artikel über «Yummy Mummies with no Tummy», Die neuen jungen Mütter, die noch voll «fit» sind. Und fit meint sexy. Ich weiß natürlich, dass das alles nur Dreck ist, aber es ist schwer, ihn aus dem Kopf zu bekommen. Sehr schwer sogar. Aber es fördert wahrscheinlich den Verkauf von Hautcremes. Oder man hat Angst, dass Frauen zu übermütig werden, wenn man ihnen sagt «Mannomann. Hut ab, das war hart. Sieh dir die Wunden an. Hier die Ehrenmedaille.»

Also nahm ich den Spiegel ab. Weinend. Hin- und hergerissen zwischen Haut und Kopf, die sich beieinander entschuldigten. Jetzt, nach zehn Monaten, hängt er wieder. Ich war es leid, mich beim Zurechtmachen nicht ganz sehen zu können. Außerdem fange ich wahrscheinlich langsam an, mich an das neue Aussehen zu gewöhnen. Langsam.

Also habe ich ihn wieder hingehängt. Und sofort krabbelte die Kleine zu ihm hin, zog sich an der Wand hoch und blieb davor stehen. Sie war nackt, Sie mag grade keine Klamotten. Sie will am liebsten immer nackt sein. Sie sah sich an. Mir wurde klar, dass sie ihren Körper noch nie gesehen hatte, seit sie auf der Welt ist. Und davor natürlich auch nicht. Meine Schuld. Sie sah sich ihren Bauch an, ihren Po, ihre Beine. Sie lachte. Sie fasste auf ihren Bauch. Dann hüpfte sie auf ihren Knien rum und klatschte. Sie applaudierte ihrer eigenen phantastischen Nacktheit. Vielleicht sollte ich das auch so machen. Ich werde es versuchen. Später irgendwann.

Wow

Mein Körper ist großartig

Ich höre fast, wie sie es sagt
wenn sie nackt vorm Spiegel steht
und sich applaudiert

Sie ist nackt, stark und stolz
ihr offener Mund rund, wie erstaunt

Wow!
Mein Körper ist großartig

Knapp eins, mit sich im Reinen
den Bauch rausgestreckt
Beine wie aus kleinen Autoreifen
und wenn sie sich im Spiegel sieht
ruft sie laut und ich glaub', es heißt

Wow!
Dieser Körper ist sooooo schön

Ich sehe an mir runter
ich will es ihr nachmachen
sehe nicht hin bei den Werbungen
auf meinen Wegen
Ich sag: «Mein Körper ist großartig»
Was andere denken, ist egal
Ich sag «mein Körper ist großartig»
egal was du sagst

Abgesaugte, Gespritzte, Zerschnittene sehe ich,
wenn ich zur Arbeit geh
Werbungen wissen, zum Glücklichsein müssen
wir aussehen wie nach der OP.

Und wenn ich heute
nackt vor dir läge
Käme prompt die Diagnose
Wo zu viel ist, wo zu wenig

Eine Checkliste, was wegmüsste
den Rotstift im Anschlag
die Augen schneiden Scheiben ab
von Lippen, Beinen, Po und Backen

Du sagst, an meinen Augenrändern
könnte ich ganz leicht was ändern
und vom Stillen wird die Brust
hängen, das steht jetzt schon fest

«Sie ist jetzt auf der Welt», sagst du
«Sehr gut
doch jetzt musst du was tun
am hängenden Bauch, den Tränensäcken
Streifen, Flecken»
kritische Blicke:

Die Augen, straffen

Die Beine, spritzen
Die Schenkel, was ab
Der Kopf, perfekt
Der Bauch, flacher
Die Brüste, machen

Und nicht so viel lächeln
mein Gott, nicht lachen

Wenn du mich wie ein Schulheft übersäst
mit roten Kreisen
Sag ich dir, du solltest diese Haut stattdessen
preisen

Wenn du von Lasern faselst
Zupfen, Schneiden, Korrigieren
Wenn du die Zeit austricksen willst
mit Skalpellen ausradieren
Male ich mir mit dem Rotstift
auf jede Wange zwei Streifen
Nackt, als Kriegerin bemalt
beleidige ich dein Auge
bin bereit für deine Schlachten
Kein Skalpell der Welt hat je

so weh getan wie diese Wehen
und ich durfte staunend sehen
was mein Körper erträgt
Die Male sind geheime Zeichen
Lies die Taten meines Fleisches

Die Streifen auf meinem «hängenden» Bauch
und auch
im Gesicht
schmücken mich und erzählen große Geschichte
Meine Lachfalten sind tiefer
weil ich doppelt so viel lache
deutest du die «Runzeln» richtig
sind sie eine *gute* Nachricht

Ich weiß, dass man offiziell glatt zu sein hat
aber meißelt man Stein, ist er meist nicht mehr glatt

Mein Leben ist ein Märchen
und es fängt gerade erst an
«Es war einmal» ist
eine schlechte letzte Zeile
und sie bildet noch nicht mal ein Teil von dem ab
was ich als Mensch, als Frau,
als Mutter erlebt hab

Dein Rotstift kann die schlaflosen Nächte nicht streichen
das Bluten und Leiden
die Tränenfreuden
Das Baby, das meinen Bauch ausgebeult hat
Die Brüste, die schwer wurden, als ich es gesäugt hab

Und auch nicht die Feten
und Schlafdefizite
Mahlzeiten, die ich verschlang wie eine Python
Je mehr du mich drängst, meine Spuren zu verwischen
Desto mehr frage ich mich, was mit dir nicht stimmt

Wenn meine Erinnerung Geschichten erzählt
Welchen Sinn macht es, dass sie mein Körper geheim
hält?

Wenn unsere Babys sich nackt
im Spiegel beklatschen
Kann ich kaum ihre Leben
und Falten erwarten

16. FEBRUAR

11 Monate alt

Ich habe einen Kater. Meinen ersten offiziellen Kater seit fast zwei Jahren. Jetzt merke ich, dass ein kleines Kind und Kater nicht kompatibel sind. Das nächste Mal, wenn ich auf einen Geburtstag gehe, nur mit Babysitter, und zwar nicht nur für den Abend selbst, sondern auch für den nächsten Tag, wenn ich Schlaf nachholen und Waffeln und Käse im Bett essen will. Sonst ist es die Sache nicht wert. Sie ist so süß. Ich bin so verkatert und müde. Um sechs Uhr aufstehen. Kotzen. Spielen. Nie wieder.

6

FRÜHLING
EIN JAHR ALT
KLEINKIND

7. MÄRZ

Fast 1 Jahr alt

Ich habe immer heimlich meinen Spaß, wenn ich auf die Fragen anderer Eltern sage: «Ja, das kann sie schon gut», oder sogar: «Das kann sie noch nicht so gut.» Ich platze fast vor unterdrücktem Lachen. Vom Online-Abo kam heute eine Mail mit Graphiken, wo man ablesen konnte, ob der Entwicklungsstand des Kindes fürs Alter «niedrig», «durchschnittlich» oder «hoch» ist. Das war's dann. Ich hab's jetzt endlich abbestellt. Wir sind wie besessen. Ich will mir keine Gedanken um so was machen. Ich will mit meinem Kind spielen. Aber es macht mir Spaß, das Schlechte zu erzählen. Die Leute machen aus dem Mist echt einen Wettbewerb.

«Spricht sie schon? Was war ihr erstes Wort?»

«Nein», sage ich, «sie sagt eigentlich gar nichts.»

«Hat sie schon die ersten Schritte gemacht?»

«Ja, aber nur mit Hilfe und ziemlich wackelig», sage ich.

Und es stimmt nicht mal; ich fühl mich natürlich etwas schäbig, aber diese Angeberei macht mich fertig. Mit seinem Baby angeben, was für ein Schwachsinn. Ich will das nicht tun. Natürlich war ich auch nicht immer immun dagegen, aber ich versuche extrem aufzupassen.

«Ich glaube, sie ist da so ziemlich Durchschnitt», ist meine häufigste Antwort. Die irritierten Reaktionen darauf sind echt der Knaller.

Es sind Babys. Aber jedes ist schon ein eigenes menschliches Wesen. Meins ist ziemlich gut darin, morgens um drei zu weinen. Besser als deins, vermutlich.

Liga der Kleinkinder

Ich hab' dir das Buch fünfzigmal vorgelesen

doch dich fasziniert immer noch jede Seite
Du vergisst immer wieder, dass von den zehn
schmatzenden Raupen nur neun übrig bleiben

Du saugst meine Worte auf mit großen Augen
Dein Mund formt ein «Wow», denn jetzt sind's nur
noch acht
Ganz am Schluss bleibt dir die Luft weg vor Staunen
über die plötzliche Schmetterlingspracht

In weichen Kokons liegen unsere Babys
Sie träumen von Räumen, vom Atmen, von Flüssen
aus Milch, und die Eltern finden sie süß
und sie weiden auf wundertätigen Brüsten

Schon ein paar Wochen später wird die Luft dünner
Die großen Babyparaden beginnen
Wir, die Eltern, stehen Schlange beim Rennen
Der Startschuss erschallt, auf los wird geprahlt

«Meine ist schon ziemlich weit für ihr Alter
Sie krabbelt schon und sagt schon «Mama» und «Papa»
«Sie isst nur Burger, Brei rührt sie nicht an
Bevor sie gekrabbelt ist, ist sie gerannt
Deins etwa nicht?», sagen wir

«Hat deins immer noch nicht aufgehört, nachts zu schreien
Bildet es keine satzähnlichen Lautreihen?»
Schlafmangel ist dagegen ein Dreck
E-Mails mit Wegmarken für den Entwicklungscheck

In seliger Unwissenheit liegst du da
Ich flüstere dir zu, «das ist mir alles ganz egal»
Ich schau auf deinen Körper und bin dankbar dafür
Dass dir so vieles erspart bleiben wird

Du musst im Unterricht nicht stehen und blaue Kniestrümpfe tragen
wirst nicht von Lehrern beschimpft und geschlagen
und niemand hält dir ein Schild vors Gesicht
Mädchen gehören nicht hierher
nur in die Küche und ins Bett

Politiker lachen nicht, wenn du dafür kämpfst,
wählen zu dürfen, und deinen BH verbrennst
Du wirst nicht in Begriffszwangsjacken geschnürt
Dein Widerstand nicht für hysterisch erklärt
Du wirst nicht freudianisch pathologisiert
und von Männern in weißen Kitteln abgeführt

Du wirst deine Meinung nicht damit bezahlen
dass dir Lynchmobs die Kleider vom Leib reißen wollen
zur Enttarnung überzähliger Brustwarzen
und Stadträte Hexenjagden veranstalten

Sehe ich dich liegen, sehe ich die Babys, die einst so lagen
und schnarchten gemütlich mit rosigen Wangen
dickbeinige Babys mit sanften Locken
Die lernten aufzustehen und sich zu bewegen
Sie marschierten in die Stadt und machten Rabatz
Deshalb muss in den Schulen heute niemand mehr stehen
Die lernten, vorwärts zu gehen, die sich niemals umdrehten
sie ließen sich ihren Mund nicht verbieten

Wenn wir uns mit Kinderranglisten verrückt machen
frag ich mich: Hat Mutter Teresa durchgeschlafen?
Krabbelte Gandhi, oder lief er sofort?
Sprach Rosa Parks kurz nach der Geburt ihr erstes Wort?
Hat Emmeline Pankhurst ihr Fläschchen gebraucht?
Nelson Mandela am Schnuller gesaugt?

Mit falschem Lächeln lausche ich denen
denen Babys nicht früh genug groß werden können

Ich sehe deine Augen geschlossen in Träumen
und denke an die Dinge, die dir erspart bleiben.

Bitte merk dir, mein Spatz, es ist völlig egal
Ob du überdurchschnittlich bist oder normal

Ruh deine Beine aus
Mach's dir bequem

Auf dem Boden und warte
mit dem Reden auf Regen

Dass dich nichts niederdrückt
wenn du irgendwann stehst
Und du voller Stolz
deinen ersten Schritt gehst
Schrei, und schrei laut
Streck deinen Bauch raus
Da draußen gibt es eine Welt
voller Babys, die deine Hilfe brauchen.

9. MÄRZ

So gut wie 1 Jahr

240 Sie ist gelaufen. Sie ist wirklich gelaufen. Ihre ersten Schritte ohne Hilfe. So sehr habe ich mich nicht mal gefreut, als ich damals in der Schule zur Kapitänin der Schlagballmannschaft gewählt wurde. Und das war schon schweineaufregend. Wir haben die englische Meisterschaft gewonnen. Ich war Fängerin. Es war wirklich toll. Ich würde gerne mal wieder Schlagball spielen. Ein total unterbewerteter Sport. Es ist fast wie Cricket, nur mit mehr Spaß und weniger Leuten mit Strohhüten, die «hervorragend» sagen. Aber so schön wie das hier jetzt ist es doch nicht ganz.

Diese Woche war großartig. Ich bin in Belgien, in Mons, im Rahmen eines Residenzprogramms und schreibe mit anderen Autoren aus England, Portugal und Belgien an einer Show. Das Ganze geht zwei Wochen. Dee und meine Mutter kamen abwechselnd rüber, um mir zu helfen. Ohne sie hätte ich nichts hiervon machen können. Gar nichts. Bisher war es zwar verdammt anstrengend, aber auch verdammt spannend. Nur wenn andere Autoren jammern, dass sie müde sind, werde ich immer ein bisschen sauer. Versteht mich nicht falsch, natürlich kann man müde sein. Aber das hindert mich nicht daran, in meine als Megaphon zweckentfremdete Hand rufen zu wollen: «HALT'S MAUL UND FICK DICH, DU BIST NICHT MÜDE, VERDAMMTE SCHEISSE, DU HAST NICHT

MAL DEN HAUCH EINER AHNUNG DAVON, WAS MÜDIGKEIT BEDEUTET!»

Ich bin eigentlich nicht so. Ich weiß noch, dass mir, bevor ich schwanger war, eine Arbeitskollegin, die ein Baby hatte, jedes Mal übers Maul fuhr, wenn ich sagte, ich bin müde. Sie wurde schon fuchsteufelswild, wenn sie nur davon hörte, dass irgendwer keine Kinder hat und trotzdem müde ist. Ich vergaß dieses Tabu immer wieder und rekelte mich und jammerte, dass ich nicht genug Schlaf bekommen hätte. Innerhalb von zwei Sekunden verwandelte sich ihr Gesicht von dem einer lustigen, wunderbaren Freundin in das einer potenziellen Mörderin. Im Nachhinein kann ich das verstehen, aber es ist mir doch ganz schön auf den Sack gegangen, und ich habe mir geschworen, mich anderen Leuten gegenüber nicht so zu verhalten. Auch Menschen ohne Kinder können Schlafstörungen haben oder Stress oder sonst was. Oder einfach müde sein. Und manche Eltern können umgekehrt sehr gut schlafen. Aber lauter dichtende Residenzschmarotzer (ich möchte niemanden beleidigen, aber in diesen Momenten fühlt es sich eben so an) auf einem Haufen, die den ganzen Tag nur auf ihrem Arsch gesessen haben. Tut mir leid. Schnauze! Obwohl ich alle fünf Stunden das Kind füttern muss und nachts nur vier Stunden schlafe und um fünf aufwache, empfinde ich die Residenz als leichten Job. Reden, Gedichte schreiben, sie anderen vorlesen. Also bitte. Das ist doch ein Traum. Wie eine Schreibkur.

Vielleicht nehme ich die Kunstform aber auch nicht ernst genug. Ich weiß, dass Worte für mich nicht so die große Leidenschaft sind wie für andere. Ich meine, natürlich sind sie meine Leidenschaft, aber ich bin nicht so verbissen hinter der perfekten Formulierung oder Metapher

her. Ich nehme einfach ein Blatt Papier und knall meine Gedanken drauf. Für manche Leute ist die formale Meisterschaft beim Dichten das Wichtigste. Für mich nicht so. Ich würde mich gerne mehr drum kümmern. Aber mit einem Baby, einem neuen Leben, das aus meinem Körper gekommen ist und für dessen Fortbestand ich verantwortlich bin, ist es schwierig, Worte auf einem Blatt der-
 art ernst zu nehmen.

Am Morgen des ersten Tages bat man uns alle, ein Gedicht zu schreiben, das irgendwas mit Supermarktprodukten zu tun hat. Wir hatten zehn Stunden Zeit dafür. Zehn Stunden! Für eine Schreibübung! Da ist mir aufgefallen, wie schnell ich meine Sachen sonst immer hingerotzt hab!

Als wir uns nach den ersten fünf Stunden wieder trafen, meinte eine der beteiligten Personen, sie habe schon einen Satz, aber er sei noch nicht ganz perfekt. Alle nickten, als wäre das nichts Ungewöhnliches. Manchmal kann ich es echt nicht fassen. Mir wäre fast die Kinnlade runtergefallen. Vielleicht bin ich zu pragmatisch. Vielleicht ist es auch so ein englisches Ding. Michelle Madsen, die zweite Teilnehmerin aus England, reagierte mit ähnlich offenem Mund. Wenn ich was machen soll, mache ich es. Schnell. Vielleicht zu schnell. Aber fünf Stunden für einen blöden Satz? Wie perfekt soll er noch werden? Wie gesagt, die Arbeit ist einfach. Oder vielleicht nicht einfach, aber zumindest nicht entbehrungsreich. Das war ein gutes Wort. Entbehrungsreich. Vor allem ist sie spannend. Es ist eine Ehre und eine Freude, sie machen zu dürfen. Ich empfinde das wirklich als ein Riesenprivileg. Und wenn sie eins nicht ist, dann ermüdend. Und der nächsten Person, die was anderes sagt, drücke ich mein Baby in die Hand, dann kann sie zusehen, wie viel sie noch zu Papier bringt. Nicht bitter werden, Hollie. Sie können nichts dafür. Sie hatten eben noch nie ein Baby. Und ihre Gedichte werden viel besser sein.

Zurück zu den wundersamen Schritten.

Dee und Mum und ich sitzen im Café und essen Pommes frites – die in Belgien schmecken, als hätte man die besten dicken schottischen Fritten und die edlen dünnen französischen in einem Fass mit Entenfett und goldenem Feenstaub gekreuzt. Wir sind im Café, weil ich mein Supermarktgedicht in einer Stunde fertig hatte und nicht wusste, was ich sonst machen sollte. Und während wir reden, tapert die Kleine auf dem gepflasterten Bürgersteig davon – ganz alleine. Ich kann gar nicht sagen, wie begeistert ich bin. Erstens, weil mein Rücken schon halb im Arsch ist von den letzten Monaten, in denen ich mich dauernd über sie gebeugt habe, um sie beim Laufen an die Hand zu nehmen. Dees auch. Bucklige unter sich. Na ja, und zweitens, weil ich sie liebe und sie ihre ersten Schritte gemacht hat. Und ich war dabei und auch Dee und meine Mutter. Es ist phantastisch. Ich flippe aus vor Freude.

Lustigerweise musste sie, glaube ich, warten, bis niemand außer der Familie da war. Ich hatte immer eine Schwäche für die französische Sprache, besonders wenn sie von Menschen mit tiefen Stimmen und Penissen gesprochen wird. Diese Schwäche ist ein genetisches Erbe von meiner Großmutter mütterlicherseits, genannt Gaga. Im Residenzgebäude gibt es zwei Belgier mit tiefen Stimmen, und immer, wenn ich mit der Kleinen auf dem Platz rumlaufe und sie rüberkommen, um mit ihr zu sprechen – auf Französisch, sie sprechen kein Englisch, daher weiß ich nicht, ob der Akzent alleine auch schon reichen würde –, bekommt sie sofort weiche Knie und fällt um. Jedes Mal. Man sieht also, alles genetisch bedingt. Dee glaubt zwar nicht an die Theorie, aber …

Jetzt, wo sie nur langweilige englische und schottische Akzente hört, läuft sie. Sie läuft und lächelt und bewundert ihre eigene Grandiosität beim Gehen. Schritt für Schritt. Und ich schmelze dahin. Mein Herz ist nur noch Wackelpudding. Und zwar nicht in seinem festen Zustand, sondern so, wie er ist, bevor er in den Kühlschrank kommt, wenn er noch kochend heiß ist und man ihn in süßen kleinen schnellen Häppchen und Schlückchen stibitzt, bevor die Mutter einen erwischt und ruft: «Wenn du alles vorher wegnaschst, gibt's nachher keinen Pudding mehr», und es ist dir ziemlich egal, weil das heiße flüssige Gelee sowieso schon so saugut schmeckt. So ist mein Herz.

Seit ich ihre ersten ungelenken Schritte gesehen habe, musste ich viel über das Leben nachdenken. Es gibt ein Gedicht von einem irischstämmigen amerikanischen Dichter namens Erin Fornhoff, in dem es heißt «Denk an das letzte Mal, wo du etwas zum ersten Mal getan hast». Ich liebe das. Es passt perfekt zu diesen Schritten. Immer, wenn ich mich daran erinnere, wie die reinste Leidenschaft und die Aufregung und der Glaube an sich selbst in ihrem Gesicht aufschienen bei ihren ersten selbständigen Schritten oder ihren ersten Wörtern, denke ich an das Gedicht.

Ihr dabei zuzusehen, wie sie zum ersten Mal in ein Stück Wassermelone oder Birne biss, war so ähnlich. Nie fühlte ich mich dem Göttlichen, oder wie man es sonst nennen will, näher als in dem Moment, wo ich sah, wie ihre Augen strahlten, als sie die Früchte verschlang und ihr der Saft übers Kinn lief; der Moment, in dem einem bewusst wird, dass all dieses Zeug hier ist – durch Zauberei gewachsen, voll mit Sonnenschein und Regen und Saft und geliebt bei jedem ersten Biss von diesem kleinen menschlichen Setzling. Und nun machen die Beine ihr Ding. Und wieder ist diese Ekstase in ihrem Gesicht, und der Birnensaft läuft mir bei dem Anblick das Hirn runter.

Wir vergleichen das Gefühl von Aufregung über etwas ganz Neues immer mit Kindern, weil sie die ganze Zeit so schnell so viele neue Sachen auf einmal lernen. Dabei könnten wir das auch, aber wir kümmern uns nicht mehr darum. Warum hören wir irgendwann auf, neue Sachen zu lernen? Warum schämen wir uns irgendwann dafür, was Neues anzufangen? Ich gehe grade mal auf die dreißig zu, und ich höre schon Leute in meinem Alter sagen, sie seien zu alt, etwas Neues zu lernen oder ein neues Hobby anzufangen. Was tun wir uns nur an? Wovor haben wir Angst? Warum ist es uns peinlich, die Straße runterzurennen oder zu hüpfen oder im Regen zu singen oder … irgendwas, das mit Spaß und Freiheit zu tun hat.

Ich muss an das erste Mal denken, als ich öffentlich ein Gedicht vorgelesen habe, im Poetry Café in London. Vorher bin ich ein ganzes Jahr lang dort vorbeigelaufen, ohne mich jemals hineinzutrauen. Ich sah durchs Fenster, hatte die Hand schon fast an der Klinke, zog sie wieder zurück und ging weg, aus Angst, nicht reinzupassen oder ausgelacht zu werden oder was falsch zu machen oder was Falsches zu sagen.

Dann verging noch ein weiteres Jahr, in dem ich anderen beim Lesen zusah, bevor ich endlich selbst aufstand und mein erstes eigenes Gedicht las. Wovor hatte ich solche Angst?

Ich denke an die Dinge, die ich in meinen Zwanzigern zum ersten Mal gemacht habe; zum ersten Mal nüchtern Sex gehabt, mich verliebt; das erste Mal ein Gedicht vorgelesen; mit jemandem in gebrochenem Spanisch gesprochen und verstanden worden; zum ersten Mal auf dem Surfboard gestanden und eine Welle erwischt (dann runtergefallen, Knie aufgeschnitten); das erste Mal entbunden, ein Baby gehalten und gedacht «Verdammte Scheiße, ich kann das, ich kann es wirklich». Oder auch nur einen neuen Film gesehen oder eine neue Band entdeckt. Es ist so irre aufregend. Ich frage mich, was ich noch alles kann.

Es war magisch, zu sehen, wie sie die gepflasterte Straße runterwackelte. Aber Magie ist nicht für die Kindheit reserviert. Ich habe viel erlebt. Aber es wird immer viel mehr Dinge geben, die ich noch nicht kann und noch nicht gemacht habe, als Dinge, die schon kann und gemacht habe. Selbst wenn ich hundert werde und jede Woche was ganz Neues mache, wird die Welt mir immer um ein Millionenfaches voraus sein. Ich finde es wirklich erstaunlich, wie viele Leute anscheinend schon in meinem Alter aufhören – als hätten sie jetzt alles Nötige gelernt und getan, und jetzt setzen sie sich zur Ruhe. Das war's dann. Fernsehen. Essen. Schlafen. Von vorne.

Die Welt ist so groß, und ich bin so dumm und unwissend und unfähig, die meisten Dinge zu tun, die man auf ihr tun kann. Ich schließe einen Pakt. Schäme dich niemals, etwas auszuprobieren, Hollie. Mach ein paar einsame Schritte außerhalb deiner Comfort Zone, weg von dem, was du schon kennst, auf dunklen Pflasterstraßen, auch wenn sie von Schatten bevölkert zu sein scheinen und von Menschen, die fremde Sprachen sprechen, deren dunkler Klang deine Knie weich werden lässt. Oder besser gesagt: *gerade*, wenn sie von Schatten und fremden dunklen Klängen bevölkert scheinen. Hör niemals damit auf. Hör nie auf, gehen zu lernen. Hör nie auf zu glauben, dass du es kannst.

Ich lerne eine Menge von diesem kleinen Kind. Ich hoffe, ich kann ihr genauso viel beibringen, wie sie mir jetzt schon beigebracht hat.

30. MÄRZ

Muttertag – 1 Jahr alt

248 Wir haben unsere Mütter zum Essen ausgeführt, um danke zu sagen.

Danke, dass ihr uns ermöglicht zu arbeiten.

Danke, dass wir wegen euch ab und zu mal abends ein Date miteinander haben können.

Danke, dass ihr jeden Sonntag vorbeikommt und wir ein paar Stunden schlafen können.

Danke, dass ihr jeden Dienstag auf die Kleine aufpasst, trotz der Tränen und des Geschreis und Gezeters.

Danke, danke, danke.

Ich kann ihnen gar nicht so viel danken, wie sie sie es verdienen. Ich denke in letzter Zeit viel an meine Mutter. Sie hat zwei Kinder großgezogen. Ihre ganze Familie ist in Schottland, und im Gegensatz zu mir hatte sie niemanden in der Nähe, der regelmäßig half. Keine Besuche am Sonntag. Keine Pause. Niemals. Mein Vater ging morgens früh zur Arbeit und kam abends spät nach Hause; am Wochenende spielte er Golf oder Hockey, weil er etwas «Zeit für sich» brauchte nach der harten Arbeitswoche. Wenn Dee nach Hause kommen würde und sagen, er wäre Samstag und Sonntag nicht da, weil er etwas «Zeit für sich» braucht, schwöre ich bei Gott, ich würde zuerst zu heulen anfangen und ihm dann die Füße abschneiden. Ich sage nicht, dass es nicht schwer ist. Mein Vater hat hart gearbeitet – sehr hart – um seine Familie zu ernähren. Ich verstehe das. Ich weiß, dass mein Leben deshalb besser und einfacher ist. Sein Alltag bestand aus Stress und Reisen und Staus und einem kahlen Büro im Gewerbegebiet. Er hat viel von dem tollen Zeug verpasst, das meine Mutter mitbekam.

Aber, dass der, der zur Arbeit geht «Zeit für sich» kriegt, und der, der zu Hause bleibt, nicht – das ist doch echt für 'n Arsch. Meine Mutter hatte nicht einen Tag ohne uns. Keinen Tag allein. Ich will mir gar nicht ausmalen, wie hart das war. Ich wette, sie hat auch nie darum gebeten. Das ist sicher so 'ne Schuldnummer. Ich kann das nachvollziehen. Ich habe kein Problem damit, wen zu bitten, auf die Kleine aufzupassen, damit ich zur Arbeit gehen kann. Aber mir helfen zu lassen, nur damit ich mich ausruhen kann – schon der Gedanke daran fällt mir schwer. Ich verstehe nicht, wie sich das jemand jedes Wochenende rausnehmen kann, oder sogar glauben, er hätte das Recht dazu. Ich könnte das niemals. Ich sollte vielleicht, aber ich würde mich schrecklich fühlen. Dee macht es auch nicht. Wir haben beide ein schlechtes Gewissen, um Freizeit zu bitten. Aber wenigstens geht es jedem von uns so.

Ich glaube, niemand kann verstehen, was das psychologisch mit einem macht, dieses Gefühl von Gewinn und gleichzeitigem Verlust. Du gewinnst einen bildschönen Menschen, Liebe und unbeschreibliche, herzzerreißende Freude. Und du verlierst dich selbst. Die Hobbys und Leidenschaften und Ambitionen und Ausgehabende, die dich ausgemacht haben. «Zeit für sich» ist wie Feenstaub für mich. Wie Sauerstoff. Wie ein «Ich verliere weder meine Persönlichkeit noch meinen Verstand und fühle mich wieder wie ein normaler Mensch»-Trank. Und den haben beide Eltern verdient. Ein wenig davon kriege ich auf der Arbeit. Aber Entspannung ist das auch nicht. Dee

und unsere Mütter verschaffen mir etwas Luft, und dafür muss ich dankbar sein. Aber die meiste Zeit bin ich immer noch völlig durch. Manchmal will ich immer noch gegen die Wand schlagen oder mich im Badezimmer einschließen, um zu weinen oder zu schreien, aus Frust und Müdigkeit und weil ich den ganzen Tag Geduld haben musste, nahezu übermenschliche Mengen an Geduld.
250 «Zeit für sich». Ihr Wert für die mentale Verfassung aller Eltern weltweit ist unschätzbar. Verdammt, Mum, kein Tag ohne uns in fünf Jahren. Und jetzt passt du auch noch, zusätzlich zu deinen 60 Stunden Arbeit, einmal die Woche auf mein Kind auf. Aber du sagst, du machst es gerne. Ich hoffe, das stimmt.

Danke. Vor allem dafür, dass du es mir aufgedrängt hast und nicht gewartet, bis ich frage. Hallo, wollte nur sagen, ich komme gleich zum Babysitten. Geh aus. Oder schlaf. Gönn dir Freizeit. Man muss mich zwingen, sonst halte ich die Schuldgefühle nicht aus. Danke. Ich brauch Leute, die sagen: «Nein, wir wollen nicht, dass du mit in den Park kommst. Bleib zu Hause.» Solange es keiner sagt, ziehe ich jedes Mal pflichtschuldig Mantel und Gummistiefel an.

Ach, und tut mir leid, dass ich dich nach deiner Nachtschicht im Krankenhaus geweckt habe, Mum. Tut mir wirklich leid. Mir war nicht klar, wie müde du warst. Ich wollte nur mit dir quatschen und dir zeigen, wie gut ich ein Rad schlagen kann. Ich wusste nicht mal, was «Nachtschicht» bedeutet.

Ich höre neuerdings immer wieder von Großvätern, die sich mit um ihre Enkel kümmern. Das freut mich. Aber in unserem Fall sind es im Moment nur die Großmütter, die ihre eigene Zeit opfern, um uns zu helfen. Vielleicht wird es irgendwann auch mehr Großväter geben, die dasselbe tun. Ich hoffe es. Ich glaube daran. Ich glaube, mein Vater wäre eigentlich exzellent geeignet für die Rolle. Er ist echt gut mit Kindern. Er ist immer so lustig. Ich kann kaum erwarten, dass er es selbst merkt. Ich glaube, beide Väter hätten mehr Spaß daran, Großväter zu sein, wenn sie es mehr wären. Vielleicht. Bislang reicht es ihnen anscheinend, sich für die Zeit und die Arbeit mitfeiern zu lassen, die die Großmütter investieren. Und das ist, verdammt noch mal, ne Menge.

Großmütter und Bienen

Ist es, weil sie keine Anzüge tragen
Weil wir ihnen für ihre Arbeit nichts zahlen
Dass uns Bienen so scheißegal sind?

Ist es, weil sie keine Anzüge tragen
Weil wir ihnen für ihre Arbeit nichts zahlen
Dass uns Großmütter so scheißegal sind?

Ist es, weil beide Lavendelduft mögen?
Sollten sie sich andere Namen zulegen?
Oder uns öfter zur Stoßzeit begegnen
damit sie uns nicht scheißegal sind?

Wir sehen drollige Tierchen in ihnen
In Frauen und Insekten, Omas und Bienen
Sie stricken und brummen und schwirren herum
Machen Honig und Plätzchen, kein Geld, keinen Ton.

«Alte Oma», «fetter Brummer», sagen wir scherzhaft
Dabei sanieren sie heimlich die Wirtschaft
Sitzen zwischen Blüten und Kindern bereit
Geben uns Honig und Zeit für die Arbeit.

Ist es, weil sie sich niemals beschweren
Weil es für sie statt um Geld mehr um Liebe geht,
Weil man nicht in der Rushhour neben ihnen steht
Dass wir ihren Job unter den Teppich kehren?

Großmütter und Bienen, liebe, unbezahlte Kräfte
Arbeitsmarktretter, Landwirtschaftsmächte
Wenn wir ausrechneten, wie viel Geld sie uns bringen
würden wir nur noch Loblieder singen.

10. APRIL

1 Jahr, 1 Monat

21:14 Uhr

Ich habe jetzt ein paar «Elternfreunde» in unserer Gegend gefunden. Das ist echt angenehm. Es ist schön, andere Leute zu Hause zu besuchen, mit anderen Eltern rumzuhängen. Wenn man den ganzen Tag mit einem Baby allein ist, kann es echt einsam werden. Sehr einsam sogar. Obwohl ich mich beim ersten Besuch bei neuen Freunden oft fühle, als wäre ich wieder fünf. Ich nippe nervös am Tee und hoffe, dass wir uns gut verstehen.

Ich weiß noch, dass ich, als wir in die Wohnung zogen, Angst hatte, hier niemanden kennenzulernen. Dee ist umgeben von Leuten, die er noch aus der Schule kennt. Alle Uni-Kollegen von mir, die hier wohnten, sind weggezogen, und meine alten Freunde sind übers ganze Land verstreut.

Als ich meinen Freunden erzählte, dass ich schwanger bin, meinten die meisten, dass ich ja dann jede Menge tolle neue Bekanntschaften machen würde – meine Mutter hat drei ihrer engsten Freundinnen während ihrer Schwangerschaft oder in Babygruppen kennengelernt. Mit deren Kindern – Jodie und Caroline – bin ich noch heute / immer sehr eng befreundet. Ich hatte daher immer diese Vorstellung, wenn ich schwanger bin, geh ich in diese Kurse und verstehe mich super mit all den anderen Müttern, und später in der Babygruppe baue ich einen festen Freundeskreis mit Leuten aus der Gegend auf. Aber ganz so ist es nicht gekommen. Ich gebe keinem die Schuld. Ist halt einfach nicht passiert.

Manchmal denke ich, alle anderen machen es richtig und ich nicht: Alle sind cool und verstehen sich und haben nie das Bedürfnis, ihre Kinder anzuschreien oder sich die Nacht lang im Bad einzuschließen und zu weinen. Ich hatte lange Zeit Sorge, Gäste einzuladen, weil unsere Wohnung vielleicht nicht so schön und groß und ordentlich ist wie ihre. Das ist so ähnlich wie die fixen Scheißideen, die mir die Schwangerschaftsmagazine mit den Strandbildern und die jungen schwangeren Hollywoodpärchen in den Kopf gesetzt haben: dass jede Frau außer mir in makellosen, weiß dekorierten Häusern wohnt, mit einem weißen Designersofa, einem Ehemann und zwei goldenen Retrievern. Und dazu noch ein Strandhaus. Und die Küche blitzt wie die weiße Streberhölle, in der sich Annabel Karmel für ihre Bücher fotografieren lässt.

Aber natürlich ist das alles Blödsinn, und ich bin froh, dass ich das Gefühl abschütteln konnte, indem ich einfach Leute einlud. Zu sehen, wie die anderen leben, war auch nicht schlecht. Nicht zum Schnüffeln, nur um zu sehen, dass andere auch vom Chaos gestresst sind, den Spielzeugen, den Wäschebergen, und dass sie auch glauben, überall ginge es harmonischer zu als bei ihnen. Ich hätte das schon früher machen sollen. Es gibt wirklich ein paar großartige Menschen hier.

Zeug

Es fing für uns ähnlich an
Drei Eltern, entzückt

von den krabbelnden Kindern, stolz und beglückt
Wenn sie laufen lernen
und fallen lernen
und wir merken, es muss gar nicht alles so schwer sein

Jetzt gehen wir öfter zu unseren Freunden
und sehen den Kindern zu, wie sie so tun
als wären Teddys Menschen
Bettdecken Zelte
Becher Schiffe
Sehen sie hüpfen im Schlamm
Unsichtbaren Tee servieren
uns an den Haaren ziehen
und mit Stöcken spielen

Manchmal wünsche ich mir, dass das Leben so bliebe
Denn ich glaube, wenn wir wie Kinder spielten
Wären wir nicht so schlecht drauf

Es fing für uns ähnlich an
Spielen und starren
Nur ist bei ihnen
Das Wohnzimmer leer
Bei mir schon nicht mehr
Und bei ihm ist es total zugemüllt
Fahrzeuge und Tiere, wie im Karussell
Ein Gitterbett mit fünf Gängen
Ein Mercedes-Kinderwagen
Ich hab so viel nachgedacht
über unseren Status
Jetzt sitzen die Babys da
ignorieren die Schichten

und das Spielzeug und beißen
sich in die Zehen
Und ich will die Einkaufslisten zerreißen
mit all den Sachen, die wir angeblich brauchen

Und nach fast einem Jahr
ist es kaum überraschend
256 dass die Babys drauf scheißen
wo ihre Kleider herkommen
und wessen Möbel teurer sind
und auf die Marke der Kinderwagen
solang ihnen die Hände, die schieben, behagen

Und wenn ich sie so sehe, frag ich mich, warum
wir denken, wir könnten stolz sein, wenn wir den
besten Hochstuhl hätten
oder die schönsten Kinderzimmertapeten
ich frage mich manchmal, was soll der ganze Zirkus
ich frage mich manchmal, ob das ganze Zeug sein muss
Und ich habe das Gefühl, dass wir mehr von ihnen
als sie von uns lernen

Wenn wir den ganzen Tag auf Kissen sitzen
und tun, wären wir im Bus
denn wir spielen alle gleich
und wir lächeln alle gleich
wenn der Tag vorbei ist
und wir weinen alle gleich
wenn die Kraft nicht mehr reicht.

Wir fangen alle gleich an
Wir spielen, und ich denke

Es ist wahr, dass die Schachteln
oft schöner sind als die Geschenke
Und jetzt im Moment kann ich mir kaum vorstellen
wie es noch besser werden soll
Es ist schön, andere Eltern und Kinder zu kennen
und sich trotz der Ablenkungen daran zu erinnern

dass nach Schlafen und Essen und Sicherheit,
der Erforschung der Welt, dem Vermeiden von Leid

nie wieder was so viel Spaß machen wird
wie Schlitten und Seifenblasen
in Parks gehen, Radfahren
im Herbst in Laubhaufen springen
Blüten riechen im Frühling
So fest auf den Topf schlagen, wie es nur geht
einen Kuss stehlen
umarmt werden

Manchmal denke ich, dass wir mehr von ihnen
als sie von uns lernen können
wenn wir im Kissenbus
Richtung Himmel fahren

Wenn wir auf Kinder hören
(und nicht auf die Werbung)
wird sich uns das wahre
Glück offenbaren

11. APRIL
1 Jahr, 1 Monat

21:40 Uhr
Heute habe ich meine Lippen über ihre Nase gestülpt und ihr den Rotz rausgesaugt. Und wie beim Wickeln gilt auch hier: Es ist nicht weniger unangenehm für mich, nur weil es mein eigenes Kind ist. Ich finde es absolut ekelhaft. Ihre Nase war danach frei. Ich war froh. Aber wenn ich dran denke, wird mir schlecht. Mir wird öfter schlecht bei Babys. Wenn sie gefüttert werden und ihnen der Brei aus dem Mund quillt zum Beispiel. Aber das war definitiv noch mal ne andere Liga.

Da musst du durch

Ihre Nase war zu
Sie ließ sich nicht putzen
Mir wurde gesagt: Da musst du halt durch.

Ich saugte den Rotz
Aus ihr heraus
Spuckte ins Klo aus und kotzte.

12. APRIL

1 Jahr, 1 Monat

Teenie-Mütter

Sie sagte
sie will gelb sein
doch sie ist schwarz

Ihre Handtasche und ihr Lächeln
verbergen den Schmerz

Sie schiebt den Wagen, alle sehen sie an
Als hätte sie irgendwas Schlimmes getan

Sie sagte
Niemand weiß, wie es in mir drin
aussieht und warum ich da bin, wo ich bin

Sie sagte, sie knirscht mit den Zähnen und spuckt
all den Spott
und die Blicke zusammen mit der Angst, die sie hat
einfach aus.

Ich habe einen Workshop angeleiert, in dem junge Mütter Gedichte über ihre Erfahrungen mit Babys, dem Muttersein, dem Leben allgemein schreiben sollen. Heute hat jede gesagt, welche Farbe sie am besten beschreibt. Ich unterhielt mich mit einer Freundin über die Gruppe. Aber sie unterbrach mich gleich beim ersten Satz mit ihrer eigenen Geschichte über «Teenie-Mütter».

Sie war ziemlich fies. Ihr war eine Gruppe von Mädchen – «Teenie-Mütter» – im Bus begegnet. Sie sagte, sie hätten die ganze Zeit «nur gequatscht, auf dem Handy rumgetippt und ihre Babys völlig ignoriert». «Jedenfalls», sagte sie augenrollend, «schienen sie ne gute Zeit in der Stadt zu haben mit ihrer Posse.» Und dann meinte sie noch: «Ich meine es nicht böse, mir tun nur die Kinder leid, weißt du.»

Nein, weiß ich nicht, verdammte Scheiße. Was ich weiß, ist, dass ich beruflich die ganze Zeit mit minderjährigen Müttern zu tun habe und du nicht und dass mir dieses dumme Gequatsche zum Hals raushängt. Und was ich auch weiß, ist, dass wir beide in diesem Moment auch in der Stadt sitzen und quatschen und die Babys in ihren Kinderwagen neben dem Tisch parken.

Man hört so was aber nicht nur von anderen Müttern. Immer wenn ich Workshops in Schulen gebe, schreibt mindestens ein Teenager – meist der wohlerzogene, souveräne Typ, gut in der Schule, beliebt bei Lehrern – über Teenie-Mütter. Immer ein leicht selbstgerechtes Gedicht über das Problem minderjähriger Mütter, meistens als Teil einer kreativen Beschreibung der allgemeinen Probleme in ihrer Stadt oder ihrem Dorf.

Beim letzten Mal war die «schlendernde Teenie-Mutter» Teil eines Abschnitts, in der die Innenstadt beschrieben wurde – «Überquellende Mülltonnen, Scherben von Colaflaschen, Teenie-Mütter schlendern mit Buggys durch die Gegend». Letzte Woche beschrieb ein fünfzehnjähriger Typ das Geräusch, das Teenie-Mütter mit ihren Kinderwagen machen, als den «Klang des Hasses», und in einem anderen Gedicht ließ er sich darüber aus, wie schlimm die Teenie-Mütter in seiner Schule sind und wie man so doof sein kann, kein Kondom zu benutzen und nicht daran zu denken, dass man Kinder das ganze Leben lang hat. Ach, so einfach ist das. So verdammt einfach ist das immer. Herzlichen Glückwunsch für deine edle Haltung, du privilegierter kleiner Großkotz. Abgesehen davon, kam noch in keinem der Gedichte ein Teenie-Vater vor.

Als meine Freundin endlich fertig ist mit ihrer Geschichte über die Mädchen, sage ich, na ja, ich schreibe auch SMS, wenn ich das Baby dabeihabe. Es kann ziemlich langweilig werden alleine mit einem Baby. Babys reden nicht so viel. Ich schreibe und telefoniere ziemlich oft, wenn ich den Wagen durch die Stadt schiebe.

Und ich treffe mich auch mit Freunden.

Ich rede und interagiere nicht die ganze Zeit mit meiner Tochter, wenn wir zusammen sind. Und sie auch nicht mit mir. Wir lassen uns einfach nur zu Unterstellungen hinreißen, wenn wir eine Gruppe Mütter sehen, die so gar nicht ins Bild von den gepflegten Mittelschichtpärchen aus dem Katalog passen wollen.

Je mehr Teenie-Mütter ich kennenlerne und je mehr ich erlebe, wie die Leute teilweise schon auf mich reagieren, wenn ich das Kind dabeihabe – Kopfschütteln, Laute der Missbilligung, Stirnrunzeln –, desto klarer wird mir, wie furchtbar es sein muss, sich wie ein Stück Scheiße zu fühlen, nur weil man ein Baby hat. Ich hatte immer das Gefühl, irgendwas Böses angestellt zu haben, wenn ich mit dickem Bauch oder später mit dem Kinderwagen draußen rumlief. Die Leute scheinen Mütter mit

Kinderwagen wirklich zu hassen. Vor allem junge. Diese Woche bin ich nach Manchester zu einem Auftritt gefahren. Im Radio war eine Sendung mit Anrufern, Thema «Was mich nervt». Ein älterer Mann beschwerte sich über Mütter, die ihre Kinderwagen schieben, «als hätten sie den Bürgersteig gepachtet» – ja, genau so fühle ich mich, wenn ich versuche, noch die Einkäufe zu erledigen, bevor

sie wieder gewickelt, gefüttert, getröstet und ins Bett gebracht werden muss. Ich wette tausend zu eins, dass dieser Mann niemals in seinem Leben gleichzeitig einkaufen und auf ein Kind aufpassen musste. Ich hätte am liebsten das Radio eingeschlagen. Ein Blog setzte «Mütter, die ihren Kinderwagen schieben und dabei am Telefon kleben» auf die Liste der «schlimmsten Albträume». Ahhh, dieser süffisante englische Humor.

Ich finde es wirklich unglaublich, dass so ein Unterschied gemacht wird zwischen Teenie-Müttern und anderen Müttern. Nicht, dass wir uns missverstehen, ältere Mütter, arbeitende Mütter, Mütter, die zu Hause bleiben – sie alle sind natürlich auch beliebte Zielscheiben gesellschaftlicher Maßregelung. Aber bei Teenagern gehen alle gleich davon aus, dass sie schlechte Mütter sind und sich nicht für ihre Kinder interessieren oder sie sogar nur wegen des Geldes gekriegt haben. Keiner fragt nach den Hintergründen, nach ihren Wünschen, wie und warum sie ungeschützten Verkehr hatten (als wäre das noch niemandem von uns passiert) und schwanger wurden. Und, noch wichtiger, niemand weiß was über ihre tatsächlichen Qualitäten als Mütter.

Und es ist alles so eine Heuchelei.

Wenn sich ein paar Mütter in unserem Alter bei einem Geburtsvorbereitungskurs treffen und gemeinsam Kaffee trinken gehen würden, hielten das bestimmt alle für eine *gute* Sache. Oder zumindest nicht für was Schlimmes. Diese Mütter vernetzen sich, unterstützen sich gegenseitig, sehen neue Sachen, finden Freunde, trinken guten Kaffee, und sie und die Kinder kommen raus und kriegen frische Luft. Alle haben was davon. Und nichts anderes machen die Teenie-Mütter: sie befreunden sich mit anderen Müttern (die in ihrem Alter viel schwieriger zu finden sind), plaudern (gerade wenn man zu einer solchen Minderheit gehört, ist Austausch extrem wichtig), gehen mit ihren Babys raus (was für sie auch wieder nicht so einfach ist, weil sie immer fürchten müssen, komisch angeguckt zu werden), aber bei ihnen wird es völlig anders bewertet. Wenn sich *diese* Mütter unterhalten, heißt es, dass sie ihre Babys vernachlässigen, wenn sie sich mit Freundinnen treffen, heißt das, sie gammeln rum, kriegen noch mehr Kinder, schmeißen die Schule und liegen dem Staat auf der Tasche. Und dann auch noch im Bus, pfui. Mütter fahren mit ihren Babys im Bus in die Stadt, und ihre Klamotten sind womöglich nicht mal von Next oder White Stuff oder Marks & Spencers. Was für ein Haufen Versagerinnen.

Ich glaube wirklich, dass genau das dahintersteckt. Wir halten uns für sexuelle Freidenker in unserer britischen Blase, aber seit ich Mutter bin, kriege ich die ganze Hetze mit. Es liegt wahrscheinlich daran, dass die Leute, wenn du eine Mutter bist, wissen, dass du (a) eine Frau bist, die (b) Sex hatte, (c) ohne zu verhüten. Ich war 26, als ich schwanger wurde, und muss mir immer noch Kommentare anhören – besonders wenn mein Kind ungezogen ist. Es gab Männer, die auf der Straße angehalten haben, um mich anzustarren, Frauen im Bus, die mutmaßten, ich sei vom Kindsvater sitzengelassen worden (noch ein Vorurteil gegen junge Leute – männliche Untreue), Leute, die mich über die Straße hinweg anpöbeln oder mir, noch häufiger, sagen, ich wäre zu jung für ein Kind. Denn im Endeffekt wird es allgemein als o. k. angesehen, eine Frau fertigzumachen, weil sie vermeintlich zu jung Sex hatte. Ohne *irgendwas* über sie zu wissen. Unsere Kultur ist völlig besessen von den Körpern junger Mädchen (und Jungen), präsentiert 14-jährige Models auf Laufstegen und in Katalogen als Sexobjekte, bewirbt jedes x-beliebige Produkt mit Bildern von Frauen, die verführerisch die Beine spreizen, während wir andererseits immer noch die keusche Jungfrau als hehres Ideal jugendlicher Weiblichkeit hochhalten. Und Teenie-Mütter versauen uns diese Nummer. Sie sind keine sexy Jungfrauen, die auf Postern posieren. Sexy wäre o. k., aber Sex, das ist eine Sünde. Zugegeben, unverheiratete junge Mütter werden in diesem Land der Liebe und der Freiheit nicht mehr sofort in ein Heim oder Kloster gesteckt oder verprügelt oder entlassen. Aber sie werden immer noch extrem verachtet. Und sie wissen das. Und es tut ihnen sehr weh.

Manchmal will ich lügen; mir irgendeine fürchterliche, tragische Geschichte ausdenken, Leuten, die mein Alter kommentieren in die Augen sehen und sagen: «Ja ich bin vierzehn, Sie haben recht. Ich wurde vergewaltigt und daraufhin schwanger. Ich bekam das Baby und versuche nun dieses wundervolle Kind großzuziehen, so gut ich es kann.» Nur damit sie ihre verdammte Fresse halten und merken, dass sie nichts über mich oder irgendwelche anderen Eltern wissen. Ich weiß, das würde letztendlich auch nicht viel bringen, aber es wäre zu schön, mal zu sehen, wie eines dieser selbstgerechten abschätzigen Gesichter, unter denen so viele Teenager leiden mussten, rot anläuft und sich kleinlaut verkrümelt.

Das Einzige, was ich in diesem Moment tun kann, ist, ein rhetorisches «Weißt du, was ich meine?» mit «Nein» zu beantworten.

«Nein, weiß ich nicht. Klingt, als hättest du eine Gruppe Mütter gesehen und sie abgeurteilt, weil sie jung (und unterprivilegiert) waren und Trainingsanzüge anhatten.»

Auch wenn ich mich damit unbeliebt mache. Was die Schüler angeht, muss ich ihnen einfach bei jedem apostelhaften Gedicht über schwangere Mädchen und Mülltonnen meine Fragen stellen – immer und immer wieder.

Gebetsmühlenartig die immer gleichen Gespräche, es ist so ermüdend. Leute, die keine Teenager / Mütter / Flüchtlinge / sonstige Mitglieder dämonisierter Minderheiten kennen und einfach völlig uninformiert rummotzen. Es scheint so, dass diejenigen mit den wenigsten Erfahrungen immer die mit den meisten Vorurteilen sind. Irgendwie logisch natürlich.

Die Schichtzugehörigkeit ist da gerade ein besonders beliebtes Thema, egal ob im Radio, Film oder Fernsehen. Unsere von der Mittelschicht beherrschten Satiresendungen gießen liebend gerne mal ihren Spott über «Teenie-Mütter», Sozialhilfeempfänger oder sonstige «Prolls» aus.

Bah. Mehr kann ich dazu nicht sagen als: Bah. Ich habe die Schnauze voll davon. «Werfe der den ersten Stein» und so weiter.

22:00 Uhr

Die perfekte Teeparty

Gestern Abend gab es den perfekten Tee
Serviert von kleinen Händen und erwartungsvollen
staunenden Augen

sie schauen, ich nippte ins Leere
und ich erklärte:
«Köstlich»!

Sie kicherte leise und tauchte die Kanne
langsam zurück in die Wanne
und goss das Wasser
halb auf sich selbst, halb in die kleine
Plastiktasse

Und mit Herz und Hand hielt sie
die Schaumbadtasse in die Höhe
setzte sie an die Lippen
als würde sie nippen

Sah fragend zu mir herüber
und gab sie mir wieder
Ich nahm einen Schluck, sprang auf und rief:
«Köstlich»!
Sie klatschte
und machte es mir nach

Ein Jahr alt, und sagt laut
«Mhhhhhh!»
zu einem Schluck dreckigem Badewasser!

Ein Vorgeschmack von Illusion
Eine Seifenblaseninitiation
Ein Schnurrbart aus Schaumbad
wartet darauf, dass das Gehirn ihn
in süße Sahne verwandelt

Von da an ist alles möglich
kein Traum zu groß
Spielsachen gar nicht mehr nötig
Schnell ein paar Klorollen zusammengeschoben
zu grauen pappigen Teleskopen
zu Rohren, um laut durch sie durchzurufen:
«Daddieeeeeeeeee!»

Jeden Tag wird mein Tee seitdem süßer
Er wird mir von einer in Handtücher
gehüllten Nomadin gebracht
Sie steigt bei mir auf und ab
Ich spiele Kamel
Sie gibt mir einen Klaps
und legt sich auf mich drauf

Mein Rückgrat ist jetzt ein Klettergerüst
Mein Bauch ein Tor, ein Tunnel
Mein Atem ein Mittel
um Stürme zu machen
Orkane
und Blasen

Blasen sind am besten

Vergiss DVDs, Fernseher, Flachbildschirm
Das sprechende Spielzeug
Selbstlesende Bücher aus Plastik
Nicht mal der Geruch von Curry aus der Küche
reißt ihren Blick
von der Seifenblase
Sie schwebt zu den Wolken

aus dem Fenster
über den Pfad
hinein in ihr Bad
aus meiner halb geschlossenen Hand

Sie lacht
Und die Welt ist in Ordnung
denn in ihrem Kopf
ist ein ganzes lebendiges
All

In dem dreckiges Badewasser
zu köstlichstem Tee werden kann.

23:00 Uhr

Wo wir gerade bei Bädern sind …

Es ist unvorstellbar, wie viele Gutscheine für Babyzeugs wir jetzt schon im Briefkasten hatten. Babybrei, Babymilch, alle möglichen Produkte. Auf dem von heute stand: «Das Beste fürs Baby, das Beste für Sie». Shampoo. Ich erinnere mich noch an den Geruch dieses gelben Babyshampoos, das es gab, als ich klein war. Und ein Shampoo, das nicht in den Augen brennt, halte ich durchaus für sinnvoll. Ich habe selbst eine Flasche davon im Bad stehen, heute noch benutzt. Aber ich will trotzdem nicht zugemüllt werden mit bescheuerter Werbung für lauter Scheißprodukte.

In einer heißt es:

«Ein warmes Bad mit JOHNSON'S® Baby-EINSCHLAF®-Bad, eine sanfte Massage mit JOHNSON'S® Baby-EINSCHLAF-Lotion und ein paar Minuten Ruhe. Das klinisch erprobte Programm für mehr Zeit zum Träumen.»

Und weiter unten:

«Lässt Ihr Baby erwiesenermaßen schneller einschlafen.»

Und ich denke mir: «Schneller als was? Das steht nirgendwo. Aber es wäre doch wichtig zu wissen, oder? Wenn es wissenschaftlich bewiesenermaßen schneller ist, will man doch auch wissen, als was!

Schneller als gar kein Programm?

Schneller als eine lauwarme Dusche und dann ab ins Bett?

Schneller, als das Kind mit Süßigkeiten und Cola abzufüllen, es ins Bett zu stecken und dann volles Brett Metallica aufzudrehen?

Schneller als was, Mr. Johnson und Mr. Johnson. Schneller als *was?*

Ich gehe auf die Webseite. Da steht es auch nicht.

Ich weiß, dass jeder sein eigenes Ritual hat: Einige in meinem Bekanntenkreis baden ihre Kinder jeden Abend, manche benutzen Lotionen oder Cremes, weil das Baby trockene Haut hat. Ich nehme manchmal Olivenöl und wasch ihr Haar alle zwei Wochen mit Shampoo. Jeder ist da anders. Aber diese Reklame macht mich wahnsinnig. Da werden Millionen von Pfund an Babys verdient, und die meisten Produkte sind völlig überflüssig. Und, was mich glaube ich am meisten aufregt, ist, dass all die Slogans die Tatsache ausblenden, dass Dee und ich hier die ganze Drecksarbeit machen und nicht eure gottverdammten klinisch erprobten Badezusätze.

Ahhh. Schneller als was? Bleibt mir vom Leib mit euren pseudowissenschaftlichen Versprechungen. Hört auf, Geld an Babys zu verdienen, das ist echt krank. Wir brauchen die Kohle noch, wenn sie erwachsen sind. Ich weiß, niemand wird dazu gezwungen, was zu kaufen. Und natürlich ist das meiste, was wir kaufen, überflüssig. Wahrscheinlich liegt es nur an den Unmengen an Broschüren, die ich kriege. Und an den Unmengen von Dingen, die die Produkte angeblich können. Und daran, wie sehr ich mich anstrenge, alles richtig zu machen. Das macht mich empfänglicher für den ganzen Scheiß, auch verwundbarer. Und das wissen sie und nutzen es aus.

Wir sind's, Mr. Johnson

Mr. Johnson & Johnson
Ich habe ein kleines Problem
mit den Dingen
die Sie uns versprechen

Ich bin sicher
Sie wollen nur das Beste (?!)
Doch ich möchte
Ihnen von meinen Sorgen berichten

Ihre riesige lila Flasche mit Schaumbad
soll dafür sorgen, dass Babys einschlafen

Und Sprüche wie dieser verschleiern, dass *wir*
es sind, die die Arbeit machen

Und der Abend hilft
Und das Baden hilft
Das warme Wasser um sie herum hilft
Der feste Ablauf
Und die Geschichten helfen
Das weiche Handtuch, das sie abtrocknet, hilft

Und das, Mr. Johnson, kommt alles von uns
und hat einen Scheißdreck mit Ihnen und Ihren
Fläschchen zu tun
Sie sagen, wie beruhigend die Schaumbäder seien
doch Lavendelduft schläfert genauso gut ein

Also hören Sie auf, Ihr Zeug anzupreisen
als schliefen Kinder damit von alleine
Mit Wissenschaftssprache, damit man's auch glaubt
«Formel» und «Forschung» und «klinisch erprobt»
denn sie unterschlagen, was wir Eltern schaffen
Nur von ihrem Produkt ist noch kein Kind
eingeschlafen.

Und es sieht nach nichts aus. Es ist nur eine Flasche. Es stimmt schon, die Kleine ist keine große Schläferin. Aber das ist die reinste Geldverschwendung.

Das ist das wissenschaftlich erprobte Programm, mit dem Babys schneller einschlafen. Schneller als ein Baby, das in kalter Milch gebadet oder von einem wütenden Elefanten ins Bett gebracht wurde? Schneller als ein Baby, das auf einer Drum-and-Bass-Party schlafen soll?

Stufe 1: Ein warmes Bad mit JOHNSON'S® Babyschlaf-Bad
Gönnen Sie Ihrem Baby nach einem aufregenden Tag Erholung bei einem warmen Bad. Die Formel von JOHNSON'S® Babyschlaf-Bad enthält NATURALCALM®-Essenzen – eine spezielle Mischung beruhigender Aromen. Dank unserer höchsten Sicherheitsstandards genügenden NO MORE TEARS®-Formel ist unser Produkt für die Augen so sanft und schonend wie klares Wasser. Für einen schaumigen Einstieg ins Einschlafprogramm probieren Sie JOHNSON'S® BEDTIME@-Babyschlaf-Schaumbad und Duschgel!

Stufe 2 Eine sanfte Massage mit JOHNSON'S® BEDTIME®-Babyschlaflotion
Lassen Sie dem Bad eine sanfte Massage folgen. Die Formel für JOHNSON'S® BEDTIME®-Babyschlaflotion enthält NATURALCALM®-Essenzen, eine spezielle Mischung beruhigender Aromen. Die CLINICALLYPROVENMILDNESS™-Formel ist hypoallergen und dermatologisch getestet und ihre langanhaltende Wirkung klinisch erwiesen.

Stufe 3: Ruhig in den Schlaf
Nach einem warmen Bad und einer wohltuenden Massage wirkt etwas entspannte Zweisamkeit Wunder für den Schlaf Ihres Kleinen. Lesen Sie ihm eine Geschichte vor, singen Sie ein Schlaflied oder genießen Sie einfach still die einander gespendete Wärme. Probieren Sie aus, was für Sie und das Kind am besten funktioniert, aber um einen guten Nachtschlaf zu gewährleisten, sollte die letzte Phase nicht länger als 20 Minuten in Anspruch nehmen.

So … alles schön und gut. Aber wenn man jedes der Produkte durch gar nichts ersetzt, hätte man ziemlich sicher den gleichen Effekt. Nur, dass die Haut meines Kindes nicht noch die ganzen anderen Zusatzstoffe aufnimmt, die außer den NATURALCALM®-Essenzen noch im Produkt drin sind, nämlich:

Wasser, PEG-80 Sorbitanlaurat, Cocamidopropylbetaine, Natriumlaurylethersulfat, Polysorbat 20, PEG-150 Disterat, Natriumbenzoat, Duftstoffe, Zitronensäure, Hydroxid.

Ich bin keine Wissenschaftlerin, und ich habe keine Ahnung, ob dass alles Sachen sind, die man unbedingt im Blutkreislauf seines Kindes haben will oder nicht. Ich weiß nur, dass diese Inhaltsstoffe auf der Webseite weniger marktschreierisch verkündet werden.

Unten auf der Seite heißt es: «UNSERE BABYS ERBEN UNSEREN PLANETEN™

Bitte recyceln.»

Oder wie wäre es, ihr schwatzt uns nicht lauter plastikverpackte Produkte auf, die nichts bringen, dann gäbe es den Müll erst gar nicht! Das würde den Erben des Planeten wirklich weiterhelfen.

Nee, nee. Die Kleine schläft schneller ein, wenn ich es «jeden Abend als festen Teil der Einschlafroutine» ins Badewasser gebe. Jeden Abend also? Also so oft, dass man möglichst viel kaufen muss. Jeden Abend, also zu einer Tageszeit, in der man alles dafür tun würde, etwas Schlaf zu bekommen. Am Arsch auch «unser Planet»!

Natürlich, Mr. Johnson und Mr. Johnson, ganz wie Sie wünschen.

Wie viel Profit machen Sie noch mal? Wie viele Produkte brauche ich, damit mein Kind besser schläft? Wie viele Flaschen von dem Zeug treiben in den Flüssen unserer Babys?

Und noch mal im Ernst – schneller als was?

13. APRIL
1 Jahr, 1 Monat

21:00 Uhr

Manchmal denke ich, die Kleine wäre ziemlich erschrocken, wenn sie wüsste, wie oft ich im Dunkeln in ihrem Zimmer stehe und ihr Gesicht anstarre. Ich sollte mir das vielleicht abgewöhnen. Es ist ein bisschen daneben. Wenn ich aufwachen würde und jemand starrt mich an, würde ich gleich die Polizei rufen.

Aber ich sehe ihr so gern beim Schlafen zu. Es erinnert mich daran, dass sie klein und unschuldig und ganz auf uns angewiesen ist und dass wir sie jetzt noch vor allem beschützen müssen.

Winzig

Vor ein paar Stunden warst du überlebensgroß
Deine Lungen eine Blaskapelle
die Vokale trompetete
Ein Trommler beim Üben
Immer wieder «Dadada», und auf einmal
«Ma»
«Mu»
«Mum»
«MUM!»

Vor ein paar Stunden warst du überlebensgroß
Ich sah überall nur noch
Messer und scharfe Kanten
Oder Knöpfe und Münzen
und Erstickungsgefahren
Immer Alarm
Und du rennst, willst es wissen
Kopf vorne, Füße hinten
Mit Anfängerschritten
Dein Körper die ganze Zeit so kurz vorm Umkippen
Dein Kopf schwer wie meiner, wenn ich auf der Schwelle sitze
Immer drauf gefasst, dass du
fällst, ruderst, rufst

Vor wenigen Stunden warst du überlebensgroß
Hast Fremde mit deinem Lächeln erfreut
und warst dann wieder scheu
Und dein Blick huscht zum vertrauten
Versteck meiner Beine
zwischen die du den Kopf klemmst, wenn wir zu zweit
durch Wälder stolpern
und Sonnenschein

Vor ein paar Stunden warst du überlebensgroß
Dann weintest du
Und ich kam
Du wurdest ruhig
mit meiner Hand
auf deiner Brust
Und dein Atem

war wieder langsam
und deine Augen
wieder zu

Und ich merkte, wie winzig du bist

7

SOMMER
EIN JAHR, DREI MONATE
SIE LÄUFT

20. MAI

1 Jahr, 2 Monate

19:00 Uhr

Heute ist es richtig warm. Die Pflaumenbäume mit ihren duftenden Blüten sind startklar fürs Farbenspektakel. Ich liebe diese Jahreszeit. Obwohl sie auch etwas frustrierend ist. Alle geben einem Ratschläge und erzählen was von festen Abläufen und sagen, die Kleine soll in ihrem eigenen Bett schlafen und jeden Abend um die gleiche Zeit. Ich verstehe ja, dass feste Abläufe gut sind. Aber jetzt ist es sieben Uhr abends, und sie schläft schon, was heißt, ich kann nicht rausgehen. Ich kann nicht mal runter in den Garten. Ich bin eingesperrt. Ich bin eingesperrt, während draußen ein warmer Sommerwind weht und der Abend perfekt ist, um draußen Cider zu trinken oder in der lauen Dämmerung ein Buch zu lesen. Ich fühl mich irgendwie verarscht. Die Wohnung ist ruhig und friedlich und herrlich erwachsen, aber auch heiß und stickig und hat diese Dinger namens Fenster, die mich daran erinnern, wie wunderschön es draußen ist. Nein, ich muss das mit den festen Einschlafzeiten noch mal überdenken. Vielleicht saisonabhängig. Nur im Winter. Ich will nicht an einem Sommerabend ab sieben zu Hause festhocken. Wirklich nicht. Wenn sie in Glastonbury schlafen konnte, kann sie es bestimmt auch im Buggy vorm Pub.

23. MAI
1 Jahr, 2 Monate

Ich bin so saumüde. Wenn ich von ihrem Gebrüll aufwache und aufs Handy schaue und es ist erst fünf oder sechs, würde ich am liebsten heulen. Hysterisch in meine Kissen heulen. Es ist nicht mal Morgen, und die Sonne scheint schon durch die Ritzen. Scheiße auch, lichtdichte Rollos. Ich weiß, dass ich letztes Jahr um die Uhrzeit auch nie geschlafen habe, aber jetzt, wo ich auf den Geschmack gekommen bin, kann ich irgendwie nicht so einfach zurück. Hau ab, Sonne – ich will den Winter wiederhaben. Die schläfrigen dunklen Wintermorgen. Ich ziehe mir die warme Decke übers Gesicht und versuche mich zu erinnern, wie es war, auszuschlafen. Ich glaube, ich würde grade meine Seele dafür verkaufen, ausschlafen zu können. Aber heute bin ich dran mit Aufstehen, und Dee liegt selig schnarchend neben mir. Sie brüllt wieder, ich schlepp mich aus dem Bett und brumme irgendwas vor mich hin in der Richtung, wie müde ich doch bin und dass das niemand versteht. Ich muss wirklich fast weinen, weil niemand meinem Gezeter zuhört.

Dann komme ich in ihr Zimmer und gähne, bis mir die Tränen kommen. Sie steht auf, hält sich am Bettchen fest, lächelt, lacht in Erwartung des Tages, schaut aufgeregt auf die Feen aus Staub, die zwischen Sonne und Teppich im Lichtstrahl tanzen, der durch die Jalousien fällt. Der Morgen erfüllt sie mit Bewunderung. Ahhh. Wie kann ich nur so genervt davon sein? Was für eine erbärmliche blöde Kuh ich bin. Ich lächele zurück und hebe sie hoch und weine ein bisschen. Aus Müdigkeit und Erschöpfung und weil sie lächelt. Dann mache ich uns für den Park fertig, waschen, anziehen, Kinderwagen holen – und plötzlich merke ich, dass es erst halb sechs ist. Letzte Woche ging ich mit Dee und der Kleinen in die Stadt und wunderte mich, dass die Geschäfte am Samstag zuhaben. Ich sah auf die Uhr. Es war sieben.

Spielen

Würden wir spielen, wie Kinder es tun
Würde uns nicht alles so leicht deprimieren
Sie lesen Legenden in Kränzen aus Blumen
Und lauschen dem Flüstern, wenn Lippen sich
ausprobieren

Sähen wir die Dinge nur mit ihren Augen
Ohne zu fragen, wozu sie taugen
Voll Staunen die Dämpfe dem Kessel entströmen
Die Farbe der Wolken über den Töpfen

Fühlten wir nur den Boden, wie sie ihn fühlen
Ohne die Sorge, dreckig zu werden
Wir würden Steine ablecken und wühlen
in weicher, nasskalter Erde

Könnten wir uns wie Kinder bewegen
wo jedes Glied jede Empfindung mitmacht
Beim Lachen wie wild mit den Armen wedeln
Uns ermattet fallen lassen, vornüber in die Nacht

Könnten wir nur erwachen wie Kinder
Die morgens um sechs schon lebendig sind
Und den neuen Tag sehnlich erwarten
das Sonnenlicht und die Spiele im Garten.

5. JUNI

1 Jahr, 3 Monate

14:15 Uhr

Heute habe ich Mum und Dad besucht. Bus, Zug, U-Bahn, Zug. In Paddington ging kein einziger Aufzug. Ein Typ trug uns den Kinderwagen die Treppen hoch, und mein Herz ging auf. Ich liebte ihn in dem Moment. Mit Fremden verbindet mich eine Hassliebe, seit ich das Kind habe.

Ich nutzte die Gelegenheit, alte Freunde in Newbury zu besuchen – es ist komisch, wenn man alte Freunde trifft, die keine Kinder haben, und die meisten habe keine. Es ist schön, aber auch schwierig. Ich weiß, dass es langweiliger geworden ist, mit mir rumzuhängen. Ich kann mich nicht auf ihre Gespräche konzentrieren. Und sie merken es. Ich muss mich die ganze Zeit entschuldigen:

Entschuldigung, ich muss eben sehen, wo sie hinläuft.

Entschuldigung, ist es o.k., wenn ich sie kurz füttere?

Entschuldigung, ich muss ihr was anderes anziehen.

Entschuldigung, was hast du grade gesagt?

Ich habe mich neulich mit Caroline getroffen, meiner einzigen Freundin von zu Hause, die auch ein Kind hat. Irgendwann fragte sie mich, was ich grade so für Musik höre, ob ich neue Bands entdeckt hätte. Als sie meinen leeren Blick bemerkte, musste sie lachen. «War ein Scherz, ich weiß nicht mal mehr, welche Sachen ich gerne trage.»

Ich dachte darüber danach. Ich wusste es auch nicht mehr. Ich hatte keine Ahnung mehr von neuer Musik oder Mode oder sonst was. Alles was mich früher interessiert hat. Was interessiert mich jetzt!? Gott, wie ich Musik liebe.

Weißt du noch?

286 Weißt du noch, wie es war, wach zu sein?
Weißt du noch, wie es war, als dir nichts weh tat
und du nicht Stunden brauchtest, das Haus zu verlassen
Wenn du tief Luft holst, weil du nicht weinen willst
Wenn du grade aus der Tür bist und losgehen willst
und dein Kind fängt an zu schreien, und du musst
wieder rein?

Weißt du noch, wie das war, ungestört duschen
oder ein Bad nehmen
Ohne ein kleines Gesicht, das über den Rand schaut
und unbedingt reinwill?

Weißt du noch, wie es war, sich in seiner Haut
wohl zu fühlen?
Als der Blick in den Spiegel noch was anderes war
als Erinnerung an früher?
Weißt du noch, als du einfach zugeben konntest,
wenn dir langweilig war?
Als du anderen Eltern nicht zuflüstern musstest,
dass dir echte Gespräche fehlen?
Und dir Kleinkinder zu langsam gehen?
Weißt du noch, wie es war, dein Gehirn einzuschalten
Und dich mit Leuten, die so alt sind wie du,
zu unterhalten?

Weißt du noch, wie es war, bevor dein Körper
    Leben gebar und ernährte und aufzog?

Weißt du noch, was für Sachen du magst?
Erinnerst du dich noch an deine Hobbys?

Daran, wie es war, in Ruhe nachzudenken
Heißen Tee zu trinken,
in Frieden zu pinkeln?

Weißt du noch, als du noch nicht wusstest, wie
    diese Liebe sich anfühlt?
Liebe so stark, dass es dir manchmal vorkommt,
    als hättest du dich geopfert?
Deinen Körper, deine Seele
und noch etwas mehr?

Manchmal wünschst du dir sehr
auf dem Boden zu kriechen
dich umzudrehen
an die Decke zu stieren
zu flehen
«Bitte
BITTE!
Lass mich hier liegen
Meine Augen zumachen
und schlafen

doch niemand hört deine Schreie!

Du machst einfach weiter
und es stört dich nicht weiter

solange dein Sonnenschein von Kind
ab und zu grinst

15:00 Uhr

Ich will alle meine Freunde anrufen und ihnen sagen, sie sollen im Bett liegen bleiben. Den ganzen Tag Musik hören. Bücher lesen. So viele Bands sehen wie möglich (live oder, wenn sie kein Geld haben, auf Youtube). Genießt die Zeit allein und in Gesellschaft, falls ihr auch nur ansatzweise in Erwägung zieht, irgendwann Kinder zu kriegen. Fühlt euch nicht schlecht deswegen. Hängt ab. Gammelt rum. Entspannt euch.

Aber ich weiß, es würde keinen Unterschied machen. Erst wenn du keine Zeit mehr für dich hast, weißt du sie wirklich zu schätzen. Wie ich heute. Ich kann nicht glauben, dass ich das früher dauernd gemacht habe, ohne die Schönheit, die im Chillen liegt, würdigen zu können. Es ist etwas Wundervolles, etwas Heiliges. Die dritte spirituelle Erfahrung meines Lebens. Die zweite war, Birnensaft das Gesicht meines Kindes herabtropfen zu sehen. Die erste war die Geburt. Die jetzt ist weniger traumatisch.

Niemand für niemanden

Heut muss ich niemand für niemanden sein
Baby und Freund aus dem Haus
Sieben Stunden lang bin ich allein
Mit Tee und Buch und ruhe mich aus.

Heut muss ich niemand für niemanden sein
Ich lieg auf der faulen Orangenhaut

Niemand sieht sie, niemand kneift rein
Kein Gedanke an Wachs oder Workout.

Die Haare zerzaust, die Fußnägel lang
Und auch die Socken bleiben im Schrank
Die schmalen Augen bemale ich nicht
Heut gibt's nur das Bett, ein Buch und mich.

Den versifften Schlafanzug lasse ich an
Den uneingezogenen Bauch sich entspannen
Meine Brüste nehmen den ganzen Tag Urlaub
Von männlichem Fummeln und kindlichem Mundraub.

Ich hatte zwei straffe Jahre als Mutter, als Mum
Und bin jetzt sieben Stunden lang niemand für
niemanden
Ich war sieben Jahre Liebhaberin, Freundin
Und bin jetzt sieben Stunden lang keines von beidem.

Ich kann in der Nase bohren, mir in den Zeh beißen,
alle Tassen stehenlassen
Ich kann aufs Klo gehen, ohne die Tür zuzumachen
Ich kann duschen, ohne dass Augen mich angucken
Ich kann vor mich hin knabbern, muss nichts kochen.

Denn heut muss ich niemand für niemanden sein
Sieben Stunden für mich allein
Und kommen Baby und Freund abends wieder
Bin ich Freundin und Mutter
und zufrieden.

7. JUNI
1 Jahr, 3 Monate

290 **Fleisch**

Genieß das Gefühl, Hollie, es ist sekundenschnell vergangen
Ihre Fingerchen suchen deine Brust nicht mehr lange
Schließ die Augen, merk dir jede Einzelheit
Jeder kleinen Berührung auf deinem Fleisch.

19. AUGUST
1 Jahr, 5 Monate

Für die Kleine ist der Sommer eine einzige Expedition. Ich bin ein nervliches Wrack! Sie will die ganze Zeit Dreck essen, Steine, Blätter, Erde. Eine große Müdigkeit sitzt in der Mitte meines Hirns. Ich benutze Gehirnpartien, von denen ich gar nichts ahnte. Schrumpfendes Mutterhirn ist definitiv Unsinn. Meine Hirnkapazität hat sich verfünffacht. Sie läuft jeden Tag schneller, ich kann sie nicht mehr aus den Augen lassen. Sobald ich woanders hinschaue oder irgendwas mache, hat sie im nächsten Moment einen todbringenden Gegenstand im Mund oder steuert gefährlich auf eine scharfe Kante zu. Mein Gehirn, die Region, mit der man sich konzentriert (falls es die gibt), ist immer am Anschlag. Ich bin der Terminator.

Terminator

Mein Leben ist ein Medizinertest –
auf Seite 10 eine Küche, ein Suchbild
es sind Scheren und offene Stecker versteckt
Du musst sie finden mit roten Kringeln
und die fünf Gefahren damit umzingeln

Damals war es einfach –
kaputte Kabel zu nah am Wasser

offene Stecker
offene Scheren
Nüsse, auf denen
Leute ausrutschen

Damals auf dem Suchbild
sah man sie gleich
aber hier kriegst du keine Punkte
und du weißt nicht, wie viele Gefahren es gibt
jetzt ist es kein Test
umso mehr schwitze ich
hoffentlich mache ich alles richtig

Den Stift in der feuchten Hand
schlag' ich ständig Alarm
bei scharfen Objekten
und offenen Steckern

Die Welt ist eine große Katastrophenschutzübung
seit ich Mutter bin.

Ich mal nur noch Kreise
Manisch, verzweifelt
Die Panik hat meine
Wahrnehmung erweitert

Mir wurde erzählt, dass mein Baby
weinen und lachen und nachts wach werden wird
Doch ich hätte nie gedacht, dass ich so viel
Angst haben muss, dass es stirbt
Dass Gebären und Füttern nicht reicht
Manchmal komme ich mir vor

wie der erste Terminator
mit todesverachtender Sonnenbrille
Und wenn ich Kabel und Steckdosen sehe
Blitzt vor meinen Augen
sofort eine Liste aus Licht auf
mit allen gefährlichen Gegenständen
und wie sie mein Baby
umbringen können

Und so krank es auch klingt
ich mach Kringel am Himmel
und bekritzele den Weg
wenn ich neben ihr gehe

Ich male einen Kreis
Ich mal ihn noch mal
Fünfzigmal um die Gefahr
Sonst ist sie vielleicht noch da

Und wenn ich vergesslich
und abwesend bin
dann, weil ich mein Kind ständig vor Dingen
rette, die nicht passiert sind
Dingen, die ich mir vorstelle
Die schiefgehen könnten
Und mir ist jeden Tag
übel vor Sorge
dass Morgen
mein Röntgenblick versagt
Und ich mache kreise
um kochende Töpfe
und Tischkanten

Autos und Baumspitzen
Stiftkappen
Und wenn sie schläft, geht es weiter
mit Kreisen um
Bettwäsche
Kissen
Pyjamaknöpfe

wacklige Regale
brennende Glühbirnen
Und ich sitz senkrecht im Bett
wenn sie sich im Schlaf umdreht

schnarcht oder laut atmet

Jeder Tag, jede neue Stunde
bringt tausend neue mögliche Wunden
Jede Minute wird sie ein Stück größer
Mein Rotstift nervöser
Und tausendmal sag ich, damit sie dran denkt

Stopp. Warten. Erst rechts gucken. Dann links.

Letzte Woche gab ich ihr einen Rotstift
Als Erstes malte sie einen Kreis.

Niemand hat mir gesagt, dass das passiert
bevor ich entschied, ein Kind zu kriegen
Dass mein Kopf sich neu justiert
Meine Augen Strahlen schicken
Dass mein Leben ein einziger Test ist
Bei dem ich Gefahren umkringel
Und ich jede Sekunde Angst habe

dass ich eine nicht bannen
nicht abwenden kann

Und jetzt läuft sie ganz allein
und weiß, was sie nicht berühren darf
und zeigt mir die Schere
schüttelt bei Steckdosen den Kopf

Mein Leben ist ein Katastrophentest
Die Kreise werden langsam kleiner
Mein roter Stift hilft jetzt ihrem
und sie hilft meinem.

24. AUGUST
1 Jahr, 5 Monate

296 Ich will nicht mehr arbeiten. Ich meine nicht das Dichten, ich meine den Brotjob. Ich glaube, ich schaffe das nicht mehr alles auf einmal. Ich kriege mehr Anfragen für Auftritte und Workshops, als ich je zu träumen gewagt hätte, und die Kombination aus zwei Jobs und den Auftritten und den Elternpflichten macht mich langsam zum Zombie. Letzte Woche hat mich einer der anderen Autoren, der mich gebucht hatte, gebeten, für meinen Auftritt, der noch in derselben Woche war, ein neues Gedicht zu schreiben. Die Anfrage kam aus dem Nichts, er hatte zuerst kein Wort davon gesagt. Ich hätte nur noch zwei Tage dafür gehabt. Ich schnappte ein bisschen ein – «Ist das dein Ernst? Nein, kann ich nicht, tut mir leid.»

«Ach komm, Hollie», sagte er, «es ist ein bezahlter Auftritt, und du hast noch zwei Tage.» Ich blieb hart, «Nein, das schaffe ich nicht, tut mir leid.»

Ich war höflich. Er war stinkig. So viele Leute in diesem Bereich haben anscheinend weder Miete zu bezahlen noch ein Kind, noch einen Brotjob. Und keine Ahnung, wie viel ich in jeder Sekunde zu tun habe. Und ich kann sowieso keine Gedichte auf Bestellung schreiben. Konnte ich nie. Ich schreibe sie, wenn sie mir einfallen. In letzter Zeit gehen die meisten verloren, weil ich nichts aufschreiben kann, wenn ich durch den Park renne und rufe «Vorsicht, Brennnesseln!» oder «Pass auf die Schaukeln auf!»

Letzte Woche rief jemand von der BBC an, ich sollte ins Radio kommen, «Heute um vierzehn Uhr.» Spitzenvorlauf! Ich weiß, «so läuft der Laden» nun mal, aber wenn man ein Kind hat und arbeitet, ist es schlicht unmöglich. Oder auch, wenn man nur arbeitet. Und es nervt, weil es so eine tolle Chance gewesen wäre.

Aber nach dem Auftritt gestern Abend habe ich ernsthaft überlegt, meinen Job zu kündigen. Kate Tempest hat mich gefragt, ob ich vor ihrer Buchvorstellung lesen will. Kate Tempest im Old Vic in London. Sie ist ein Genie, und ich habe seit Monaten auf den Abend hingefiebert. Ich war so unendlich froh, dass sie mich gefragt hat. Dee und die Kleine waren mit nach London gekommen und spielten in der Garderobe. Ich stillte sie, bevor ich auf die Bühne ging. Das Theater war voll.

Ich las drei Gedichte. Alle hörten zu und klatschten und fanden es gut. Hoffentlich. Dreihundert Leute hörten sich meine Gedichte an. Auch wenn mir schlecht wurde vor Aufregung, war ich wahnsinnig dankbar. Danach las Kate ihre Texte vor, sie waren absolut brillant. Die Kleine rannte aus Versehen auf die Bühne und schlief dann in der Garderobe ein. Dee auch. Ich meine, er schlief ein. Auf die Bühne gerannt ist er nicht. Wir kamen kurz nach Mitternacht nach Hause.

Am nächsten Morgen stand ich um sechs auf und radelte um acht, noch ganz beduselt von der Nacht, zur Arbeit. Es gab eine Kuratoriumssitzung, und ich sollte zum ersten Mal dabei sein. Ich leite unsere Erziehungsabteilung schon ein Jahr, und jetzt kommen sie endlich auf die Idee «mich bei den Sitzungen einzubeziehen, um mich als vollwertiges Teammitglied zu würdigen». Es trudeln also alle ein, und mir wird etwas übel, wie immer, wenn sie eintrudeln. Sie lächeln mich an, höflich wie immer, und sagen mir, welche Teesorte sie wollen. Ich frage den letzten, ob er lieber Tee oder Kaffee trinken möchte, er antwortet «Ähh, Wasser?»

Als ich in die Küche gehe, um den Tee zu kochen, schließen die anderen die Bürotür und beginnen mit der Sitzung. Ich stehe in der winzigen Teeküche am Wasser-

kocher, und mir wird klar, dass sie vergessen haben, dass sie mich dazugebeten haben. Sie haben es einfach vergessen und wissen gar nicht – oder es interessiert sie nicht –, wie wichtig die Einladung für mich war. Ich überlege, nach Hause zu gehen. Ich schäme mich. Stattdessen mache ich den Tee und öffne mit rotem Kopf die Tür. «Oh, entschuldige, Hollie», lachen sie, «wir haben dich vergessen».

Das Leben ist so surreal. Letzte Nacht habe ich dreihundert Leuten Gedichte darüber vorgelesen, wie stolz ich als Frau und Mutter bin. Dann habe ich die großartigste Dichterin gesehen, wie sie vor allen ihr Herz ausschüttete. Nun bin ich wieder hier und koche Tee und lasse mir die Tür vor der Nase zuschlagen. Wenn ich etwas aufgebe, dann das hier. Ich weiß nur nicht, ob ich es mir leisten kann, auf ein regelmäßiges Einkommen zu verzichten. Und ich hasse den Job nicht, ich liebe das Team. Ich liebe die Arbeit. Nur nicht diese Sitzungen. Oder Teekochen für Leute, die denken, ich könnte nichts anderes. Oder die Tatsache, dass der Job von Geldgebern abhängt und ich jederzeit damit rechnen muss, vor die Tür gesetzt zu werden.

Ich versuche, an gestern Abend zu denken, an Kates Worte, die lachenden Zuschauer, während ich dasitze und einen Haufen «wichtiger» Leute anlächele, die mir zum fünfzigsten Mal sagen, ich solle für die nächste Projektbroschüre, wenn es geht, doch bitte nicht wieder Helvetica verwenden. Geht mir nicht auf den Sack. Trinkt euren Scheiß-Tee, denke ich. Und seid froh, dass ich mich so sehr für Schriften interessiere.

8

HERBST
EIN JAHR, SECHS MONATE
AUFBRECHEN

Hotelbetten
Computer können nicht küssen
Starke Hände

1. SEPTEMBER
1 Jahr, 5 Monate

19:00 Uhr

Es ist schön, wenn mich bei Kleinigkeiten das Gefühl berauscht, Großes geleistet zu haben. Die Pflaumen im Park sind reif, und jeden Abend nach dem Essen gehe ich jetzt mit der Kleinen rüber, und wir essen Pflaumen zum Nachtisch. Sie ist ein menschlicher Greifautomat. Gestern musste ich einen ziemlich hohen Baum raufklettern, um an die heranzukommen, die ich wollte. Ich ließ die Kleine unten auf dem von hohen Brennnesseln gesäumten Weg zurück und sagte: «Bleib da sitzen.» Und das tat sie auch. Ich holte die Pflaumen. Wir aßen sie. Sie hat sich nicht verbrannt. Meine Tochter ist still sitzen geblieben, als ich es ihr gesagt habe. Und ich fühle mich wie der absolute Chef!

Die Pflaumen sind jetzt ganz saftig. Ich habe mir dieses Google Maps für Obstbäume besorgt und eine ziemlich gute Route ausgetüftelt, die ich mit dem Rad abfahren kann. Sie führt an drei verschiedenen Pflaumenbäumen vorbei, aber auch an Bäumen mit Feigen, Birnen, Äpfeln und an wilden Erdbeeren.

Ich liebe alles, was gratis ist, ich glaube, daran sind meine Eltern schuld. Und in unserem Park gibt es grade Obst für drei Monate. Es ist überwältigend. Manchmal ist es langweilig, in einem kleinen Dorf zu wohnen, aber das Frei-Obst macht einiges wett. Jetzt, wo ich ein Kind habe, ist die Ruhe hier etwas Herrliches. Und beim kostenlosen Essen geht mir das Herz auf.

Wenn meine Oma aus Schottland früher zu Besuch kam, hatte sie immer die Taschen voller Zuckertütchen aus dem Zug. Ihre Begründung war, dass sie sonst weggeschmissen worden wären, schließlich «waren die ja schon auf meiner Untertasse». Natürlich waren die nur

da, weil sie acht Portionen Zucker bestellt hatte, um nachher die überschüssigen mitzunehmen.

Meine Oma hat meinem Vater so was wie ein Radar für Sommerfeste mit kostenlosem Tee und Gebäck vererbt. Wenn wir in Schottland sind, baut er immer fast einen Unfall, sobald er ein Straßenfest oder eine Parade sieht. «Nur mal eben gucken», sagt er und nimmt sofort den Kuchen ins Visier. «Selbstgemacht, Hollie – hau rein.»

Meine Großmutter ist aber noch etwas besser darin und außerdem die beste Reiseführerin, die man in Loch Lomond haben kann. Sie weiß genau, wann es in welchem Laden Häppchen oder Törtchen umsonst gibt und wann in welchen Kirchen Tee und Plätzchen.

Kostenloses Obst ist also gut. Vor allem jetzt, wo ich die Kleine von der Brust weglocken muss, die sie abends zuletzt noch gekriegt hat. Statt sie vorm Schlafengehen zu stillen, gehe ich mit ihr in den Park, und wir fressen umsonst Pflaumen – und Feigen – und ich tue, als besäße ich ein stattliches Anwesen mit Obstgarten.

Ich glaube, ich mache das nicht nur, um sie vollzustopfen, sondern auch, um mich von meiner Trauer darüber abzulenken, dass ich sie jetzt nicht mal mehr abends stille. Jetzt ist es vorbei. Für immer. Ich werde das nie mehr machen. Sie nie mehr stillen und langsam ins Land trunkener Träume abdriften sehen. Es ist seltsam jetzt mit all den neuen Freiheiten. Einerseits will ich die ganze Zeit rumlaufen und Freudensprünge machen – ich kann ausgehen! Ich kann Auftritte machen, ohne dass Dee oder meine Mutter ihre Ärsche durch die Weltgeschichte schleppen müssen, nur weil der Stilltermin mit meiner Lesung kollidiert. Ich muss kein schlechtes Gewissen mehr haben, weil ich es nicht geschafft habe abzupumpen.

Andererseits will ich grade jedes Mal, wenn ich sie ins Bettchen lege, in Tränen ausbrechen und die Pflaumen verfluchen und beten, dass sie gut und nahrhaft genug sind, um ihr System für den Ausfall meines Antikörper-Zaubertranks zu entschädigen. Ich habe schreckliche Angst, dass das Essen, das ich ihr gebe, nicht gut genug ist. Ich weiß nicht mal genau, warum ich aufhöre zu stillen. Ich glaube vor allem wegen des Drucks von den Leuten, die es «langsam etwas schräg» finden. Dee nicht. Er hat mich immer bei allem unterstützt. Aber fast alle anderen. Ich habe das Gefühl, ich bin eingeknickt, genau wie damals beim Bikini-Waxing, wo ich mir die Papierhose falsch rum angezogen und mich dann gewundert habe, dass sie so an meiner Möse festklebt. Meine Cousine Tracy hatte immerhin ihren Spaß. Das war das erste und letzte Waxing für mich. Kein Bock auf die Scheiß-Schmerzen. Da kaufe ich mir liebe größere Bikinihosen. Und ich hab auch keinen Bock auf euch, ihr Scheißpflaumen, auch wenn ihr umsonst und köstlich seid.

Egoistischerweise finde ich es auch scheiße, dass die Kleine nicht mehr mit zu den Auftritten kommen muss. Meine Mutter und Dee werden sich natürlich freuen, aber ich fand es schön, sie um mich zu haben. Die ganzen Reisen mit ihnen zu teilen, die M4 runterzubrettern, backstage zu stillen, zu hoffen, dass meine Brüste nicht tropfen und mein Top vor allen Leuten nass wird. Es ist schön, nicht alleine zu sein bei Auftritten, denn sonst ist es manchmal ein bisschen wie alleine ausgehen. Verlegen alleine dasitzen, auf die Bühne gehen, ein paar Gedichte vorlesen, dann weiter verlegen dasitzen. Manchmal verstecke ich mich in den Pausen auf der Toilette, weil ich nicht weiß, was ich mit den Leuten reden soll. Bei den Familienausflugsauftritten musste ich das nicht. Ab jetzt werde ich mich wieder in der Toilette verstecken müssen. Verdammt!

Die ganze Scheiße ist so emotionsgeladen. Gleichzeitig befreiend und beängstigend. Wenn ich noch ein zweites Kind wollte, wäre es vielleicht was anderes. Aber das will ich nicht. Nur ein Kind zu haben ist wunderschön, auch wenn mir die Leute erzählen, sie wird einsam sein und verzogen. Ich tue mein Bestes, dass beides nicht eintritt. Nur dieses eine. Und immer, wenn eine Erfahrung hinter mir liegt, denke ich jetzt – *Du wirst diese Erfahrung nie mehr machen.* Nie mehr. Ich werde sie nie mehr zum Einschlafen stillen.

Ich sehe ihr beim Schlafen zu, esse Pflaumen und heule. Heule, wie ich noch nie geheult habe. Dee kommt rein, und wir sitzen im Dunkeln und umarmen uns, bis ich aufhöre. Ich bin frei. Toll, ich bin frei.

20. SEPTEMBER
1 Jahr, 6 Monate

21:00 Uhr

Ich sitze im Park auf einer Bank und trinke Rosé aus einer Flasche mit Schraubverschluss. Die Kleine schläft (hoffentlich) zu Hause, zwei Minuten entfernt. Eine Freundin von uns passt auf sie auf.

Sie glaubt, ich gehe zu einer Veranstaltung. Stattdessen sitze ich tränenüberströmt alleine mit einer Flasche Wein auf einer Bank und hoffe, niemand kommt vorbei und fragt, was zur Hölle ich hier mache. Ich glaube, so viel habe ich nicht mehr geheult seit dem Tag, an dem der Junge, in den ich in der Schule verknallt war, auf einer Party nicht mit mir knutschen wollte. Ich trank eine halbe Flasche Wein und heulte, bis meine nassen Wangen aussahen wie ein gewelltes schwarzes Aquarell mit roten Flecken. Ich saß auf der Party im Badezimmer, und meine betrunkenen Freunde versuchten mich zu trösten. Am nächsten Morgen kam ich mir vor wie ein eine Idiotin, und morgen wird es mir bestimmt genauso gehen. Es ist nicht so tragisch, ich weiß. Ich habe eine wunderbare Familie und ein gesundes Kind, und ich schäme mich für jede Träne, aber ich kann nicht aufhören. Ich bemitleide mich hiermit offiziell selbst.

Heute war eine Poetry-Veranstaltung, wo ich eigentlich hinwollte. Bei uns im Theater. Eine einstündige Show, von einem Typen, der sich Polarbear nennt und den ich schon immer mal sehen wollte. Ich komm nicht oft raus, ich habe jahrelang ein Kind gestillt, und jetzt, wo ich damit aufgehört habe, war ich ganz aufgeregt, als ich sah, dass Polarbear ins Cambridge Junction kommt. Ich kann die Show sehen! Ich kann wirklich die Show sehen! Es kostet auch nur fünf Pfund. Volltreffer. Also fragte ich, wie es sich als Mutter gehört, um Erlaubnis. Weil Dee arbeiten musste, besorgte ich einen Babysitter. Ich machte die Kleine rechtzeitig fertig – brachte sie ins Bett – alles perfekt. Ich zog mich um. Trug Mascara auf und orange-rosa Lippenstift (die Farbe ist grade voll hip). Das erste Mal seit Ewigkeiten, dass ich mich so aufbrezele. Ich war rechtzeitig fertig, steckte Ohrringe an, ein sicheres Zeichen, dass was Aufregendes passiert, denn ich kann sie nur tragen, wenn keine kleinen Finger in der Nähe sind, die sie mir aus den Ohren bzw. die Ohren aus dem Kopf reißen können. Ich hatte alles erledigt, alles war perfekt. Ich sah auf die Uhr, aufgeregt. Ich würde alleine ausgehen! Kein Kind. Keine Mutterrolle. Die Show würde nur eine Stunde dauern, ich wollte eine halbe Stunde vorher da sein und schon mal was trinken. Und dann ruhig alleine, als Erwachsene, im Theater sitzen. Nicht in einem Spielparadies oder einem Park oder einer Krabbelgruppe, nein, in einem richtigen Theater für Erwachsene. Ich gehe zu einer Show und komme dann wieder. Ich habe mich in den letzten zwei Wochen richtig reingesteigert. ICH GEHE WOHIN! ICH WERDE OHRRINGE TRAGEN! ICH WERDE EIN GLAS WEIN TRINKEN! ICH HABE EINEN NEUEN LIPPENSTIFT!

Dann wurde es sieben. Niemand kam. Ich saß da, Mantel an, Tasche umgehängt, Ticket in der Seitentasche, Fünfer im Portemonnaie, und wippte mit dem Fuß. Um sieben wollte sie kommen.

Viertel nach sieben. Ich warte immer noch. Fange an, mir blöd vorzukommen. Ich hätte nicht so viel reinlegen sollen in diesen Abend. Aber ich habe eben schon sehr sehr sehr lange Zeit nichts nur für mich selbst getan.

Viertel vor acht. Der Lippenstift ist abgeleckt. Ich male ihn nach. Den Drink vorher kann ich schon mal vergessen. Aber macht nichts, schon etwas schade, aber es ist schließlich nur ein Drink.

Um zehn vor acht kommt sie endlich. «Entschuldigung, dass ich so spät bin. Viel Spaß!» «Vielen vielen Dank», sage ich. Und ich *bin* dankbar. Ich wünschte nur, sie wäre eine Dreiviertelstunde eher gekommen. Es waren eh nur zwei Stunden, aber es waren meine zwei Stunden. Jetzt sind es nur noch eineinviertel. Aber immer noch besser als nichts. Ich nehme meine Tasche, küss die Kleine in ihrem Bettchen und renne zur Tür raus. Ich rufe unterwegs im Theater an. «Ich habe eine Karte für Polarbear um acht. Aber ich werde mich zehn Minuten verspäten. Komme ich trotzdem noch rein, wenn ich ganz leise bin?»

«Es gibt keinen Nacheinlass, tut mir leid. Die Vorführung geht nur eine Stunde, wissen Sie?»

Ja. Ich weiß. Ich war ja pünktlich fertig. Es hat mir nur nichts genützt. Niemand hat Verständnis. Ich sage, ich werde beim Reinschleichen so leise sein wie eine Babymaus auf Daunendecken.

«Nein, das geht nicht. Tut mir wirklich leid.»

Jetzt sitze ich im Auto, schick angezogen und geschminkt, zu spät für einen Drink und auf dem Weg zu einer Veranstaltung, in die ich nicht reinkomme. Ich schaue die Tasche auf dem Beifahrersitz an, in der die fünf Pfund für mein Glas Wein sind. Ich stelle mir vor, wie ich nach Hause komme und sage: «Ich habe alles verpasst, du musst nicht babysitten, nie mehr, denn ich werde nie wieder ausgehen können, das wird mir jetzt klar. Es war dumm von mir, es überhaupt zu versuchen.» Voll übertrieben, klar. Und doch weine ich ein bisschen bei dem Gedanken, jetzt schon nach Hause zu gehen. Ich weiß, es ist kein Riesending. Ich weiß es wirklich. Aber keiner scheint zu begreifen, dass es für mich ein Riesending war, einfach alleine irgendwohin zu gehen und was zu machen, was ich gerne mache. Auch wenn es im weitesten Sinne beruflich ist.

Ich drehe um und fahr auf eine Tankstelle, um mir den verlaufenen Mascara ein bisschen abzuwischen. Ich kaufe eine Flasche Rosé und parke das Auto am Ende unserer Straße. Ich suche nach einem Ort, wo ich mich hinsetzen kann, und fühle mich wie früher zur Schulzeit, als man nach Brücken und Bänken suchte, um sich dort mit den Freunden abzuschießen, nachdem man irgendwie geschafft hatte, Alkohol zu kaufen. Ich glaube, damals auch schon an der Tankstelle. Ich habe dort nie was gekriegt. Ich sah wie zwölf aus, bis ich zwanzig war. Kathryn und Hannah waren fürs Kaufen zuständig. Aber ich war mit im Team.

Ich sitze auf der Bank. Im Dunkeln. Alleine. Fühle mich wie ein totaler Trottel und weine, trinke aus der Flasche, und denke daran, wie meine Freunde und ich sie früher haben kreisen lassen.

Ich weigere mich, nach Hause zu gehen, bevor meine Stunde um ist, teils, weil ich nicht will, teils, weil ich mich schäme. Ich komme mir blöd vor, weil ich mir noch Hoffnungen gemacht habe. Und fühle mich schuldig, weil ich alleine sein wollte. Und meiner Mutterrolle entkommen. Weg von dem wunderbaren kleinen Kind. Ich stelle mir vor, wie sie schläft und nichts ahnt von ihrer doofen Mutter mit ihrem Lippenstift, und ich weine noch ein wenig und nehme noch ein paar Schlucke.

Es ist jetzt neun. Die Show ist vorbei. Ich gehe zum Auto und prüfe mein Gesicht im Spiegel. Ich schminke noch mal nach, damit ich möglichst so aussehe wie beim Losgehen. Ich warte noch fünf Minuten, bis meine Wangen nicht mehr ganz so rot sind, und schmeiße den restlichen Wein mitsamt Flasche in die Mülltonne.

Ich komme in die Wohnung.

«Danke» sage ich. «Kamst du gut klar mit ihr?»

«Ja, sie hat sich keinen Zentimeter bewegt. Wie war die Show?»

«Gut», sage ich. Es war bestimmt gut. Polarbear ist immer gut. Ich bedanke mich noch mal, dann geht sie. Ich gehe ins Kinderzimmer und gebe der Kleinen einen Kuss und entschuldige mich für meine Dummheit. Ich sitze auf dem Sofa, schaue mir wieder *A Place in the Sun* an, fühle mich wie eine verwöhnte Heulsuse und schwöre mir, dass ich nie wieder versuchen werde auszugehen. Ich denke an meine Schulfreunde. Ich wünschte, sie wohnten mehr in der Nähe. Ich vermisse meine Freunde sehr.

2. OKTOBER
1 Jahr, 6 Monate

 10:00 Uhr

Seit ich Mutter bin, habe ich permanent ein schlechtes Gewissen. Heute Morgen fühlte ich mich schon beim Aufwachen schuldig. Ich war eine Nacht weg von zu Hause. Eine Nacht. Ich fühle mich frei und schuldig. Frei, frei und schuldig! Schuldig, weil ich das Gefühl der Hotelbettdecken auf der Haut liebe und die zerknautschten Kissen und den Schlaf. Schuldig, weil eine Freundin, bevor ich losfuhr, meinte: «Das schaffst du niemals. Ich könnte es nicht aushalten, mein Kind eine Nacht alleine zu lassen, ich müsste zurück nach Hause kommen.»

Aber … so geht's mir gar nicht. Ich glaube, es gefällt mir. Ich glaube sogar, ich wäre am liebsten noch öfter weg. Damit Dee auch mal richtig Zeit mit ihr verbringen kann – einen Tag, eine Nacht und noch ein Tag – ohne dass ich dabei bin. Und wenn ich zurückkomme, freut sie sich umso mehr. Das klingt jetzt, als würde ich das nur sagen, um mich wieder verdrücken zu können, aber das stimmt nicht. Ich habe vorher nie darüber nachgedacht. Dass er niemals einen Tag und eine Nacht und einen Tag mit ihr allein hatte. Das ist eine wichtige Erfahrung. Und es fühlt sich saugut an, mal richtig auszuschlafen. Und die gestärkten weißen Betttücher. Gestärkte, bestickte weiße Betttücher, verdammte Scheiße! Jemand sagte, ich würde sowieso nachts dauernd aufwachen, weil ich das jetzt so gewohnt bin. Null. Solange ich weiß, dass es ihr gutgeht, kann ich schlafen. Und sie fühlt sich wohl bei ihrem Vater. Ich habe geschlafen wie ein Stein. Ich fühle mich schuldig deswegen. Und fürs Ausschlafen. Mit Worten kann man das nicht beschreiben.

Hotelbetten 313

Die erste Nacht ganz ohne sie
Ich konnte am Anfang nicht schlafen
Ich machte meine Fotos auf
Und küsste voll Sehnsucht mein Telefon
Die müden Augen fallen mir zu
Du verschwimmst, ich denke an dich, und dann
versuche ich zu denken, dass er und du
Zusammen im Bett liegt, Arm in Arm
Dass ihr beiden sicher seid
Und euch die Zeit guttut zu zweit
Ich hab zum ersten Mal seit zwei Jahren
Sieben Stunden am Stück geschlafen
Wachte auf ohne Schmerzen in Augen und Stirn
Und ohne Halbschlaf im Gehirn
Kein Hin und Her und kein Gestöhn
Ich geh schon, Dee
Nein, ist gut
Ich kann gehen
Keine Kinderhand, die mich
Ungeduldig ins Gesicht sticht
Doch ich muss sagen, trotz der schweren
Mängel und Entbehrungen:
Ich hab verdammt gut geschlafen heut Nacht

Aber heut Morgen warst du nicht da
Ich hab wunderbar durchgeschlafen heut Nacht
Aber heut Morgen warst du nicht da
Die High Five im Gesicht fehlten mir nicht
Mir fehlte die, die sie mir gibt
Mir fehlte der Mann, der neben mir liegt
Und mich mit verschlafenem Grinsen ansieht

Wenn du hochkletterst, alle drei wach
Ich vermisse dein Lächeln
Ich vermisse dein Quengeln
Aber ich hab heut Nacht verdammt gut geschlafen!
In den frischen weißen Laken
Ich hab heute Nacht gut geschlafen.

2. OKTOBER

1 Jahr, 6 Monate

17:00 Uhr

Computer können nicht küssen

Ich kann Kinder lachen hören
Wie sehr ich meins vermisse!

Gestern Nacht hab ich ihr über Skype vorgelesen
Doch Computer können nicht küssen

Ich berührte den Bildschirm mit meinen Lippen
Ich kann ihre Haut nicht vergessen

Ich hab ihr letzte Nacht
Über Skype vorgelesen
Doch Computer können nicht küssen.

4. OKTOBER
Fast 1 Jahr, 6 Monate

Seit ich weg war, bin ich nachdenklich geworden. Vor allem, weil es mir so gut gefallen hat. Ich habe die beiden vermisst. Aber. Es. War. Großartig. Es war großartig, alleine zu sein. Und zu weit weg, um mich wegen der Kleinen verrückt zu machen. Ich konnte sie nicht hören, also musste ich auch nicht die ganze Nacht die Ohren spitzen. Es war ein himmlisches Gefühl, und mir wird jetzt erst richtig bewusst, dass ich seit ihrer Geburt nicht mehr vernünftig geschlafen habe. Ich bin immer in Alarmbereitschaft, immer, selbst wenn ich schlafe. Beim kleinsten Geräusch werde ich wach.

Als ich zurückkam, meinte Dee lustigerweise, er wäre viel öfter aufgewacht als sonst. Er wacht eigentlich nicht so leicht auf. Das hat mich immer ein bisschen geärgert. Ich bin beim kleinsten Scheißgeräusch aufgewacht, und er lag ruhig da und schnarchte, als wäre nichts geschehen. Manchmal hätte ich ihm eine scheuern können. Andererseits war ich natürlich froh, dass er, wenn der Wecker klingelte, nicht ganz so müde war wie ich. Bringt ja auch nichts, wenn beide nachts wach und tagsüber am Ende sind. Ich dachte bisher, Männer und Frauen reagieren da biologisch bedingt unterschiedlich. Jetzt glaube ich eher, er kann sich einfach entspannen, wenn er weiß, dass ich da bin, und wenn nicht, wacht er genauso oft auf.

Und seit ich weg war, weiß ich, dass es gut ist, mal weg

zu sein. Es ist toll, einen Partner zu haben, den man ohne Bedenken alleine lassen kann. Das kommt natürlich nicht von ungefähr: Wir haben sie beide abwechselnd ins Bett gebracht, morgens angezogen, sind beide mit zur Krabbelgruppe gegangen. Je mehr man teilt, desto eher kann man später auch mal zwischendurch «abhauen». Es gibt so viele Leute, die das nicht können. Nicht nur Alleinerziehende, sondern Mütter (zumindest meistens Mütter), die ihren Partner niemals mit dem Kind alleine lassen, weil er nicht gelernt hat, darauf aufzupassen. Manchmal denke ich, es liegt am Mann, weil er ein faules Stück ist. Manchmal denke ich, es liegt an der überbesorgten Frau, die den Mann davon abhält, genug Zeit mit dem Kind zu verbringen, um auch alleine mit ihm zurechtzukommen.

Manchmal denke ich auch, beide Theorien sind falsch, und die Sache ist viel komplizierter. Mein Vater will immer noch nicht alleine mit der Kleinen sein. Viele Männer, die ich kenne, passen grundsätzlich nicht alleine auf Kinder auf, auch nicht auf ihre eigenen. Ich weiß nicht, wer an dieser Situation schuld ist. Ich weiß nur, dass ich zum Glück nicht drinstecke. Ich weiß, dass es für Dee o.k. ist, dass es für die Kleine o.k. ist, dass alles o.k. ist, wenn ich für eine Nacht nicht da bin und auftrete und in einem frisch bezogenen weißen, weichen Bett schlafe – das ist wirklich ein Segen.

Ich habe das Gefühl, ich muss mich entscheiden, ob ich von hier aus einen Schritt nach vorne oder einen zurückgehe. Ich gehe einen nach vorne. Es muss drin sein. Es ist befreiend, zu wissen, dass ich nicht – und zwar ehrlich und aufrichtig nicht – jeden Tag rund um die Uhr gebraucht werde. Dass es wirklich o.k. ist, wenn ich ab und zu weg bin. Ich versuche, mich selbst zu überzeugen. Niemand wird explodieren. Auch nicht das Kind. Ich glaube, Dee weiß das schon lange. Aber wegen meiner Schuldgefühle habe ich es ihm nicht abgenommen.

10. OKTOBER
1 Jahr, 7 Monate

1:00 Uhr

Gestern war der surrealste Tag meines Lebens. Düster, trostlos, trist und erbärmlich. Ich hatte fünf Tage lang an einer Show fürs Battersea Arts Centre mitarbeiten sollen, bin aber schon nach einem Tag zurück, weil die Kleine krank war. Sie hat das ganze Zimmer, in dem ich gearbeitet habe, vollgekotzt. Dee war mit nach London gekommen, um die fünf Tage auf sie aufzupassen, aber die ganze Zeit mit einem kranken Kind im Theater rumzusitzen schien dann doch keine so gute Idee. Das konnte ich beiden nicht zumuten. Also fuhren wir wieder nach Hause. Umso enttäuschender, als das Theater der tollste, elternfreundlichste Ort ist, an dem ich je arbeiten durfte. Nach all den Gelegenheiten, die ich auslassen musste, nur weil sie in dieser Artsy-Poetry-Welt nicht mit meiner Elternschaft zu vereinbaren waren, hatte ich das Battersea Arts Centre gefunden, und es war für mich wie die Szene in den *Goonies*, wo sie endlich auf das Piratenschiff mit dem einäugigen Willi treffen. Ich glaube, so hieß er. Was für ein Spitzenfilm. Sie haben nicht nur ein Café mit Spielbereich, sodass ich wirklich arbeiten kann, während meine Tochter in ihrem kleinen Himmelreich Krawall macht – sie haben Schlafzimmer, die wir benutzen können, Leute von der Produktion, die helfen, und extra Arbeitszimmer. Es ist echt ein Traum.

Aber es half nichts, wir mussten fahren. Und schon in Bow, im Osten von London, blieb das Auto liegen. Während die Kleine sich am Straßenrand erbrach, rief Dee in der Werkstatt an. Beim Telefonieren nahm er die Radkappe ab und machte die Motorhaube auf. Ich weiß nicht, warum die ihm gesagt haben, dass er das machen soll, auf jeden Fall fing er sofort an zu schreien und hielt sich die Hand und den Kopf, weil er sich am heißen Dampf verbrannt hat. Er hatte noch ein Scheißglück, dass er nichts in die Augen oder die Nase oder den Mund bekommen hat und dass es nicht noch schlimmer war. Ich rief den Krankenwagen und die Pannenhilfe an und lief los, um irgendwo einen Eisbeutel aufzutreiben. Dabei hatte ich die Kleine auf den Schultern und musste dauernd Kotzpausen einlegen. Als ich zurückkam, war der Krankenwagen schon da, und Dee bekam Cold Packs und Verbände für Stirn und Hand. Gott segne den NHS. Dee sah aus wie nach einer üblen Schlägerei. Ich komm langsam wieder etwas runter. Die Kleine sitzt auf dem Bordstein und spielt mit einem Stock.

Der Pannendienst kommt und schleppt uns ab, aber als wir schon beim McDonald's auf der A406 sind, merken sie, dass sie nicht den richtigen Wagen haben, um uns bis nach Hause zu bringen. Sie sagen, wir müssen zwei Stunden warten. O.k., was soll's, wir sind froh, dass wir überhaupt abgeschleppt werden. Also gingen wir zu McDonald's. Um neun Uhr abends. Mit Dee, der aussah, als wäre er zusammengeschlagen worden. Ich bestellte Pommes, weil wir seit Stunden nichts gegessen hatten. Plötzlich kotzte die Kleine die Theke voll, von oben bis unten. Ich rannte mit ihr auf die Toilette, entschuldigte mich beim Personal und bat um Taschentücher und einen Wischmopp. Ich

roch nach Erbrochenem, und wir sahen aus wie die finsterste Familie aller Zeiten, ein versehrter Schläger und ein kotzendes Kleinkind, die mitten in einer kalten dunklen Nacht Fritten essen gehen. In dem Moment schloss ich einen Pakt mit mir selbst. Nie mehr würde ich irgendwen für irgendwas verurteilen. Nie in meinem Leben habe ich hilfsbereitere Menschen getroffen als die McDonald's-Mitarbeiter. Ich würde sie am liebsten alle küssen. Aber da
ich nach Kotze und Babytränen rieche, lasse ich es lieber.

Um elf kam der Abschleppwagen. Der Fahrer war ein Mann mittleren Alters, der vor acht Jahren nach England gekommen war und jetzt kurz vor seiner Einbürgerung stand. Er war sehr freundlich, aber irgendwann erklärt er uns, das einzige Problem in England sei, dass «wir zu tolerant gegenüber Ausländern» sind.

«Es muss strengere Einwanderungsgesetze geben», sagte er und erzählte dann von einem reichen (britischen) «Inder», den er mal abschleppen musste, der sich seinen Mercedes angeblich vom Kindergeld gekauft hat. Oje. Na klar, ganz sicher. Wir diskutierten darüber, aber es ist ziemlich schwer, mit jemandem ein Streitgespräch zu führen, wenn er für dich und dein krankes Kind die einzige Möglichkeit darstellt, nach Hause zu kommen.

Dee hatte um 12 einen Auftritt und bestand darauf, hinzufahren. Der Fahrer setzte ihn beim Club ab. Dann, als Dee raus war, drehte er sich zu mir um (ich allein, um Mitternacht, in einem riesigen Abschleppwagen, ein krankes, schlafendes Kind im Arm) und sagte:

«Wolltest du immer schon einen schwarzen Mann»?

Perfektes Ende eines perfekten Tages. Ich liebe diese Frage. Hatte ich schon lange nicht mehr. Ich lächelte. «Nein.»

Er versteht meine Antwort nicht.

«Warum hast du dir dann keinen Weißen gesucht, wenn du keinen Schwarzen willst?»

Es war viel zu spät für so was. Ich war zu müde, um in einem Abschleppwagen festzusitzen mit einem Rassisten, mit dem ich mich nicht anlegen konnte, weil er kräftig war und ich klein und schwach und allein mit Baby, und weil ich ohne ihn nicht nach Hause kommen würde.

«Es hatte nichts damit zu tun. Ich wollte ihn, weil wir uns gut verstanden haben. Wir schreiben beide. Wir haben uns getroffen und angefangen, uns gegenseitig unsere Geschichten vorzulesen. So kamen wir zusammen. Weil wir uns gut verstanden haben.»

Das will der Mann nicht hören.

«Und was sagt deine Familie dazu, dass du mit einem Schwarzen zusammen bist?»

«Die sind nur froh, dass es kein Engländer ist. Sie kommen aus Schottland und hassen Engländer.»

«Oh, o.k.», sagt er.

«War nur ein Witz», sage ich. «Er *ist* Engländer, und meine Familie mag ihn.»

Er hörte die ganze Fahrt nicht mehr auf. Interessant, dass er diese Unterhaltung nicht geführt hat, als Dee noch im Auto war. Schwach.

Dann fing er von unserem Kind an, wie «verunsichert» unser Kind sein würde. Das war zu viel.

Morgen schreibe ich an die Pannenhilfe. Jetzt will ich nur noch eine heiße Tasse Tee, die Arme frei haben und eine Dusche.

Starke Hände

Hast du immer schon auf schwarze Männer
gestanden?
Wolltest du immer einen schwarzen Mann?
Fandest du schwarze Haut immer schon anziehend?

Nein, fand ich nicht

Aber *ihn*.

Einen Mann. Mit einem Namen
der lächelte, als wir uns sahen
und über seinen Lehrerjob redeten
ich trug Fußballsocken, als wir uns begegneten
und schlammige Schuh'
und er winkte mir zu
und das Gespräch lief wie von alleine
und wir fanden raus
dass wir beide gerne schreiben
dass wir beide DIN-A4-Hefte benutzen
und spätnachts noch Seite um Seite bekritzeln.

Meine letzten Freunde waren alle weiß
Niemand fragte nach ihrer Hautfarbe
und ob alle Männer, mit denen ich ausgehe
so ähnlich aussehen

Hast du immer schon auf weiße Männer gestanden?
Wolltest du immer einen weißen Mann?
Hast du immer auf helle Haut gestanden?
Das hat mich nie jemand gefragt.

Und als mein Bauch in Liebe schwoll
Und ich mich ein halbes Jahr übergab
da war er verdammt noch mal
ein Engel mit Baseballkappe
Er füllte fieberhaft Eis in die Schalen
versuchte mir jeden Wunsch zu erfüllen
und sang Lieder für tretende Glieder
 Das Baby in mir hörte froh jeden Laut
Aber du
fragst nur nach der Haut

Nicht
Hast du immer auf freundliche Männer gestanden?
Wolltest du immer die Art von Mann
der seinem ungeborenen Kind vorliest
und als Elfe in Strumpfhosen tanzt
Zur Aufmunterung, wenn mir schlecht ist
und mir die Haare aus dem Gesicht hält?

Nur
Mochtest du sie immer schon schwarz?
Nur,
Du mochtest sie immer schon schwarz!

Und als das Baby da war, ging's:
Wolltest du immer ein Mischlingskind?
Ein karamellfarbenes, lockiges Kind?
Das war wirklich ihr Ernst
Nicht: ein gesundes Kind, ein glückliches Kind
oder ein Kind, das sein Vater öfter wickelt als ich.

Denn Hautfarben öffnen Schubladen
in die du gesteckt wirst

Persönlichkeit zweitrangig, wenn sie fragen
– exotisierend
– interessiert
– Warum ich mir einen schwarzen Typen zulege?
Als hätt' ich nur *diese* Entscheidung getroffen
Und warum er sich ein weißes Mädchen aussucht
als wären mein Geist und mein Hirn nicht vorhanden
Wenn sie sagen, wie schön unser Kind aussieht
dadurch, dass wir unsere Rassen gemischt haben

«Genau richtig der Farbton»
wird mir erzählt
«Nicht zu dunkel, nicht zu hell»

Nicht zu hell? Meinst du, wie ich?
Rötlich, sommersprossig, schottisch?
Nicht zu dunkel? Meinst du, wie er?
Meinst du sein Braun, der Grund dafür
dass Polizisten ihn schikanieren
und Grenzbeamte, jedes Mal
wenn wir in andere Länder fahren?
Als ginge es um Mode oder Einrichtung
Als wäre uns der Farbton des Gesichts
unseres Babys wichtiger
als Gesundheit
und Liebe
und Herzschlag

Der Kampf ist kaum zu gewinnen
Manchmal sag ich einfach ja,
seit mein Geschlechtstrieb erwacht ist
bin ich auch der Suche

nach einem braunhäutigen Mann
In meinen Teenagerjahren
verfolgte ich Tag und Nacht nur den Plan
einen Schwarzen zu finden, der mit einer weißen
Tussi was anfangen will

So gehe ich seufzend weg

Pigmente pflastern meinen Weg
In meinem Gesicht ein kalter Nachtwind
seh' ich den Abschleppwagen entschwinden

Am nächsten Tag seh' ich
ihre schönen Gesichter
Vater und Tochter albern herum
Und wie sie sich anschauen!
Sie klettert auf den nächsten Ast
von unserem Lieblingsbaum
Er sieht zu, ein Nervenwrack
Die ganze Zeit drauf gefasst
sie fangen zu müssen
und dann zu küssen

Sir, ich sag Ihnen jetzt die Wahrheit
So jemand wollte ich die ganze Zeit

Ich wollte immer mit wem zusammen sein,
der sich mit seinen starken Händen
unter einen Baum stellt
falls seine Tochter runterfällt.

9

WINTER
EIN JAHR, ACHT MONATE
AUSTRALIEN
UND GROSSMÜTTER

Ein paar Gedanken
zur Schönheitsindustrie
Farben
Engel
Großelternliebe
Poesie
Weihnachtswerbung
Dein Gesicht
Hinter den Kulissen
Wie war noch mal dein Name?

1. NOVEMBER
1 Jahr, 7 Monate

4:00 Uhr (Sydneyer Zeit)

Ich würde gerne die Füße all derer küssen, die mich darin bestärkt haben, weiter zu stillen. Dee. Dee's Oma – Ionie. Mum. Die Kleine. Befreundete Eltern in der Krabbelgruppe.

Danke.

Danke.

Danke.

Ich liebe euch.

Wir haben den Flug nach Australien schon vor über einem Jahr gebucht, und als ich einer der Mütter in der Gruppe davon erzählte, sagte sie: «Dann versuch auf jeden Fall, bis dahin noch zu stillen. Auf Langstreckenflügen ist Stillen immer ein guter Trick.»

Sie hatte so was von recht.

Komischerweise habe ich den Flug aber auch immer als Ausrede dafür benutzt, immer noch zu stillen, weil ich mich deshalb wieder ein bisschen schäme. Ein kleines Baby zu stillen ist eine Sache, aber schon nach sechs Monaten wuchs von außen der Druck aufzuhören.

Warum stillst du sie noch, wenn sie schon normal essen kann?

Warum stillst du sie noch, obwohl sie schon spricht?

Warum …?

Warum …?

Neugieriges Pack.

Warum …?

Die erste Frage in der Liste kam am häufigsten. *Aber wenn sie schon normal essen kann … warum?* Und auch als sie schon anderthalb war, dachten viele noch, dass ich ihr ausschließlich Muttermilch gebe. Es ist wirklich bizarr, wie wenig man in unserer Gesellschaft über diese Sachen weiß. Und doch trauen wir uns alle zu, Ratschläge zu geben – oder besser: Urteile zu fällen – in Bereichen, von denen wir einen Scheißdreck verstehen.

Also habe ich sie in den letzten sechs Monaten immer morgens um fünf gestillt, was für mich heißt, dass ich zwei Stunden Schlaf dranhängen muss. Aber in der Öffentlichkeit stille ich schon länger nicht mehr. Und ich habe aufgehört, ehrlich zu sein, was das Stillen angeht. Ich habe mir angewöhnt, Sachen zu sagen wie «Ach vielleicht stille ich noch bis zur Australienreise, weil es so praktisch ist für den Flug.» Der Druck war einfach zu groß. Ich frage mich, warum jeder Arsch meint, er müsste sich da einmischen.

Warum stillst du sie noch?

Warum gibst du ihr keine Folgemilch?

Ist das nicht komisch, wenn sie schon spricht?

Kommt sie zu dir und fragt, ob sie … na, du weißt schon!?

Oh Gott, sagt sie dann «Busen»?

Ist das nicht seltsam?

Ich will ehrlich sein. Ich finde es saumäßig seltsam! Ich finde es seltsam, ein Kind zu stillen, das sprechen kann. Und laufen. Aber ich glaube, ich finde es nur so seltsam, weil ihr mich alle die ganze Zeit bearbeitet und mir *erzählt*, wie seltsam es ist. Und ich komme mir vor wie der letzte Dreck deswegen. Auch wenn es eigentlich kein Problem gibt. Dabei müsste ich, wenn ich abstillen würde, plötzlich

Geld für Milchpulver rausschmeißen, statt ihr einfach weiterhin meine eigene gottverdammte Gratismilch zu geben.

Mir wäre am liebsten, die Leute würden sich überhaupt nicht mehr mit diesem Thema beschäftigen. Ich sehe das Problem nicht. Regt euch doch über was anderes auf, nicht über was, das niemandem schadet und nichts mit euch zu tun hat. Ich will hier keine Stellung beziehen. Ich bin nicht gegen Fläschchen. Ich mache das auch nicht, weil es mir den Kick gibt. Ich stille mein Kind und spare jede Menge Geld. Weil ich es kann und weil es gut sein soll und weil ich keine Schwierigkeiten damit habe. Außer der, dass es mir jetzt total komisch vorkommt.

Wenn Leute davon anfangen oder dumme Witze machen, würde ich am liebsten ihren Kopf in beide Hände nehmen und sagen: «Wie wäre es, wenn du dich mal mit echten Problemen beschäftigst?»

Wenn du mich zum Beispiel fragst:

Warum stillst du noch, Hollie?, sage ich: «Warum werden manche Kinder so schlimm gemobbt, dass sie sich umbringen? Sollte man nicht lieber darüber nachdenken?»

Ist das nicht ein bisschen eigenartig, Hollie? Ich sage: «Nicht so eigenartig wie die Tatsache, dass eine winzige Minderheit den Großteil des Reichtums besitzt, während die halbe Welt hungert. Warum zerbrichst du dir nicht darüber den Kopf?

Wann hörst du denn auf? Ich sage: «Gewalt gegen Minderheiten. Wann hört die auf?»

Es gibt viele gute Gründe, sich Sorgen zu machen. Ein Kleinkind, das die Brust kriegt, gehört nicht dazu. Hört auf zu urteilen. Hört auf, euch darüber Gedanken zu machen, dass ein Kind gestillt wird. Ihr verschwendet nur eure Energie – und meine.

Ich hatte schon Angst vor dem Flug, nur weil ich IN DER ÖFFENTLICHKEIT stillen würde und mein Kind reden kann und beides zusammen in dieser kranken Welt Kopfschütteln auslöst. Aber alles war gut. Geradezu magisch. Es war, als hätte ich einen brustförmigen Zauber-

stab. Hunger, Ohrenschmerzen, Unruhe, Schlafentzug und Geschrei waren wie weggeblasen, sobald der lustige Nippel erschien.

Der Flug verlief ungefähr so:

Start –

Die Kleine hat Druck auf den Ohren

Busen

Fall erledigt

Sie ist müde und weint

Busen

Sie schläft ein

Sie wacht zu früh auf

Weint

Ein paar wütende Blicke ringsum

Busen

Sie schläft wieder ein

Dann, als sie Hunger bekam, als grade kein Essen ausgeteilt wurde und alle schliefen und ich das Personal nicht belästigen wollte:

Sie weint

Busen

Sie trinkt
Hört auf zu weinen
Schläft

Turbulenzen
Brüllen
Busen
Brüllen vorbei 333

Und so weiter.

Versteht mich nicht falsch, ich bin auch viel den Gang auf und ab gelaufen und habe mehr Strohhalmtiere produziert, als ich für menschenmöglich gehalten hätte. Aber der Flug war angenehm. Und das teilweise bzw. größtenteils dank meiner Brüste. Und weil Dee es irgendwie geschafft hat, uns in den Dachswimmingpool am Singapurer Flughafen zu mogeln.

Also haltet die Fresse, Leute. Kümmert euch um die richtigen Probleme und lasst mich in Frieden. Vielleicht funktioniert das bei anderen Leuten ja sogar auch, dass ich ihnen einfach meinen Busen in den Mund stecke. Vielleicht versuche ich es das nächste Mal, wenn jemand aggro wird. ’tschuldigung, was hast du gesagt? Oh, du hast meine Brust im Mund und kannst nicht sprechen?

2. NOVEMBER
1 Jahr, 7 Monate

15:00 Uhr

Der erste Morgen hier war Jetlag-geprägt. Ein bisschen wie Kater, aber mit Kind ist es *echt hart.* Die Kleine war um zwei Uhr nachts hellwach und wollte Action. Man hat uns noch mit einer anderen Frau zusammengesteckt, die wollten wir nicht wecken. Also zog Dee sich an und ging mit der Kleinen zwei Stunden lang in einen Park. Von zwei bis vier. Mit Taschenlampe. Spielen im Dunkeln. Bevor er rausging, meinte er, er hätte Angst, dass ihn jemand sehen könnte. Oder verhaften. Als ich aufwachte, konnte er von nichts anderem reden als von Joggern. Oder besser gesagt Joggerinnen. «Überall, Hollie, überall.»

Wo ich wohne, steht niemand um vier auf, außer zum Arbeiten. Hier, am wunderschönen Bronte Beach, gibt es ganze Schwärme früher Vögel. Und alle, die ich bisher gesehen habe, waren Frauen. Und alle trugen offenbar Elasthan und rannten Steintreppen hoch und runter und sandige Pfade entlang und wurden von riesigen, muskulösen Männern angeschrien.

Auf dem Weg zum nächsten Café sind die Wände von oben bis unten mit Werbung tapeziert. Viele mit Fitnessbezug. Open-Air-Fitnesstraining. Fast nur Frauen auf den Plakaten. Viele Mittel und Wege, sich «in Form» zu bringen, oder «wieder in Form», wenn Mütter die Zielgruppe sind. Und davon gibt's hier einige.

Ich komme mir irgendwie unfit vor, wenn ich die Leute hier alle dauernd joggen sehe. Aber so schlimm, dass ich mich ihnen anschließen will, ist es dann doch noch nicht. Vor allem nicht, wenn mich ein Mann anbrüllt, der offenbar schon außer sich gerät, wenn jemand «KEINE ANSTÄNDIGEN» Sit-ups macht. Da bin ich eigentlich sogar froh, dass ich nichts damit zu schaffen habe.

Eine Zeitlang habe ich mir Gedanken um meinen Kör-
per gemacht, habe mir vorgenommen, auch so eisern zu trainieren, meist, nachdem ich irgendwelche superfitten Leute im Fernsehen gesehen oder Artikel in Hochglanzmagazinen gelesen hatte. Aber wenn ich die Frauen sehe, die um fünf schon durch die Gegend laufen, Kniebeugen machen, bei Sonnenaufgang um ihr Leben schwitzen, und ihr Trainer steht als strahlendes Sinnbild militärischer Zucht daneben, dann weiß ich, für mich ist das absolut nichts. Da schlafe ich lieber oder lese ein Buch. Oder mache ein paar Übungen, ohne mich bespucken zu lassen. Aber jeder, wie er will.

Als ich diese Frauen zum ersten Mal sah, war mein erster Impuls, sie anzuschreien: «Was macht ihr denn da, verdammte Scheiße? Geht schlafen! Macht was Schönes!» Aber dann dachte ich, wie anmaßend von mir! Vielleicht *wollen* sie ja wirklich unbedingt rumrennen und Kniebeugen machen, bis ihnen die Tränen kommen. Vielleicht ist das ja was ganz Schönes für sie. An der frischen Luft sein, fit sein. Ich meine, es sieht nach Schmerzen aus, aber darauf stehen ja auch einige. Auf Schmerzen. Den Körper an seine Grenzen zu treiben.

Ich *möchte* das glauben. Und doch werde ich das Gefühl nicht los, dass zumindest bei einigen der Druck mitspielt, ihren pränatalen Körper wiederzukriegen. Sogar noch mehr als in England, wo die Gelegenheiten für Strandspaziergänge im Bikini deutlich seltener sind.

Zum ersten Mal in meinem Leben bin ich froh, nicht in einem heißen Land zu leben. Ich meine, nicht *richtig* heiß. Nicht die meiste Zeit. Ein bisschen wärmer könnte es schon gerne sein. Aber mit einem knapp zwei Jahre alten Kind ist es schon gut so. In einem kalten Land denkt man nicht viel an Bikinis. Hier am Strand von Sydney kommt für die Mütter zum normalen medialen Körperwahn noch die ortstypische Bikini- und Surfkultur dazu. Das ist bestimmt ganz schön anstrengend.

Ich finde es furchtbar, Bikini zu tragen, zumindest hier. Was dumm ist. Ich muss echt mal locker werden. Sollen doch alle machen, was sie wollen. Solange sie es wirklich wollen.

Ein paar Gedanken zur Schönheitsindustrie

Ich weiß, du denkst, ich bin hässlich
Jeden Tag erzählst du es mir
Du sagst, mit meiner rauen Gesichtshaut
kann ich mich nicht präsentieren
Und du sagst, ich muss meinen Teint
Mit Creme und Schminke kaschieren

Du sagst, dass meine Lippen
zu spröde und dünn sind zum Küssen
Du sagst, dass meine Lachfalten
Aufgespritzt werden müssen
Du sagst, dass meine breiten Hüften
niemand umarmen mag

Und ich weiß, zu meiner Mutter
hast du das Gleiche gesagt

Du sagst, man müsste unsere Brüste
Mit Skalpellen und Messern straffen
Und auch unsere Hälse und unsere Gesichter
sollten wir liften lassen

Ich weiß, du denkst, wir sind hässlich
Du sagst es uns jeden Tag
Unsere Haut, unsere Formen sind falsch
weil der Zahn der Zeit an uns nagt

Du sagst, «da muss man was machen»
jetzt, wo ich aussehe wie eine Frau
Aber wag es und sag das zu meinem Kind
Dann werde ich dich höchstpersönlich verhauen.

4. NOVEMBER
1 Jahr, 8 Monate

338 **Farben**

Manchmal glaube ich
die Menschen haben
nie die Farbe
Grün gesehen.

Niemals Blau
und Gelb gemischt
Sich nie gedacht, wie schön es ist
mehr als drei
Farben
zu haben
auf der Welt, nicht

nur
Gelb, Blau und Rot

Manchmal glaube ich
die Menschen haben
noch nie einem Pinsel
die Borsten gebogen
nie Türkis gesehen
oder Indigo

Nie Violett, Orange
oder irgendeinen Braunton

nur
Gelb, Blau und Rot

Ich denke oft an die Worte
von Alice Walker
Stell dir vor
wie hier die Gärten
die Strände
der Klippenausblick
das Seegras zwischen
deinen Zehen
schienen
Wenn wir die Dinge
niemals vermischten
und unsere Füße kalt
in nichts tauchten als

nur
Gelb, Blau und Rot.

Alles schön primär gefärbt
Nichts Vermischtes bitte sehr
Drei farbige Flecken
auf drei Paletten
wir spalten
die Regenbogenfacetten
in die grundlegenden
Komponenten

nur
Gelb, Blau und Rot

Wenn Leute mich fragen
ob das kleine Mädchen
an meiner Seite
das meine Hand hält
und mich Mum nennt
und mit mir
den Strand entlangläuft
von mir ist

Ich frag mich, ob sie
je sahen, wie der Sonnenschein
sich im Regen bricht
oder wie beim Malen
neue Farben entstehen
jedes Mal wenn du
mit dem Pinsel
über das Blatt streichst.

Was mir hier aufgefallen ist – abgesehen, davon, dass es wunderschön ist und warm und sonnig und dass man glaubt, man macht Urlaub im Paradies, wenn man über die Klippen am Strand läuft –, ist die Tatsache, dass die Menschen hier sehr hell sind. Also, natürlich nicht wirklich hell – die meisten sind bronzefarben, braungebrannte Surfgötter und -göttinnen. Nicht hell wie ich. Hell im ethnischen Sinn. «Kaukasisch», weiß. So weiß, dass Dee, um sich für unter 200 Pfund seine Cornrows flechten zu lassen, einen geschlagenen Tag mit dem Zug fahren musste, bis endlich Haltestellen kamen, «wo Leute mit brauner

Haut ausstiegen». Mit jeder Station weg vom Zentrum sinkt der Preis für einen Haarschnitt um rund 50 Dollar. Er stieg kurz vor der Endstation aus. Seine Frisur sah sehr gut aus.

Wahrscheinlich ist das der Grund dafür, dass dies einer der ersten Orte ist, wo ich gefragt werde, ob das wirklich meine eigene Tochter ist. Ganz offen und direkt: «Ist das Ihre Tochter?» – nicht ohne mehrfach zu betonen, dass sie «Ihnen aber gar nicht ähnlich sieht». In England ist das auch schon vorgekommen. Seit ihrer Geburt sagen Leute, dass sie viel mehr nach Dee aussieht als nach mir; aber hier wird es öfter angesprochen, und vor allem wesentlich unverhohlener im Hinblick auf die Hautfarbe.

Das nervt mich alles ziemlich, aber es fasziniert mich auch. Ich verstehe nicht, dass dir jemand so was sagen kann und nicht merkt, wie daneben das ist – aber wahrscheinlich hört man am besten einfach nicht hin.

Meine Tochter ist im Grunde ziemlich genau die Mitte zwischen Dee und mir, was Hautfarbe, Haarstruktur und Persönlichkeit angeht. Aber in Gegenden, wo es mehr Weiße gibt, erzählen mir natürlich alle, sie hätte seine Hautfarbe, weil alles, was nicht weiß ist, als eine Soße wahrgenommen wird. Wenn wir mit Weißen zusammen sind, hören wir immer, sie und er hätten den gleichen Hautton, obwohl sie im Farbspektrum ziemlich genau dazwischenliegt. Es kommt auch auf die Jahreszeit an und wie viel sie draußen ist.

Auf der anderen Seite kommt von Dees Familie dann oft das Gegenteil. In ihren Augen ist sie hell und hat dementsprechend meine Hautfarbe. Dasselbe mit den Haaren. Dort hat sie mein «glattes» Haar – hier Dees «lockiges Haar». Interessanterweise scheint unsere Einschätzung viel weniger von Fakten geleitet zu sein als vom jeweiligen Umfeld und der eigenen Perspektive. Hierbei zumindest.

Ich würde gerne mal in ein Land reisen, wo es mehr Schwarze gibt, um zu gucken, ob es da genauso ist. Vermutlich schon. Ich meine, ich will gar nicht unbedingt, dass sie so aussieht wie ich, es ist schon o.k., so, wie es ist. Mir hängen nur die Bemerkungen langsam zum Hals raus und meine eigenen Antworten, wenn die Leute sagen: «Sie sieht aber gar nicht aus wie du», oder: «Denkt man gar nicht, dass das dein Kind ist.» Ehrlich gesagt, ist dieser Mischton auch nicht mehr so wahnsinnig ungewöhnlich. Aber hier vielleicht schon.

Nach zwei Wochen hier kriege ich wirklich Lust, einfach zu antworten: «Nein, die ist nicht von mir. Ich habe sie geklaut» und es einfach so stehenzulassen. Na ja, immerhin hat sie meine Füße.

Engel

Du bist das schönste Kind auf der Welt
Doch die Engel sehen nicht aus wie du
Ich sah nie etwas Herrlicheres als dich
Doch die Farbe der Engel passt nicht dazu
Wegen dir hab ich die Bibel in die Tonne getreten
Wegen dir schließe ich nicht die Augen, wenn sie
beten
Bleiche Engel, mit blauen Augen, blonden Haaren
Wegen dir habe ich ihre Lehren abgetan
Denn
Ich sehe Engel in deinen braunen Locken
Ich sehe Engel in deinem Karamellgesicht

Ich sehe Engel in deinen Augen, braun wie die Erde
ich sehe Engel in deinem unerschrockenen Schritt
Darum
Geh von dort weg
Kleines Kind
Geh weg
Von den Engeln, den Heiligen, den Martyrien
Geh weg, kleines Kind, geh weg
Von den Gemälden, den Stiften, den Papieren
Geh weg, kleines Kind, vom Gebet
Bis sich die Gesichter dekolonisieren
Und Jesus so dunkel gemalt wird, wie er war
Bis die strahlenden goldgerahmten Engel
Im Museum aussehen wie du nachts im Schlaf

4. NOVEMBER
1 Jahr, 7 Monate

Eine großartigere Familie als Miles und Sarah und Billy hätten wir hier nicht kennenlernen können. Die Blue Mountains und der australische Poetry-Slam in einer Woche. Und es sind drei Menschen mit drei verschiedenen Hautfarben. Solidarität in Zahlen.

Aber ich schreibe nichts darüber. Um genau zu sein: Ich schreibe gar nicht. Es ist einfach zu viel los hier zum Schreiben. So viele Auftritte und Strandspaziergänge. Ich mache lieber Fotos. Manchmal überwältigen mich die Eindrücke regelrecht. Schreiben ist schön, aber es hat auch echt seine Grenzen. Manchmal wünschte ich mir, ich könnte besser fotografieren.

Vielleicht komme ich nie mehr im Leben hierher. Ich gehe raus. Leg den Stift hin, Hollie, leg ihn hin.

12. NOVEMBER

1 Jahr, 8 Monate

Großelternliebe 345

Ich kann keine Liebeslieder
mehr hören
nichts von schönen jungen Paaren
Hochzeiten und Schwüren

von Strandpromenaden
und vom ersten Kuss
von heißen Liebesnächten
und Unschuldsverlust

Mich langweilt, dass Tauben
und monogame Paare
das Monopol
auf Liebe haben

Das Ein-Mann-eine-Frau-Ding
ist überbewertet
Jedes Lied, jeder Film
Romantisches Flirten

Paare im Regen, die sich küssen
Paare im Bett, die sich küssen
Verliebte Paare, die sich küssen
Alles andere wird vergessen

Ihre Lippen zitterten
Als sie nach oben starrte
und tränenüberströmt
meine Mutter umarmte

Jeden Hollywoodkitsch
schlägt das hier um Längen
Nur Oma und Enkelin
Zehn Minuten ganz eng

Ihre Hände an ihren Wangen
Aug in Aug, ganz verliebt
Eine romantische Szene
wie man sie fast nirgends sieht

Denn Liebe wird meistens
sehr eng definiert
Und propere Pärchen
hoch favorisiert

Vandross, der mit seinem Vater tanzt
Mehr von solchen Momenten!
Und Großelternliebe
muss in die Top Ten

Ein Kind zu haben übersteigt meine Kraft. Es sind einfach zu viele Emotionen.

Ich war nie besonders gefühlsduselig, aber dieser Mutterschaftsquatsch bringt diese Seite mehr und mehr hervor.

Der Rückflug von Australien war kein Problem. Ich hatte alles im Griff. Fast 24 Stunden lang ein Kind in einem Flugzeug zu beschäftigen war nichts gegen den Ausdruck im Gesicht der Kleinen, als sie nach fünf Wochen meine Mutter wiedersah; Tränen in den Augen; die reinste Freude, die ich je in einem Lächeln sah; Tränen in den Augen meiner Mutter, als sie sah, welche Wirkung sie auf das kleine Wonnebündel hatte. Eine perfekte romantische Liebesszene.

Seit der Geburt der Kleinen hat meine Mutter jede Woche die fünfstündige Rundreise zu uns hin und zurück gemacht, sonntags und montags, und ist mit dem Kind in die Krabbelgruppe gegangen, zu Picknicks, durch Schlamm und durch Pfützen, und hat mit ihr unter Bäumen gesessen und Gras gepflückt. Lauter schöne Sachen. Und nicht, weil sie so viel Zeit hätte. Sie arbeitet fast 60 Stunden die Woche als Krankenschwester, und seit die Regierung zu glauben scheint, dass Pflegepersonal keine Wochenenden oder freien Tage braucht, kommen auch noch Sonntage dazu. Und in ihrem letzten winzigen bisschen Freizeit steigt sie ins Auto, fährt zwei Stunden her, spielt in Parks, macht unseren Herd sauber und wird am nächsten Morgen (anstelle von uns) um sechs geweckt. Ich glaube, sie ist ein Engel. Ich glaube, das war's. Und alles, sagt sie, weil sie nicht will, dass ich so müde bin wie sie früher.

Der heutige Tag war so wunderschön. Meine Mutter hatte die ganze Zeit Sorge, dass sie sich zu viel einmischt, zu oft vorbeikommt. Sie hat immer gefragt, ob es o.k. ist, wenn sie da ist, und ob sie nicht nervt. Ich weiß überhaupt nicht, wie sie darauf kommt. Ich weiß nicht, wie oft ich ihr noch sagen soll, dass ihre Besuche im Moment zu den Highlights in meinem Leben gehören und für Dee und mich die größte Hilfe sind, die wir überhaupt von irgendwem kriegen; dass ich sie immer total gerne sehe. Ich bin es, die sich Gedanken machen sollte wegen der ganzen Fahrten, der Zeit und dem Spritgeld. Aber sie kann nicht aufhören zu fragen.

Deshalb war es eine solche Freude, ihre Reaktion zu sehen, als die kleine ihr nach fünf Wochen Trennung und physisch erschöpft in die Augen schaute. Die Großmütter haben so viel getan, um eine Beziehung zu ihrem Enkel-

kind aufzubauen. Meine Mutter und Dees Mutter auch. Bei Dees Mutter haben wir die Kleine fast ein ganzes Jahr lang einmal die Woche abgesetzt, und obwohl die Kleine immer den ganzen Tag durchgeschrien hat, sagte Dees Mutter jedes Mal: «Bringt sie mir ruhig nächste Woche wieder, gar kein Problem.» Es sind zauberhafte Großmütter. Zauberhafte, arbeitende, vielbeschäftigte, selbstlose, wundervolle Großmütter. Sollte ich jemals eine werden, dann hoffentlich auch so eine.

23. NOVEMBER
1 Jahr, 8 Monate

Draußen ist es bitterkalt, die Bäume sind kahl, und auf unserem See ist eine Eisschicht. Ich habe ziemlich viel Zeit damit verbracht, mit der Kleinen Stöcke auf den See zu werfen, damit das Eis bricht und die Enten ein paar Kanäle haben, durch die sie schwimmen können. Die Kleine liebt dieses Spiel.

Aber heute ist es einfach zu kalt. Stattdessen haben wir Freunde besucht. Es ist so herrlich, Freunde zu haben, die ich jetzt anrufen und fragen kann: «Wir stehen gerade zufällig vor deiner Tür, hast du Lust auf einen Tee?» Zugegeben, bei der Hälfte dieser Anrufe stehe ich nicht zufällig vor der Tür. Ich gehe extra in der Nähe spazieren oder setze mich ins Auto, um einen Vorwand zu haben. Ich bin noch nicht in der «Wir haben nichts vor und ich brauche gerade wirklich dringend Gesellschaft, kann ich bitte vorbeikommen und mit dir und deinen Kindern abhängen und Tee trinken?»-Phase. Eines Tages vielleicht.

Vor dem Fernseher zu sitzen, Tee zu trinken und Cartoons anzugucken ist echt nett manchmal. Und ich habe die Coca-Cola-Weihnachtswerbung gesehen, was bedeutet, dass Weihnachten jetzt ganz offiziell vor der Tür steht. Ich weiß, es ist nur ein Werbejingle, aber bei mir funktioniert er. Er ist fest in meinem Weihnachten-Nostalgie-Hirnareal verankert, genauso wie den Weihnachtsbaum schmücken, erst Mums und dann Tante Jans Ofenkartoffeln essen und ganz langsam meine Geschenke auspacken, damit ich noch ein paar übrig habe, wenn mein Bruder seine schon alle aufgemacht hat. Das war schwierig, weil er Geschenke immer tierisch langsam auspackt und es richtig auskostet. Wenn er ein Geschenk bekommt, sagen wir ein Buch, macht er sich was zu trinken und liest das ganze scheiß Teil. Ist es ein Album, geht er hoch in sein Zimmer und hört jeden gottverdammten Song. Das hat mich echt gekillt. Er macht das bis heute so – und ich auch. Das heißt, ich warte, bis er fertig ist, und verstecke meine Geschenke stundenlang hinter meinem Rücken.

Jedenfalls, Coca-Cola ist da, und das heißt, es ist Weihnachtszeit. Ich weiß noch genau, als ich klein war, habe ich meinen Vater mal gefragt, warum es keinen Fernsehsender gibt, auf dem ich den ganzen Tag Werbespots gucken kann. Ich habe Werbespots geliebt, genauso wie Musikvideos. Kleine Schnipsel genialer Fernsehkunst. Und bevor ich die Coca-Cola-Werbung mit dem Truck und dem «Holidays are coming»-Song gesehen hatte, fühlte sich Weihnachten nicht wie Weihnachten an. Für mich nicht, für das halbe Land nicht. Ich wusste nicht, was Werbung eigentlich war, und deshalb verstand ich nicht, warum ein reiner Werbekanal nicht funktionieren würde und warum es vermutlich keine ganz so tolle Sache ist, wenn man Kinder dazu bringt, die Freuden der Weihnachtszeit, die Feiertage und Glückseligkeit mit einem sprudelnden Getränk zu assoziieren, das nichts als Scheiße enthält und die Zähne der ganzen Nation ruiniert.

Die letzten paar Jahre hatte ich keinen Fernseher, deshalb habe ich keine Werbespots mehr gesehen. Ich hatte vergessen, wie – abgesehen vom Coca-Cola-Truck – Weihnachtswerbung ist. Bei Freunden zu sitzen und zu beobachten, wie die Kleine auf den Bildschirm starrt, während Spielzeugwerbungen vor ihren Augen flimmern, ist, als ob man sich ein schräges Experiment anschaut. Werbespots sind so laut, so aufregend, so protzig. Ich weiß nicht, wie das bei mir als Kleinkind war, weil ich mich nicht erinnern kann, aber der Unterschied zwischen Weihnachtswerbung für Jungs und Mädchen ist krass. Pistolen für Jungs, Schönes für Mädchen. Sogar Lego hat sich in Granaten und Glitzer aufgespalten – ein paar «Stadt»-Bausätze für beide, aber der Großteil ist gegendert. Ich verstehe, warum Lego und die meisten anderen Unternehmen damit angefangen haben. Sie verkaufen doppelt so viel – es hält Geschwister davon ab, ihre Spielsachen miteinander zu teilen, es verhindert, dass sie zwischen den Geschlechtern weitervererbt werden, und das bedeutet mehr Geld für die Marke. Wirtschaftlich gesehen ein genialer Schachzug. Sozial und kulturell ziemlich traurig. Und nachdem ich jetzt einige Zeit mit echten kleinen Kindern verbracht habe, finde ich es erstaunlich, wie unterschiedlich die Leute selbst heute noch Mädchen und Jungen behandeln, anziehen, halten und ansprechen. Sogar Babys.

Einer der Jugendlichen in unserem Lyrik-Workshop hat sich letzten Monat umgebracht. Mum hat mir früher immer von ihren Patienten an Weihnachten und Neujahr erzählt. Dass die Selbstmordrate an diesen Feiertagen in die Höhe schießt. Ich schätze, weil die Erwartungen so hoch sind, ist das Unglücklichsein schwerer auszuhalten. Und es soll ja auch alles perfekt sein. Umgeben von Familie und Geschenken und Liebe und Erfüllung und hübsch angestrahlten Coca-Cola-Trucks, die allen, die ihren hell erleuchteten Weg kreuzen, Hilfe und Glückseligkeit bringen. Er war so schüchtern. So still. Es ist so verdammt traurig.

Ich sehe zu, wie die Weihnachtswerbung sämtliche Hirnareale meiner Tochter flutet, die für «das will ich», «das wird mich glücklich machen», für Gier ganz im Allgemeinen zuständig sind, und schlürfe meinen Tee. Ich liebe es, auf der Couch zu sitzen und zu quatschen. Aber von diesen Werbespots wird mir nach einer Weile ein bisschen schlecht.

Poesie

Bei den Workshops mitzumachen hat er sich nicht
getraut
es gibt immer einen wie ihn –
Andere sangen ihre Gedanken laut
und folgten ihren Übungsplänen
dem Abc ihrer Lieblingsbands
oder -wörter
oder -farben
kritzelten Zeilen aufs Papier
aus denen wir bald Gedichte erfanden
wir saßen im Saal, im großen Kreis
und versuchten Wut in Tinte zu bannen
überlegten, wie Glück schmeckt, wenn man es trinkt
wie Freiheit klingt, wenn man sie hört

Es regt mich auf, wie viel
Teenager schultern müssen

– Familie, Prüfungen, Sex, Stress, Gewalt, kein
Zuhaus –
Es ritzt sich ins Papier oder in ihre Haut

Er spähte um die Ecke
kam niemals rein
Wir versuchten, ihn zu ködern
mit sanften Stimmen
und Geduld
und Tee
ließen Stift und Papier in seiner Reichweite liegen
– nur für den Fall –
er bekäme Lust auf Finger freikriegen
Einmal lächelte er mich an, versteckt hinter einem
Vorhang
aus Teenagerhaar

Der Betreuer blieb bei ihm
ermutigte ihn
gab ihn nie auf
ganz bis zum Ende
der Stunde

Es verblüfft mich immer wieder, wie viel
Teenager zu sagen haben
und wie selten wir sie nach ihrer Meinung fragen

Die Woche danach schrieben sie uns an
dankten uns für den Tag
sagten der Junge
in der Küche
hätte wieder versucht, sich zu umzubringen

und dieses Mal
unglücklicherweise
hätte er es geschafft;

wäre in der Stille verklungen
in der er sich so sehr verstecken wollte
jetzt sei er in ihr verschwunden.

Etwas, das tief in meinen Eingeweiden sitzt
entleert sich in meinen Mund
wenn die Welt nicht genug ist
wenn die Blumen nicht genug sind
wenn der Gesang der Vögel nicht laut genug ist
wenn der Stand der Sonne nicht hoch genug ist
wenn das Gras nicht grün genug ist
wenn der Regenbogen nicht leuchtend genug ist
wenn die klärende Kraft der Worte nicht tief genug ist
dass ein Junge trotzdem kühn genug ist
selbst wenn seine Zunge es ihm verbietet
so zu schreien, dass es laut genug ist
oder seine Finger dann
genug
Tinte verschütten
dass er aus sich hervorkommen
und leben kann

Zu Hause nippte Mum ihren Tee immer etwas leiser
wenn Patienten Selbstmord verübten
rollte mit den Augen
anstatt zu weinen
und flüsterte in den Dampf
Wenn sie bloß gewartet hätten

dann hätten sie bestimmt erkannt
wenn sie bloß gewartet hätten
wenn sie bloß
sagte sie.

Sie sagten, er habe den Tag genossen.
Den Tee.
Das Schreiben.
Die Poesie.

Weihnachtswerbung

Pink
Alles Schwachsinn
Blau
Alles Schwachsinn

Strampler für Jungs mit Robotern drauf
Strampler für Mädchen – keine Roboter drauf
Strampler für Jungs mit Eisenbahn drauf
Strampler für Mädchen – keine Eisenbahn drauf
Alles Schwachsinn

T-Shirts für kleine Mädchen mit Herzen drauf
T-Shirts für kleine Jungen – keine Herzen drauf
T-Shirts für kleine Mädchen mit Glitzer drauf
T-Shirts für kleine Jungen – kein Glitzer drauf
Alles Schwachsinn

Kleine Mädchen bekommen Ballettschuhe
Kleine Jungen bekommen Fußballschuhe

Kleine Mädchen sollen auf den Zehen tanzen
Kleine Jungen sollen mit den Zehen treten
Alles Schwachsinn

Kleine Mädchen sollen Prinzessinnen sein – und müssen gerettet werden
Kleine Jungen sollen Ritter sein – und müssen sie retten
Prinzessinnen – Schwachsinn
Ritter – Schwachsinn
Kämpfen müssen – Schwachsinn

Kleine Jungen bekommen Pistolen – und sollen schießen
Kleine Mädchen bekommen Schmuck – und sollen süß sein
Schießen – Schwachsinn
Süßsein – Schwachsinn

Kleine Mädchen, die weinen – werden umarmt
Kleine Jungen, die weinen – sollen ihren Mann stehen
strammstehen
den schweren Weg gehen
es durchstehen
den Schmerz nicht fühlen
drüberstehen
alles Schwachsinn

Jungs bekommen Lego-Truppen
Mädchen bekommen Lego-Puppen
Jungs sollen nicht weinen – Schwachsinn
Mädchen sollen nicht raufen – Schwachsinn

Mädchen, das Sex hat – Schlampe
Junge, der Sex hat – Regierer
Mädchen, das keinen Sex hat – prüde
Junge, der keinen Sex hat – Verlierer
Mädchen, das sich hart gibt – ist keine Frau
Junge, der sich weich gibt – kann man nicht trauen

Jungs sollen ihren Mann stehen 357
Mädchen sollen vorm Spiegel stehen
Jungs sollen sich tapfer halten
Mädchen sollen den Mund halten
Jungs sollen taff sein
Mädchen sollen hübsch sein
Männer bringen das Geld heim
Frauen sollen hübsch bleiben
Männer sollen stark sein
Frauen müssen jung erscheinen
Männer Zusammenbrüche erleiden
Frauen spritzen Botox
Männer haben Job-Krisen
Frauen haben Escort-Jobs
Männer sollen reich sein
Frauen sollen schlank sein
Frauen müssen gerettet werden
Männer müssen retten
Frauen sollen Ladys sein
sollen nicht spucken, riechen, schreien
Männer sollen Männer sein
niemals weinen oder um Hilfe bitten
Männer haben Zusammenbrüche
Frauen spritzen Botox
Jungen bringen sich um

Mädchen reißen sich Schamhaare aus
Jungs versuchen so zu sein
wie Superhelden in Aktion
Mädchen versuchen so zu sein
wie Barbiepuppen, dünn und schön

Jungs sollen mehr sein

Mädchen sollen weniger sein

Strampler mit Rittern drauf
oder Strampler mit Prinzessinnen.

21. DEZEMBER

1 Jahr und 9 Monate

Dein Gesicht

Dein Gesicht beruhigt die Menschen
und dein Lächeln macht ihnen klar:
die meisten Sorgen in ihrem Leben
sind nicht groß
von Bedeutung.

Dein Gesicht lässt Menschen strahlen
und dein Lachen wirft ein Licht
darauf, dass die meisten unserer
Moralvorstellungen ziemlich
marode sind.

Heute hatte ich meinen Oma-Moment. Im Winter in Schottland zu sein erinnert mich an die Zeit, als ich hochschwanger war; diese kalten Winde, die meinen Bauch kühlten, eine Handvoll Schnee oder Hagel, die ich mir stahl und mir gierig in den Mund stopfte; und Oma. Vor allem Omas Hochzeitsring. Omas Hochzeitsring versuchte bei öffentlichen Auftritten immer auf meinen Finger zu schlüpfen.

Der erste Besuch bei Oma, nachdem ich die Kleine bekommen hatte, war Wahnsinn. Während meiner Schwangerschaft war sie so besorgt, und ich fühlte mich deshalb oft ein bisschen mies. Sie redete viel übers Heiraten und dass ich es tun solle, damit die Kleine nicht als Bastard auf die Welt käme. Das Wort klang brutal für mich damals. Sie machte sich außerdem Sorgen darüber, dass die Kleine ein «Mischling» sein würde. All das klingt auf dem Papier ziemlich voreingenommen.

In Wirklichkeit war es aber nur die Reaktion eines Menschen, der vor drei Generationen in einer Gesellschaft aufgewachsen ist, die Frauen beibrachte, dass ihr schwangerer Körper – egal ob verheiratet oder nicht – ein schändlicher, ja sogar widerwärtiger Anblick wäre; dass Sex eine notwenige Sünde sei, die man als verheiratete Frau auf sich nehmen musste; dass außerehelicher Sex und Babys Teufelswerk wären und dass Mischlingskinder gestört seien und gemobbt werden würden. Nichts von dem, was sie mir sagte, äußerte sie nicht aus Liebe und Sorge; sie machte sich Sorgen, die Kleine würde wegen ihrer Hautfarbe und ihrer unverheirateten Eltern gehänselt werden. Sie hatte solche Angst, dass dieses kleine Wesen, das sie noch nicht mal kennengelernt hatte, später einmal fertiggemacht werden würde. Sie war voller Liebe, wollte mich und das ungeborene Baby beschützen. Und an dem Ort und in der Zeit, aus der sie kam, wären diese Dinge wahrscheinlich auch passiert. Ich glaube, das ist wahre Liebe, echt. Ich sollte an nichts davon Anstoß nehmen. Ich bin einfach froh, dass ich zwei Generationen später geboren wurde.

Ich und meine Oma haben viel über diese Dinge gesprochen, darüber, wie sehr sich soziale Konventionen und Vorstellungen und die Moral verändert haben, seit sie eine junge Mutter war – nicht genug, aber doch schon sehr. Das Tollste ist, dass sie, sobald sie die Kleine sah, ihren ganzen sozialen Ballast offenbar vergaß, ihn sogar ausblendete. Vorstellungen, die man ihr als Heranwachsende jahrelang eingetrichtert hatte. Sie sah einfach nur ein lächelndes, glückliches Baby. Keinen Bastard; keinen gottlosen Sünder; nicht die Tatsache, dass ihre Haut einen anderen Ton hatte als meine. Nur ein bezauberndes, lächelndes Kind. Ich wünsche mir, jeder könnte das sehen. Ich könnte heulen, dass selbst über Babys so viel geurteilt wird. Über ihre Haut, ihren «Status», sogar ihren Geburtsort.

Heute war einer der emotionalsten Abschnitte der Reise mit meiner Oma. Wir setzten uns hin, um Tee zu trinken und ein Rosinenbrötchen zu essen, während die Kleine sich im hinteren Schlafzimmer langmachte und ein Nickerchen hielt. Oma überreichte mir einen 200-Pfund-Scheck und sagte: «Du bist eine großartige Mutter, du hast ein wunderbares Kind und einen wunderbaren Partner. Ich weiß, du willst nicht heiraten, und ich akzeptiere das. Das hier ist das Geld, das ich jeder deiner Cousinen zu ihrer Hochzeit gegeben habe.»

Ich finde, das ist eine krasse Sache. So krass, dass ich über eine Stunde geheult habe, als ich allein war. Dass eine 80 Jahre alte Frau, die fest an die Ehe glaubt, so was sagt und tut – also ich finde, das ist der Beweis, dass meine Oma verdammt beeindruckend ist.

Es hat mich außerdem ins Grübeln gebracht, ob ich irgendwann von meinen Eltern Flitterwochen geschenkt bekommen könnte oder zumindest ein Äquivalent zu einem billigen Hochzeitskleid. Ich erspare ihnen schließlich ziemlich viele Ausgaben. Vielleicht wenigstens einen neuen Toaster?

26. DEZEMBER
1 Jahr, 9 Monate

Ich will mir das nicht noch mal antun
Ich dachte, ich sterbe
Es ist, als ob man zum zweiten Mal
den Autounfall wählt
weil einem die Zeit im Krankenhaus so viel
gebracht hat

Ich liebe mein Kind.
Ich liebe mein einsames Einzelkind
Ich liebe den Fakt, dass ich mir heute auf dem
Trampolin nicht in die Hosen gemacht hab

Der ultimative Witz diese Weihnachten: *Willst du ihr nicht einen kleinen Bruder oder eine kleine Schwester schenken? Vielleicht zum Geburtstag? Oder nächste Weihnachten?*

Seit die Kleine eins geworden ist, machen die Leute Druck, ich solle noch ein Kind bekommen, gehen mir auf die Nerven mit ihren Warnungen, dass die Kleine ohne Geschwister einsam, verzogen, gelangweilt oder frustriert sein wird. Schon klar. Ich liebe ja meinen Bruder total. Er ist ein wirklich wunderbarer Mensch, ein großartiger Freund und eine tolle Unterstützung. Aber das sind meine Freunde auch. Und meine Cousinen. Also werde ich dafür sorgen, dass die Kleine Freunde, Cousins und Cousinen in der Nähe hat.

Der einzige Mensch, der auf meiner Seite ist – außer Dee, Mum und Dad, die das alles nicht kratzt, was super ist – ist Dees Großmutter Ionie. Sie hat mir beim Abendessen zugeraunt: «Ich hatte sieben, stell dir das mal vor! Wir konnten damals nicht einfach so nein sagen. Bleib bei einem, Liebes, heute geht das.» Manchmal liebe ich sie einfach.

Der Druck, ein Kind zu kriegen, war sowieso schon groß genug. Meine Freunde beklagen sich ziemlich viel über den Stress, den man ihnen macht, Kinder zu kriegen. Ich muss ihnen leider sagen, dass er nicht nachlässt, wenn man eins hat, also überlegt es euch gut! Ich dachte, wenn man erst mal ein Kind hat, hört das auf, aber jetzt wollen die Leute noch eins, und mir ist klargeworden, es wird immer noch mehr Dinge geben, die sie von dir wollen, und du wirst ihre Erwartungen nie wirklich erfüllen können. Meine Wohnung wird immer zu klein sein, mein Finger ohne Ring, mein Job nicht sicher genug, das Gehalt nicht hoch genug, die Haare nicht geschmeidig genug, Beine nicht glatt genug – was auch immer. Also werde ich mich entspannt zurücklehnen, es anderen Leuten überlassen, sich Sorgen um mein Leben zu machen, und lächeln, wenn sie mich fragen, wann das Nächste kommt.

Ich habe im letzten Jahr verschiedene Antworten ausprobiert:

Weil ich keins mehr will (das ist egoistisch, weil es nicht mehr darum geht, was *ich* will).

Weil ich nicht noch mal schwanger sein oder gebären will (das ist egoistisch, weil die erste Geburt gut gelaufen ist und es nicht mehr um mich geht).

Weil ich das Gefühl habe, dass ich mir gerade mein Leben zurückerobere, und sich das einfach super anfühlt (das ist egoistisch, weil es nur um mich, mich, mich geht).

Weil ich nicht kann (da halten die Leute erst mal den Mund. Und wissen keine Antwort. Ich habe mich dabei aber schlecht gefühlt – weil das auf manche Leute zwar zutrifft, auf mich aber nicht. Doch ich hatte einen Scheißtag, und das war meine letzte Rettung. Aber ich musste auch darüber nachdenken, wie unhöflich und übergriffig es ist, jemanden so was zu fragen – man kann ja nie wissen, aus welchen Gründen die Leute ihre Entscheidungen treffen).

Abgesehen von den Späßen und diesem subtilen Druck, war Weihnachten echt schön. Weihnachten mit Kind erinnert mich wieder daran, wie es ist, diesen Zauber zu spüren. Und wie gerne ich lüge – auch Geschichten erzählen genannt oder seine Phantasie benützen. Ich liebe es, die Lüge vom Weihnachtsmann zu erzählen und die Geschichte vom heiligen Nikolaus. Ich liebe diese Lügen, wirklich. Nicht ganz so scharf bin ich auf diese ganze Jungfrau-Fixierung und habe daher angefangen, sie Jungfrau Maria und Jungfrau Joseph zu nennen, um für ein bisschen mehr Gleichgewicht zu sorgen. Aber die Geschichte über den alten Mann, der jedem Kind auf der Welt ein Geschenk bringt – *ein* Geschenk für *jedes* Kind, nicht nur für einen neuen König –, die Geschichte gefällt mir.

Mir wird klar, dass es zu meinem Job als Elternteil gehört, Erinnerungen zu schaffen. Reinschleichen und den Strumpf füllen, die saftigste Mandarine für die Zehenspitzen aussuchen, dann die Schokotaler, das Rentier-Futter und die Mince Pies.

Ich bin dieses Jahr ein bisschen besessen von all dem Zeug. Ich will der Kleinen einmalige Erinnerungen schenken: Gerichte kochen, deren Geruch sie in zwanzig Jahren an unsere gemeinsamen Abende erinnern wird; die kratzigen Wollsocken genau so hinbekommen, dass sie sich für immer an Weihnachten erinnern wird, wenn sie mit dem Fingernagel an einem Faden hängen bleibt. Das ist eine meiner Lieblingserinnerungen an Weihnachten als Kind.

Anderen Leuten scheint das nicht so wichtig zu sein. Manchen reicht offenbar Herumsitzen und Fernsehen. Aber ich will Weihnachtslieder-singen-Erinnerungen und Der-Geruch-von-Glühwein-wabert-durch-die-Luft-Erinnerungen und – ach egal. Ich habe ein bisschen Panik, dass das nicht realistisch ist und ich zu sehr von Filmen wie *Kevin allein zu Haus* beeinflusst bin. Ich merke langsam auch, wie irre viel Arbeit und Zeit und Liebe und Frustration nötig waren, um mir diese Erinnerungen fürs Leben zu schenken, von Weihnachten, Geburtstagen, Wochenenden und Ferien und ganz normalen Tagen. Das ist ein harter Job, und ich will ihn gut machen.

Hinter den Kulissen

Ich kann mich nicht erinnern
wie viel Zeit du damit verbracht hast
Schleifen um zerknittertes Papier zu binden
Achterbahn-Spiralen
aus dünnem glänzendem Geschenkband
kringelten sich um die Scherenklinge
Tesafilm und Namensschilder
türmten sich auf deinem Bett
bis drei Uhr nachts.

Ich kann mich nicht daran erinnern

Ich erinnere mich an die Stapel unterm Baum
funkelnde Geschenke aufzureißen
am Weihnachtstag

Ich kann mich nicht erinnern
wie lang du dasaßest und die Wand anstarrtest
aus Karten und Umschlägen um Mitternacht
seltsame Türme errichtet hast
die Hände stundenlang
im festen Griff um einen Stift
die Zähne aufeinandergepresst
kritzeltest du Nachbarsnamen auf die Karten
und Festtagsgrüße von uns allen
der Geschmack des Briefumschlags
klebte an deiner Zunge

Ich kann mich nicht daran erinnern

Ich erinnere mich daran, sie einzuwerfen
durch die Kälte zu rennen, sie zum Briefkasten zu tragen
und an das fiebrige Gefühl beim Öffnen all der Karten, die wir im Gegenzug bekamen

Ich kann mich nicht erinnern, wie heiß es in der Küche war
oder an die Angst es könnte nicht gut genug schmecken
oder an all die Stunden, die du Gemüse schnittest, allein
hektisch durch Rezepte hetztest

während wir faul auf dem Sofa hockten
und Trash im Fernsehen glotzten
und du noch mehr Tee machtest
und uns Snacks brachtest.

Ich kann mich nicht daran erinnern.

Ich erinnere mich an den Ruf, wenn alles fertig war
wie die Bratensoße duftet überm cremigen Püree
an fieses Rüben-Haschee mit köstlichem Apfelgelee
und Vanillecreme, die den Crumble ertränkt
Wie's gemacht wurde, daran erinner ich mich nicht.

Meine Kindheit – eine Bühne
und du bist hinter den Kulissen

Jetzt bin ich dran und weiß nicht, wie es geht
doch ich will es wissen.

1 Jahr, 10 Monate

 Eine Stillgruppe hat mich gebeten, ein Gedicht zu schreiben. Sie wollten, dass ich all die Statements übers Elternsein, die sie von Müttern bekommen haben, in ein Gedicht packe. Ich hab so was noch nie gemacht, aber ich probier's mal. Es ist ziemlich lang geworden, zu lang, aber ich hab keine Zeit, es zu überarbeiten. Ich werd's ihnen einfach schicken und das Beste hoffen.

Wie war noch mal mein Name?

Ich verlor meinen Namen
in der Krabbelgruppe

Früher war ich Hollie, Hols, Hobbit oder
Hollie McNish
Jetzt bin ich «die Mutter von soundso»
Und ich kann mich nicht mal beschweren
Schließlich bin ich genauso nett
ich verpass den anderen dasselbe Etikett

Ich traf Izzys Vater auf ein Bier im Park
und wir liefen Mollys Oma übern Weg
und Tianas und Marks
doch erst wenn die Sterne im Dunkeln leuchten

nachts, wenn die Kleine endlich schläft,
kriecht mein Name unterm Bett hervor
und macht Sinn, ich weiß wieder, wer ich bin
eine heiße Tasse Tee und ein Buch in den Händen
und ein Zwei-Stunden-Fenster für meine Pläne
bevor ich das Licht lösch.

Cinderellas Stunde schlägt um Mitternacht

meine schlägt abends um acht.

Das Läuten heißt: Jetzt kommt deine Zeit
und dein Name soll jetzt wieder Hollie sein.
Bis sie nach mir ruft
pinkeln muss
oder zum hundersten Mal kuscheln
oder im Traum anfängt zu schluchzen
dann schleich ich mich in ihr Zimmer, damit ich sie sehen kann
und schon wechselt das Etikett zurück zu Mum.

Zurück zu Mum
Von Hollie zu Mum
Von Hollie zu Mum
Wie ein Metronom
oder eine Pendeluhr
schwingt das Leben hin und her
zwischen Spaß und Struktur

Doch ein Wort kann nicht all das fassen
was wir tun
wie wir lieben und welche
Geschichten wir erzählen

Sie fragt nach Geschichten, in der Schlange, im Zug
im Auto, am See, und wir Eltern, wir sitzen
und saugen das Leben aus endlosen Tagen
die wir für unsere Kinder schnitzen
ihnen ist es scheißegal
ob wir Style haben
wie wenig wir schlafen
ob wir graue Haare kriegen
wenn wir Sorgen bekämpfen und Tage zurechtbiegen
für sie, zum Spielen –
wenn wir Höhlen aus T-Shirts und Wäscheleinen bauen
fleckig und verrotzt
weil sie die Nasen dran putzen
– dann werden keine Rosensträuße auf unsere Bühne geworfen.

unterbezahlt und überarbeitet

Wir Futterhäcksler
Akkord-Windelwechsler
wir Klotzer, nicht Kleckser
wir Milch-Maschinen
Milch-Abseiher
Nippelrisse, Schwellung, auweia
mit Flaschen gestillt
von Schuld getrieben
unsere Zeit herschenkend
das Hirn zermartert von all dem Umsorgen
um ein Uhr nachts
nur kurz nachsehen, ob's ihr gutgeht
ob sich der Bauch bläht

der Mond im Zimmer steht
hat sich vielleicht die Decke verdreht?
wenn eine Mutter nachts denkt, schlafen wär jetzt echt wichtig
weiß sie, was sie will, ist gerade vollkommen nichtig

Doch sie ist stark
fleht um Freiraum
und hört, das sei falsch
überlebt todmüde und sehnt sich ins Bett
einmal alleine pinkeln
oder ein Bad nur für sich
und fühlt sich manchmal
als ob sie sich ganz hergegeben hätt'
für diese Rolle

In einem Land, in dem man uns jetzt als «der Vater von» soundso
oder die Mutter von Dingsbums kennt
Ein Etikett, das mehr Liebe benennt
als ich je gedacht hätte.

Jemand hat mal gesagt, Mütter sind Felsen, die niemals bröckeln.
Ich glaub, das ist Schmu.
Weil ich's tu.
Ich heul heimlich auf Toiletten
und schrei allein im Auto
wenn ich wieder geweckt werde
und so dringend schlafen möchte
Weine ich und schau die Sterne an
und jede Mutter, die ich kenn, sagt, dass das schon mal
passieren kann.

Wir sind Eltern und normale Leute
Wir sind Rotzlappen und wir sind Träumer
Wir sind Königinnen und Hinterherräumer
Wir werden abgeküsst und vollgeheult.
Wir sind schlaflose Gärtnerinnen, die ihre zerkratzten
Hände in Handschuhen wanden.
Wir sind Felsen, die manchmal unter einer

tonnenschweren Liebe wanken.

Wir sind Profis im Geschichten-Erzählen.
Und Geschichten haben wir viele.

10

FRÜHLING
ZWEI JAHRE ALT
«DIE TROTZPHASE»

10. MÄRZ

Fast 2 Jahre alt

6:00 Uhr

Schon erstaunlich, wie schnell Leute dich nach einem einzigen kurzen Blick auf dein Leben bewerten. Als ob sie aus diesem einen Moment deiner Existenz alles über dich schlussfolgern können, wie du bist und, noch wichtiger, was du für eine Mutter bist.

Heute war ich auf dem Markt. Ich mag es, die Kleine dorthin mitzunehmen. Wir kaufen günstiges Gemüse, und sie verputzt das Brot, die Kekse, Oliven, Möhren und alles andere, was der süße Fratz von den Verkäufern geschenkt bekommt, die wir seit ihrer Geburt fast jede Woche gesehen haben.

Wir laufen durch die Stadt und hören den Straßenmusikern zu. Ich liebe es, wie Kinder sich von ihrem Körper leiten lassen, ohne Scham auf der Straße zu jedem Beat tanzen, den sie zu hören bekommen – während die Erwachsenen nur blöd vor den Musikern rumstehen. Alkohol unnötig. Ich finde es toll, wenn sich die Kleine von den Musikern mitreißen lässt. Wenn sie sich richtig auf die Musik konzentriert, als ob sie auf AUS gedrückt hat und in Trance gefallen ist. Zum Teil, weil ich spüre, dass sie großartige Lebenskraft in sich aufsaugt, denn wenn auf diesem großen Felsklumpen irgendetwas eine Bedeutung hat, ist es die Musik. Besonders Live-Musik. Zum Teil auch, weil es bedeutet, dass ich mich auf den

Arsch setzen kann, während sie eine halbe Stunde mitten in der Stadt zu den Trompeten-Klängen eines Teenagers tanzt.

Wir essen also und lachen und hören Musik und tanzen und schlendern händchenhaltend in der Stadt herum. Romantisch. Ein freier Tag draußen in der Sonne. Bis sie ausflippt. Bis ich ihr sage, dass wir schnell noch die Tüten ins Auto laden müssen, bevor wir in den Park gehen. Und sie dann ausflippt.

Ich nehme meine ruhige, gefasste «Ich habe die komplette Schwangerschaft hindurch *Die Supernanny* in Endlosschleife geguckt und bin eine gute Mutter»-Haltung ein. Ich beuge mich zu ihr runter und sage in dieser tiefen, ruhigen, nervigen, verfickten Stimme, die mir und Dee fast genauso auf die Nerven geht wie ihr: «Wir gehen nur kurz zum Auto, laden die Tüten ein, und dann gehen wir in den Park.»

Das ist der Moment, in dem sie mich schubst, volles Karacho mitten auf der Straße losbrüllt, sich auf den Boden wirft, mich anschreit und heult. Und sich nicht mehr bewegt. Sie hat ihren Körper in eine Stoffpuppe ohne Knochen oder Muskeln verwandelt.

Ich fühle, wie ich ein bisschen rot werde. Ich bleibe ruhig. Schaue in den Himmel. Ich sitze neben ihr, mein Arm auf ihrem Rücken, während sie heult und schreit, und mein Gesicht wird noch etwas heißer und röter, weil jeder einzelne Mensch, der an uns vorbeigeht, tief in meine jämmerliche Seele zu blicken scheint. Wenn ich sie auf den Arm nehme, wird es nur schlimmer werden, und die Supernanny wird mich wahrscheinlich filmen und mir mein eigenes Versagen später in Dauerschleife vorspielen. Also sitze ich es aus.

Als ich so dasitze und verlegen Passanten anlächle, zeigt ein Typ, stockbesoffen, auf der anderen Straßenseite mit dem Finger auf uns und fängt an zu singen: «Du bist zu jung für ein Kind.» Wieder und immer wieder. Perfekt. Geil. Danke. Leute gehen vorbei, grinsen, sehen mich bedauernd oder missbilligend an. Ich mache mir über ihre Blicke zu viele Gedanken. Sie gucken bloß, weil ich der Lead Part im Song eines Betrunkenen bin und mein Kind an einem Ort schreit, wo man das so früh am Tag eher nicht macht.

Vergiss rationales Denken. Ich erfinde ihre Gedanken, genau jetzt, erschaffe ihren Eindruck von mir in meinem Kopf. Ich schaue irrsinnigerweise an mir runter und bewerte jedes Detail meiner Erscheinung: meine Ohrringe; den Trainingsanzug, den ich anhabe; meine Turnschuhe; die Plastiktüten, aus denen meine Einkäufe quellen. Eine Frau geht vorbei. Sie ist sehr schick. Keine Plastiktüten, nur der Stoffbeutel einer Supermarktkette. Vielleicht sollte ich mich mehr so wie sie anziehen. Bleistiftrock, Bluse. Mir mit meinen Haaren mehr Mühe geben. Ich binde mir den Pferdeschwanz neu. Aber in ihrem Outfit würde ich bescheuert aussehen. Und an einem Trainingsanzug ist echt nichts auszusetzen. Bequem und mit Taschen.

Ich werde also einfach auf dem Bürgersteig an einer befahrenen Straße sitzen, jeden schiefen Blick registrieren, während mein Kind mich anschreit und ein Mann sein betrunkenes Gegröle in die dunkelsten Ecken meines Herzens ritzt.

Dann hört sie auf.

Er grölt noch ein bisschen weiter über die Straße:

«Du bist zu jung für ein Kind.»

Sie fängt wieder an. Wieder starrt mich jeder an. Er

macht weiter, steht da, zeigt auf mich und ruft jetzt noch lauter:

«Guck dich doch mal an! Du bist verdammt noch mal zu jung, um ein Kind zu haben! Du solltest kein Kind haben!»

Erdboden, lass mich bitte in dir versinken. Ich habe zehnmal mit meinen Absätzen aufgestampft, aber nichts

passiert. Wo zur Hölle ist der Arsch der Welt, wenn man ihn braucht?

Ich weiß nicht, ob ich in meinem Leben schon mal so down war. Ich weiß, dass es o.k. ist. Niemand ist verletzt. Trotzdem schlucke ich die Tränen runter. Wenn ich jetzt heule, werde ich wie ein Idiot dastehen. Wenn ich jetzt heule, wird er denken, dass er recht hat. Wenn ich jetzt heule, wird die Kleine noch lauter heulen. Wenn ich jetzt heule, wird jemand fragen, ob alles o.k. ist, in einem mitfühlenden Ton, der nahelegt, dass ich die schlechteste Mutter auf der Welt bin und definitiv Hilfe dabei brauche, mich um ein kleines Kind zu kümmern. Also sitze ich an der Straße und warte, bis es vorbei ist. Ruhig bleiben und im Kopf wieder und wieder runterbeten:

Der Mann ist völlig besoffen
Die Leute werden vorbeigehen
Sie kennen mich nicht
Sie kennen nur diesen einen Moment
Es ist egal
Du bist eine gute Mutter, Hollie
Es ist egal, was die Leute denken
Lass es an dir abperlen
Es ist nicht wichtig
Du bist ihnen in Wirklichkeit völlig egal
Das alles ist nur in deinem Kopf.

Der Wutanfall dauerte ganze acht Minuten, und der Rest des Tages war wunderbar:

Durchs Gras rollen.

Schaukeln.

Küsse im Sonnenschein

Auf Bäume klettern.

Enten füttern

Geschichten.

Am Abend habe ich ihre Stirn geküsst, als sie gerade einschlief und mich dabei so anlächelte, wie sie's eben macht. Sie ist so süß. Ich ging aus dem Zimmer und verbrachte die folgende Stunde damit, in ein Sofakissen zu flennen. Wein runterzustürzen. Auszuatmen.

Urteile können einen echt fertigmachen, ganz gleich, wie falsch Leute mit ihrer Meinung über dich liegen. Ganz gleich, dass es nur Gedanken in deinem Kopf sind. Ich will immer noch ein T-Shirt, auf dem steht: «Du kennst mich nicht. Beurteile mich nicht anhand dieses winzigen Augenblicks.»

20. MÄRZ

2 Jahre alt

380 *9:00 Uhr*

Die Trotzphase: 1

Jetzt kannst du schon gehen, und du kannst rennen
Und täglich gibt es neue Worte, die dir auf der Zunge brennen
Jetzt, wo dein Kopf selber denken will
Und gut und schlecht entschieden trennen
Jetzt, wo deine Gedanken unabhängig werden
Dein Gehirn beginnt, sich selbst zu bespiegeln
Wo deine Träume anfangen zu sprießen
Und dein Ich beginnt, sich in Formen zu gießen
Jetzt, wo dein Selbstvertrauen sich immer stolzer präsentiert
Und das Babyhafte sich langsam verliert
Deine Gefühle sich aus ihrer sicheren Blase kämpfen
Beschweren wir uns und schimpfen auf «die Trotzphase»
Und versehen die kleinen Menschen mit Scheißetiketten
Sobald sie beginnen, ihren eigenen Kopf zu entdecken

Seit die Kleine zwei ist, tut sie alles außer lächeln oder kuscheln, wegen der Trotzphase, hat man mir gesagt. Wenn

sie brüllt oder heult oder frustriert oder wütend ist: «Oh nein, das ist die Trotzphase.» Das macht mich langsam echt fertig. *Ich* brülle. *Ich* heule. *Ich* bin frustriert, dann wütend, dann außer mir, dann glücklich und manchmal alles auf einmal – und ich bin achtundzwanzig, verdammt noch mal. Ich hab so viel mehr Lebenserfahrung als sie. Ich hatte viel mehr Zeit rauszukriegen, wie ich funktioniere. Kleinkinder fangen an, mir leidzutun. Bis jetzt gefällt mir die
Trotzphase sehr viel besser als die Neugeborenen-«Phase», soweit ich mich erinnere. Ich hasse diesen Ausdruck, «Trotzphase» – das ist so abwertend. Nur weil sie nicht mehr so still und leise sind. Und ja, es kann schrecklich sein. Aber ein ganzes Jahr von Beginn an zu vermintem Gelände zu erklären ist übertrieben. Ich kenne verdammt viele grummelige, launische, unschlüssige, zu Wutausbrüchen neigende Erwachsene.

Die Trotzphase: 2

Kleinkinder – und Teenager
– lasst sie uns wie Dreck behandeln
Warnt alle Eltern vor dieser Zeit des geklauten Glücks
Lasst uns jedes neue Gefühl als «Laune» etikettieren
Und während sie ihr Essen wegschieben,
proklamieren:
So benehmen sie sich in dem Alter *alle*.

Kleinkinder und Teenager, einander ähnlich auf
gewisse Art
Kleinkinder und Teenager, verdienen so viel mehr
Respekt

Sie lernen, sich ihre eignen Gedanken zu mixen
und wollen auf dem Thron in ihren Köpfen sitzen
durch Hormonumschwünge und neuentdeckte Sinne
haben sie laufen gelernt
jetzt wollen sie ihre Beine benützen

Um ein Stück fortzurennen, ein kleines Stück, von uns

Und wir sagen
«Nervensägen»
«Wutanfälle»
«Launen»
«Egoistisch»
«Anstrengend»
«Eingeschnappt»
«Ungezogen»
Zeichnen wahrlich üble Bilder
vom trotzigen Zweijährigen, dem frechen Teenager
kleben unser Etikett auf ihr Alter
streichen ihnen mit Rotstift alles falsch an
dabei wollen doch beide bloß rausfinden
wer in aller Welt sie sind

Und wir kreischen:
«Wutanfälle!»
«Weißglut!»
«Wimmerterror»
weil sie bei ihren ersten Schritten
von uns fort ein wenig Staub aufwirbeln
die Grenzen ihrer Welt verrücken
die wir für sie errichtet haben

Sie wollen spielen
heute mal da hinten rumtollen
ein bisschen weiter, als sie sollen
und schauen, wie weit der Rand der Welt sich dehnen lässt
bis es eines Tages nicht weitergeht
als meine Zweijährige sich auszieht
mitten im Laden
Und fragt «Warum?»
als ich sag «Nein»
Und alle Leute halten inne
als sie nach Eiscreme schreit.
Bitte.
«Nein», sage ich noch mal
also wiederholt sie, etwas lauter
«Eis, *bitte*!»

Jetzt
sitzt sie
heulend auf dem Boden
sie bettelt und umklammert meine Knie
wir versuchen, so ruhig wie möglich zu bleiben
Während um uns herum alle gucken
Dabei haben wir ihnen doch all dieses Essen gemacht
wir haben doch das Eis gemacht
wir haben ihnen doch die Süßigkeiten
für ihre Kinderküche gebracht
und sie bekamen nicht genug davon
mussten lernen, wie man mit «Nein» umgeht:
sie trommelten auf den kaputten Boden
kämpften gegen die Klauen der Enttäuschung
zum ersten Mal in ihrem Leben

versuchen sie, Reaktionen zu verstehen
Während sie vor Wut noch beben

Sie verstecken sich unter Decken und Tüchern
erschaffen sich Welten in Wäldern und Büchern
suchen nach anderen Dingen, die sie leiten
außerhalb unserer Reichweite
 Und wir schreien
«Nervensägen!»
«Wutausbrüche!»
«Stress!»

behaupten, sie tun das nur, um uns zu testen
behaupten, sie bräuchten eine ordentliche Lektion
dann passt das schon

während sie sich so anstrengen, von uns zu lassen
und ihrem eigenen Holperweg zu folgen
entwinden sie sich langsam unserem Griff
Tag um Tag und Stück für Stück

1. MAI
2 Jahre und 1 Monat

23:00 Uhr

Im Moment ist die Kleine besessen davon, draußen zu sein, Pfeile und Bögen zu schnitzen und zu lesen. Finde ich super. Das kommt von unseren vielen Besuchen im Park, aber auch von den Filmen *Die Schöne und das Biest* und *Merida – Legende der Highlands.* Ich kenne Leute, die Disney nicht mögen, aber ich liebe viele der Geschichten, die Musik, die Animation. *Merida* ist der neueste Film, es geht darin um eine gleichnamige Prinzessin. Weil der Film in Schottland spielt, haben meine Mum und mein Dad ihn als Geschenk für die Kleine gekauft, bevor ich überhaupt davon gehört hatte. Aber ich mag ihn. Eine Prinzessin, die ganz anders ist als das schüchterne, affektierte Schneewittchen. Obwohl Schneewittchen auch ganz schön mutig ist. Die ganzen Dornen und unheimlichen Hasenaugen. Merida ist also die neue Figur, mit wallendem, aber zerzaustem Haar, sie mag keine engen Kleider, in denen sie sich nicht bewegen kann, reitet gerne, erkundet die Highlands, schießt mit Pfeil und Bogen und, vor allem, weigert sich, als Teenager verheiratet zu werden. Und ist Schottin. Habe ich schon erwähnt, dass sie Schottin ist?

Die Kleine liebt den Film. Ich muss immer das Pferd spielen. Meine Oma glaubt, er habe einen schlechten Einfluss auf sie, und schlägt mir ständig andere Filme vor, seit sie einmal reinkam, als ich gerade durchs Wohnzimmer galoppierte und die Kleine auf meinem Rücken rief: «Ich werde diesen Prinzen nicht heiraten, ich will lieber durch die Berge reiten!»

Aber heute hat Disney eine neue Merida rausgebracht, in einem anderen Look, und ich war ein bisschen traurig. Mit einer albernen Handlung und diesen Rehaugen, die einen durch viele Disney-Streifen verfolgen, kann ich

leben, aber diese Sexyness in Kinderfilmen finde ich seltsam. Tinkerbell. Die kleine Meerjungfrau. Sie alle sind Teil einer großartigen Geschichte. Tinkerbell ist eine technisch-versierte Bastler-Fee. Trotzdem zeigen sie ständig ihren Hintern und ihre klimpernden Wimpern und ihre kurz geschnittenen Röcke. Arielle schleppt einen ausgewachsenen Mann durch die Wellen und rettet in stürmischer See sein Leben, muss dann aber ihr Haar sexy zurückwerfen und auf dem Felsen posieren. Das ist echt krank. Es ist krank, Charaktere für Kinder so zu sexualisieren. *Merida* war da schon ein bisschen frecher. Sie hatten Merida ursprünglich als Kind gezeichnet. Ein normales, abenteuerlustiges Kind. Jetzt hat Disney aus irgendeinem Grund alle Produkte und Poster und Bilder, die mit dem Film zusammenhängen, «überarbeitet». Eine neue Merida. Eine sexy Merida. Ich hab die Schnauze voll davon, dass man das für notwendig hält. Jetzt ist sie sexy, genau wie all die anderen Bilder von all den anderen Frauen, die wir ständig sehen. Einfach nur sexy. Einfach nur sexy sein, das ist unsere Rolle auf diesem Planeten. Sogar in Kinderfilmen. Das ist krank. Und sie haben ihr Pfeil und Bogen geklaut.

Merida

Es ist nicht die wichtigste Sache der Welt
und niemand wird davon sterben
Doch dieser kleine Eingriff macht mir klar
welche Botschaft Disney für uns hat

dass Locken fixiert oder glänzend sein müssen
obwohl die Filmemacher tüftelten, Jahre um Jahr
um den wilden Look hinzukriegen
das Mädchen, das es wagt, auf hohe Berge zu klettern
dem Windgeheul trotzt und mutig Irrlichtern folgt
hätte keine zwei Sekunden
um zu prüfen wie ihr Haar sitzt
während sie mittendrin ist

Jetzt haben sie das alles rausgekämmt
sie sieht nach Shampoo-Werbung aus
das Haar voller Schwung, die Schultern schlaff
schaut sie lieblich auf uns.

Und es gibt Wichtigeres, über das man sich aufregen
kann
und niemand wird davon sterben
und wenn du's nicht magst, dann musst du's, klar,
natürlich nicht kaufen
doch ich glaub auch, dass es richtig ist
sich Konzernen zu widersetzen
die perverserweise wollen
dass Trickfilm-Kinder
in Kinderfilmen
sexy aussehen.

Und ich weiß, es ist nur eine Zeichnung
und ihr sagt, es ist egal, was für einen Look sie besitzt
doch meine Zweijährige hat im Wald Pfeile und Bögen geschnitzt
und sagt
«diese Merida steht still
weil sie sich nicht bewegen kann in dem engen Kleid»
und ihre Frisur muss sitzen, für alle Zeit
statt Bogen hat sie jetzt einen Glitzergürtel
der die dürre Taille umklammert hält
und ihr Gesicht ist jetzt geschminkt
sexy Eyeliner, sexy Lächeln, sexy Blick
Hauptsache, der Style stimmt
ihr sexyfiziert ein weiteres Kind
und, das ist bei Disney nicht neu
gebt ihr größere Augen
und macht sie scheu

Die Kamera zoomt wieder auf Tinkerbells Hintern
Früher war sie fähig, jetzt muss sie stümpern
eure neue Merida kann nur noch langweilen
sie zielt nicht mehr mit Pfeilen
darf keinen breiten Kiefer haben
muss sich in einen neuen Körper stauchen
und schüchtern in die Kamera hauchen.
Ich find das echt peinlich
und ich weiß, dass davon keiner stirbt
und trotzdem müssen wir's hinterfragen
denn das alles ist ziemlich strange
sogar die Feen sind jetzt sexy
und jedes Mädchen traumhaft schön

Das süße Klappern mit den Wimpern, wirklich,
traumhaft schön
und auch wenn die Story klasse war
das Marketing ist echt nicht wahr.

5. MAI

2 Jahre, 2 Monate

20:00 Uhr

Soeben habe ich erfolgreich eine zehnstündige Zugfahrt mit einer Zweijährigen gemeistert. Ich hätte jetzt gerne einen Sticker. Ich hätte wirklich gerne einen «Gut gemacht, Hollie!»-Sticker.

Es gibt Momente im Leben, wo du den Leuten einfach nur ins Gesicht sehen und sagen willst: *Warum? Warum tut ihr mir das an?* Heute gab's so Momente. Aber auch goldene. Wie auch immer, ich will diesen verdammten Sticker.

In meinem ganzen Leben bin ich noch nie so organisiert gewesen wie an diesem Tag. Ich habe jeden Zug auf jeden möglichen Tagesablauf der Kleinen abgestimmt.

Zug nach London: vor dem ersten Nickerchen. Eurostar nach Frankreich: genau während dem erstem Nickerchen, auf die Minute, mit der Hoffnung, dass sie ein bisschen länger als normal schlafen würde, bis zum Anschlusszug fünf Stunden später. Damit das klappt, habe ich sie gestern Abend bis elf Uhr aufbleiben lassen. Morgens ist sie übermüdet aufgewacht, und wir sind in den Zug nach London gestiegen. Snacks raus. Sie war fix und fertig, aber sie durfte auf keinen Fall auf diesem Abschnitt unserer Reise schlafen, sonst ist der Rest des Tages im Arsch. Also habe ich gequatscht und mit ihr gespielt, und wir haben gegessen und dann fuhren wir in Londons King's Cross ein. Rüber zur Euston Station laufen hätte böse enden können, wenn sie in ihrem einschläfernden Buggy gesessen hätte, also habe ich sie getragen. Alle zwei Minuten Weintraube in den Mund. Ich habe sie und den Buggy und die Tasche getragen. Hab geplaudert, sie wach gehalten. So weit, so gut. Im Sinnlos-vor-mich-hin-Plappern war ich schon immer ziemlich gut.

Wir gehen durch die Sicherheitskontrolle (eben für den Check musste sie wach sein), und ab dem Moment, in dem
ich im Warteraum angekommen bin, habe ich zwanzig Minuten, um sie zum Schlafen zu kriegen. Also ziehe ich ihr was anderes an. Dann schnalle ich sie im Buggy fest. Sie heult, ich gebe ihr ein Küsschen, sie heult, und ich schiebe sie durch den Raum, halb gehend, halb joggend schlingere ich im Kreis herum und lasse den Kinderwagen von links nach rechts und wieder nach links eiern, weil sie aus irgendeinen Grund so leichter wegdämmert. Checke immer wieder ihr Gesicht. Schläft nicht. Checke wieder. Schläft nicht. Heult. Nach fünfzehn Minuten Hin-und-her-Laufen ist sie weg. Eingepennt. Ich bin ein Genie. Mein Plan hat funktioniert.

Ich schaue auf die Tickets und nehme die rechte Zugtür. Steige ein. Wagen F.

Im Eingangsbereich des Waggons gibt es eine Abstellfläche für Kinderwagen. Ich parke den Buggy und setze mich auf den Klappsitz. Zu meinem eigentlichen Platz, dem breiteren – mit einem Tablett, auf das ich zum Beispiel eine Tasse Tee stellen könnte –, der auf so einer Vier-Stunden-Fahrt viel gemütlicher wäre, kann ich jetzt nicht gehen, aber das ist mir egal. Ich werde hier, zwischen Gepäck und Klogestank, sitzen bleiben, weil sie schläft und ich ein Zugfahr-Genie bin und der Luxus bequemer Sitze überschätzt wird.

Zehn Minuten bevor der Zug planmäßig abfahren soll, kommt die Zugbegleiterin vorbei. Sie sieht mich an und sagt leichthin, als wäre es nichts: «Sie müssen den Kinderwagen zusammenklappen und nach oben in die Gepäckablage legen, Madam.»

Auf gar keinen Fall.

Auf. Gar. Keinen. Fall.

«Aber das hier ist doch der Kinderwagen-Bereich», sage ich.

«Ja, aber es gibt noch einen im nächsten Wagen, deshalb müssen wir diesen hier schließen.»

Ich fange an zu schwitzen. Handflächen, Kniekehlen. Nacken. Eine Fünf-Stunden-Fahrt mit einem Kind auf dem Schoß ist eine Sache. Aber eine Fünf-Stunden-Fahrt mit einem Kind, das aus einem längst überfälligen Schlaf geweckt wurde, eine andere. Ich weiß das. Sie wird heulen. Sie wird sehr, sehr lange heulen. Die anderen Reisenden werden mich hassen und mich ignorieren, und die Zugbegleiterin wird mir nicht helfen. Sie wird nicht sagen «Oh, tut mir leid, es ist meine Schuld, dass sie sie wecken mussten, lassen Sie mich mit ihr in den Türbereich gehen und aus Tassen Raketen zaubern.» Das wird sie nicht.

Also sage ich «okay», und die Zugbegleiterin zieht ab, aber ich klappe den Buggy nicht zusammen. Ich wuchte ihn aus dem Waggon und hetze damit zum nächsten. Dann, als ich sehe, dass die Zugbegleiterin wieder in unsere Richtung kommt, schiebe ich ihn wieder raus und zurück in den Wagen, in dem ich vorher war, sodass sie drinnen in die eine Richtung geht, während ich zur gleichen Zeit draußen in die andere gehe. Ich setze mich wieder auf meinen ursprünglichen Platz und bete zum Gott der schlafenden Kleinkinder, dass die dämonische Zugbegleiterin aus der Hölle mich nicht dazu zwingen wird, das zu tun, was sie mir befohlen hat. Der Zug fährt los. Die Begleiterin kommt wieder auf uns zu. Ich lege meinen Kopf auf den oberen Rand des Kinderwagens und tue so, als ob ich tief und fest schlafe. Ich bin noch verschwitzter als vorhin, von der ganzen Panik, Angst und Anstrengung. Ich schließe die Augen ganz fest und bewege mich nicht. Sie geht vorbei und ist fort. Ich sitze vier Stunden lang auf dem unbequemen Klappsitz und träume ab und zu von dem Platz, den ich gebucht und bezahlt habe. Ich kann ihn sogar sehen. Aber ich kann den Buggy nicht bewegen. Und sie schläft. Ein tauber Hintern ist nichts im Vergleich dazu.

Die Kleine wacht lächelnd und ausgeschlafen auf, gerade als ich aus dem Zug steige. Fünf Minuten später besteigen wir den letzten Zug, ich stehe im Wagen und schaue mich um. Zwei Leute sitzen, etwa dreißig Plätze sind frei und dazu eine leere Gepäckablagefläche groß wie ein Kinderlaufstall. Es ist, als ob ich eine Luxusyacht betrete. Ein leerer Wagen für die letzten zwei Stunden mit einem Kind voller Bewegungsdrang. Sie sitzt die komplette Fahrt über im Gepäckbereich und spielt. Ich habe einem komfortablen Sitzplatz und bestelle Tee und betrachte voller Ehrfurcht die Schönheit dieses menschenleeren öffentlichen Raums.

12. MAI
2 Jahre und 2 Monate

20:00 Uhr

Auf der Rückfahrt von Frankreich schläft die Kleine ein, bevor wir durch den Eurostar-Scanner sind. Fuck. Ich gehe zum Anfang der Schlange und sage in meinem besten Französisch: «Ich weiß, ich muss sie aufwecken, um mit ihr durchzugehen. Geben Sie mir eine Minute.»

Ich erinnere mich daran, dass ich in Australien mal eine Frau gesehen habe, die mit drei Kindern durch die Abfertigung gegangen ist. Ein Baby und ein Kleinkind, die im Kinderwagen schliefen, und ein älteres, vielleicht fünf, das neben ihr herlief. Als sie zu den Scannern kam, sagte ihr das Flughafenpersonal, sie müsse die Kinder aus dem Wagen nehmen, um durchgehen zu können – und den Wagen zusammenklappen, damit er durchleuchtet werden könne. Ich habe die Frau noch immer vor Augen, den Schock in ihrem Gesicht. Trotzdem ist sie cool geblieben, hat das Kleinkind auf den Arm genommen – es schlief immer noch – und das größere Kind instruiert, wie es das Baby herausnehmen soll. Hat den Kinderwagen zusammengeklappt und auf das Förderband gelegt. Damit war es immer noch nicht getan. Sie musste das Kleinkind wecken, damit es durch den Scanner laufen konnte, wobei es missmutig schrie. Das Baby strampelte mittlerweile auch herum. Als sie endlich durch war – kein Beepen, keine Tasche, die durchsucht werden musste –, hatte sie drei

Kinder, von denen zwei schrien, und einen Kinderwagen, den sie versuchte wieder aufzuklappen, mit zwei Kindern auf dem Arm, die dann partout nicht drin sitzen wollten. Sicherheit, schon klar. Es war trotzdem eine tragische Szene.

«Une seconde, s'il vous plaît», wiederhole ich. Der Sicherheitsbeamte, oder wie auch immer die Berufsbezeichnung lautet, sieht mich an, als ob ich psychisch labil wäre, hält mich rasch zurück, bevor ich mich zu der Kleinen runterbeugen kann, und sagt: «Non! Wecken Sie das Kind nicht, wenn es schläft!» Als Nächstes kontrolliert er die Kleine im Wagen und führt uns durch das Business Class speedy-boarding, vorbei an den Schlangen, und zeigt uns, wo genau ich mich hinsetzen soll, damit ich sie «im Wagen schlafen lassen kann». Vielleicht war das einfach ein persönliches Ding, aber im Moment scheinen die Franzosen den Wettbewerb um die elternfreundlichsten Sicherheitskontrollen für sich zu entscheiden, mit diesem einen Mann, der für die ganze Republik ins Rennen gegangen ist. Entweder das oder tiefverwurzelter Rassismus auf Seiten der britischen Sicherheitskontrollen – die Mutter mit den drei Kindern war dunkelhäutig und trug ein Kopftuch.

Die Kleine schlief fast die komplette Rückfahrt nach London durch. Ich habe auf dem Klappsitz gesessen und ein Buch gelesen. Tauber Arsch und trotzdem glücklich.

17. MAI
2 Jahre und 2 Monate

 15:00 Uhr

Züge

Heute hat eine Frau aus der Dienstags-Krabbelgruppe gesagt, es sei seltsam, dass die Kleine so viel Eisenbahn spielt. Ich habe erklärt, dass sie immer mit mir Zug fährt, wenn ich Auftritte habe, und es super findet. Dass sie mit dem Zug nach Schottland fährt, wenn wir meine Familie besuchen. Dass wir gerade mit dem Zug in Frankreich waren. Die Frau sagte noch einmal, dass doch eigentlich Jungs mit Eisenbahnen spielen, und wiederholte, mit einem unbekümmerten, freundlichen Lachen, wie seltsam es doch sei, dass sie Eisenbahnen möge. So was höre ich in letzter Zeit immer häufiger. Letzte Woche wurde ein kleiner Junge von seinem Vater ermutigt, nicht mit der Puppe und dem Buggy zu spielen, die immer bei dem Spielhäuschen stehen. Von demselben Vater, der ihn gerade in einem Buggy zur Krabbelgruppe gebracht hatte. Vermutlich von ihrem Haus, nehme ich an.

Meine Familie hat mich schon fünfhundertmal gefragt, wann die Kleine mit Ballett anfängt, weil «sie ihre Zehen so toll strecken kann». Jedes Mal, wenn sie Prinzessin spielt, sagen mir die Leute, dass sie ja ein richtiges Mädchen sei. Jedes Mal, wenn sie in eine Pfütze springt oder auf einen Baum klettert, heißt es, sie wäre ein Tomboy. Nein, ist sie nicht. Sie ist bloß ein Mädchen, das manchmal gern auf Bäume klettert und sich manchmal gern herausputzt. Genauso wie ein Junge, der einen Buggy schiebt, nicht so tut, als wäre er ein Mädchen, oder versucht, eins zu sein. Er ist bloß ein kleiner Junge, der einen Buggy schiebt. Sie ist gerade zwei und wird schon herumgeschubst und einsortiert und an unsere Vorstellungen angepasst, wie Jungs und Mädchen sein und was sie tun sollten.

Ich verliere langsam den Glauben daran, dass das meiste an unserem Verhalten natürlich ist. Bevor ich ein Baby bekam, dachte ich das noch. Aber jetzt ist alles so gezwungen, dass ich diesen Glauben verliere. Es wird immer schwieriger, Bücher zu finden, in denen Jungs und Mädchen zusammen spielen. Alles ist streng unterteilt. Dee und ich waren heute bei Halfords, und jedes einzelne Kinderfahrrad war als «Jungs» oder «Mädchen» gekennzeichnet und etikettiert.

Ich fand den Gedanken daran, der Kleinen ein Fahrrad zu kaufen, echt aufregend und hatte mir vorgestellt, was für ein toller Ausflug das werden würde, dass sie durch den Laden rennt, während Dee und ich verschiedene Größen und Pedale testen. Aber inzwischen will ich sie nicht mal mehr in ein Geschäft mitnehmen. Ich gehe lieber alleine in den Fahrradladen und spare mir den Stress.

Die Fahrräder selbst waren total unterschiedlich designt. Die Mädchenräder hatten hinten einen Sitz für den Teddy und vorne einen Korb. Viele hatten Glitzer dran. Und viele hatten so glänzende Pompon-Dinger in den Griffen stecken. Die Jungsräder hatten keine Körbe oder Teddy-Sitze oder aufregende Glitzer-Deko – als ob kleine Jungs nie ihr Spielzeug mitnehmen oder Brombeeren pflücken oder Kastanien sammeln wollen, wenn sie mit dem Rad unterwegs sind. In dem Geschäft war ein kleiner Junge, der nach Fahrradkörben gefragt hat. Alle Körbe waren pink, und der Ladeninhaber sagte ihm, dass sie keine Jungskörbe haben. Riesenenttäuschung. Die Jungsräder hatten alle langweilige Farben, aber dafür hatten sie blinkende «Speed»-Lichthupen und dieses ganze Zeug. Die Mädchenräder hatten keine Lichter, nichts mit Polizei, keinen Speed – für Prinzessinnen halt –, und schienen zu sagen: «Schlendere mit mir herum, sammle Dinge ein, nimm den Teddy mit, sei eine Prinzessin auf mir.» Die Jungsräder schrien: «Tempo, Abenteuer, fahr mit mir, ras mit mir durch die Straßen – aber lass deinen geliebten Teddy zu Hause, denn das ist schnulzig und viel zu lieb und süß.» Sogar die Größentabellen waren getrennt. Auf der für Jungs waren Dinosaurier und Roboter, auf der für Mädchen Ballerinas und Prinzessinnen. Ich habe heute einem kleinen Jungen gesagt, dass der Dinosaurier, mit dem er spielt, eine Oma sei. Er hat gelacht und gesagt: «Nein, ist er nicht!» Ich hab' den Saurier in die Hand genommen, vor mein Gesicht gehalten und zu dem kleinen Jungen in der Stimme meiner Oma gesprochen: «Es gibt keine Dinosauriermädchen!», hat er gelacht. «Rahahaha!» Komisch – dann hab ich echt keine Ahnung, woher die Baby-Dinosaurier kommen.

Wasserdichte Jacke kaufen – genau das Gleiche. Wir wollen bloß eine warme, regendichte Jacke kaufen. Dee und ich sind in den Laden gegangen – und haben uns eine rosa-lilafarbene mit Sternchen (für Mädchen) und eine grüne (für Jungs) angeschaut. Selber Preis, selber Stil, aber unterschiedliche Materialien. Die für Jungs war aus einem raueren Stoff, und die Nähte liefen irgendwie über Kreuz. Dee hat den Verkäufer gefragt, warum und ob eine der beiden wasserfester ist als die andere. «Nein, das ist gleich – nur dass die Grüne aus Ripstop-Gewebe ist, deshalb ist sie besser geeignet für das, was Jungs gern machen, auf Bäume klettern und so weiter.» Fuck. Im Ernst? Woher kommen diese Mythen? Die Mädchenjacken sind also im Arsch, sobald die Kleine mal fangen spielt oder jemand sie an der Jacke zerrt. Zerrissen. Kaputt. Wohlgemerkt, es geht hier nicht um Indoor-Klamotten oder Partyoutfits, sondern um warme, wasserfeste Outdoor-Jacken! Im Schuhgeschäft dann das Ganze noch mal – die Erklärung des Verkäufers für den Mangel an wasserfesten oder rutschfesten Mädchenschuhen, die man ihm offenbar in der Ausbildung beigebracht hatte: Mädchen gehen weniger raus, klettern weniger. Oder vielleicht finden sie es ja auch einfach toller als Jungs, am ganzen Körper nass zu sein und nasse Füße zu haben? Vielleicht finden sie es toller als Jungs, erkältet zu sein?

Wir sind so bescheuert, und wir geben es an unsere Kinder weiter. Manchmal wünsche ich mir, ich könnte in eine Höhle ziehen, weit weg von Werbung und Fernsehen und Plakaten und Leuten, die meinem Kind Dinge sagen wie: «Oh, du magst die Eisenbahn?», mit einer Überraschtheit in der Stimme, die mich echt nervt. Nur weil die Kleine entschieden hat, heute lieber damit zu spielen als mit einer Puppe. Vielleicht sucht sie sich morgen ein anderes Spielzeug aus. Puppen mag sie auch.

Vielleicht könnte die Puppe den Zug fahren, oder? Schön in deinen Arsch rein? Sorry, das regt mich gerade echt auf.

19. MAI

2 Jahre und 2 Monate

400 *20:00 Uhr*

Gestern war großartig. Ich habe den kompletten Tag im Park verbracht, im Wald, bin rumgerannt. Ich liebe es, wenn Kinder einfach nur Kinder sind. Wenn sie einfach das tun können, was sie wollen. Außerdem ist es herrlich, draußen zu sein, weit weg von Computern und E-Mails und Anrufen. Weit weg von der Arbeit.

Letzte Nacht hatte ich einen Traum. Er war schrecklich, vollkommen drüber. Der Park war in Pink und Blau separiert. Alles entweder in der einen oder der anderen Farbe angemalt. Alle Bäume waren blau, und der Kleinen wurde gesagt, sie dürfe da nicht rauf, weil Mädchen sich nicht schmutzig machen sollen. Mein Sohn (im Traum) wurde «schwul» genannt, weil er Schmetterlinge fing. Ich glaube, diese ganzen «Mädchen» / «Jungs»-Labels machen mich kirre – jetzt sogar schon im Schlaf!

Kinder spalten (Traum)

Ich geh gern in die Wälder, nehm die Kinder mit
ins Grüne
Ich sitz abends gern bei ihnen, erzähl Geschichten,
erklär die Sterne
Mach gern Sachen, die nichts kosten

bei denen man spielen kann, rumrennen und quatschen
und nicht so viel Geld ausgibt

Sie sagen «Mama, können wir rausgehen und spielen?»
Wir holen unsere Jacken und laufen los
Aber heut war's ziemlich doof in unserem Park.

Wo neulich nur ein Eingang war, gab's jetzt zwei, einen rechts, einen links.
Die rechte Tür war blau, und die linke Tür war pink
Auf der rechten Tür stand «Jungs», auf der linken «Mädchen»
Der Park war unterteilt, wie in den Geschäften die Hemdchen

Die Schaukeln waren auf der Mädchenseite, besprüht mit hübschem Glitter
Die Eisenbahn war bei den Jungs, die Rutsche und die Wackelbrücke
Die Feuerwehrstange war blau, weil man weiß, Mädchen können das nicht
Mädchen tanzen bloß um sie herum, strecken die Zehen und wirbeln und drehen sich

Das Karussell stand bei den Mädchen, geformt wie eine Krone
Und es gab eine Ziegelmauer in der Mitte, die teilte die mittlere Zone

Der Matsch war auf der Jungsseite, und das Gras und die Pfützen,
Aber der Himmel war bei den Mädchen, die Wolken sahen aus wie Herzen

Die Bäume waren bei den Jungs, weil Mädchen, die klettern, fallen
Und die Blumen waren auf der Mädchenseite, weil sie Jungs überhaupt nicht gefallen

Dazwischen spannte sich ein Netz hinauf bis ins All, und darunter verlief ein Tunnelsystem
402 Damit die Parkwächter allen Tieren sagen konnten, auf welche Seite sie nun bitte gehen
Die Schmetterlinge und Vögel fing man und zwang sie dann, links zu fliegen bei den Mädchen
Aber die Käfer und Wanzen in der Erde zwang man, rechts zu krabbeln, bei den künftigen Männern
Der Teich war links, denn Mädchen füttern so gern die kleinen Entlein
Doch Entengrütze und Dreck befanden sich rechts, mit echten Steinen und Zweigen

Bei den Jungs gab es Regen und Blitze und dunkle Gewitter
Weil Mädchenkleidung nicht warm hält und sie bei Krach vor Angst zittern
Dem warmen, goldnen Sonnenschein und den weißen Schäfchenwolken
Befahl man, allein für die Mädchen zu glänzen, damit sie lächeln und tanzen

Mein Sohn und meine Tochter rannten herum, erst unsicher, dann entspannt
Und jedes Kind, das die Grenze überschreiten wollte, wurde schwul, burschikos oder böse genannt
Und als ihre Mägen zu knurren begannen und sie Hunger hatten

Verließen wir den Spielplatz und suchten uns eine Stelle zum Picknickmachen

Ich holte die Äpfel raus, O-Saft, die Brötchen und Käsebrote
Erzählte den beiden eine kurze Geschichte über Ziegenböcke und Gnome
Dann nahm ich die Flasche raus und einen Strohhalm für jedes Kind zum Trinken
Doch als sie gerade die Halme nahmen, an ihre durstigen Lippen
Kam der Parkwächter an und zeigte uns das «offizielle» Essen und Trinken
Ein Picknickkorb mit blauem Saft und ein zweiter Korb mit pinkem

«Tut mir leid, die Kinder dürfen sich diese Dinge leider nicht teilen», bat er.
«Denn wenn wir die Kinder aufspalten, verkaufen wir doppelt so viel Spielzeug», sagte er.
‹Es gibt Disney-Prinzessinnen-Saft für Mädchen und Mike den Ritter für die Könige von morgen
Markenjoghurt und -süßigkeiten, Sie sollten einfach von allem zwei besorgen
Legosteine zum Flugzeugbauen oder Legobettchen mit rosa Himmel
Pinke Überraschungseier für Muschis, blaue Überraschungseier für Pimmel.›

Die Kinder waren erst verwirrt, aber kamen schnell rein
Mein Sohn lernte kämpfen und meine Tochter Prinzessin zu sein

Abends bring ich die zwei jetzt getrennt ins Bett
Superhelden-Comics für ihn und für sie ein Buch namens «So wirst du nicht fett»
Küss meine Tochter auf die Wange und mit meinem Sohn klatsch ich ab
Dann schauen wir aus dem Fenster und starren in die Nacht

Mein Sohn sucht nach dem Mars, nach Planeten und Trabanten
Meine Tochter schaut die Sterne an, weil sie funkeln wie Diamanten.
Dann gehen wir ins Bad, damit sie vorm Schlafengehen pinkeln
Regenbogen-Pipi bei ihr, er macht Riesenknödel, die stinken
Ich steck sie ins Bett, auf der Decke sind Züge und Herzen
Meine Tochter schläft friedlich ein, mein Sohn schläft ein und muss furzen.
Als die Sonne doch wieder untergeht und die letzten Strahlen versiegen
Bete ich, dass die Spielzeugläden unsere Wälder und Parks nie in die Finger kriegen.

21:00 Uhr

Die ganze Welt

Er hielt die ganze Welt in seiner Hand
als ich noch zur Schule ging
Er hielt die Tiere und die Pflanzen
die Sonne und die Sterne

Er hielt die ganze weite Welt
wir sangen es etwas schief
und jetzt fängt auch sie an
mitzusingen.

Er hält die ganze Welt
in seiner Hand
und ich hab versucht, die Linien zu lesen

wie ausgebreitete Landkarten
ich schritt durch seine Welt
die Melodie für immer im Rücken
Er hält die ganze Welt
in seiner Hand.

Hände

Mir wurde immer gesagt
dass Jesu Hände magisch seien
Berührt er einen Fremden am Kopf
und er fällt dabei in seine Arme
– geheilt

Ich dachte immer
meine Hände, ihre Innenseiten wären ziemlich
    schwach
bis ich dich sanft an der Stirn berührte,
und du davon
einschliefst

Ich gebe mir echt Mühe, aufgeschlossen und offen zu sein, doch in letzter Zeit flutet ziemlich oft Angst durch meinen Körper. Na ja, eigentlich habe ich Panik geschoben, seit sie geboren wurde: dass ich's nicht richtig mache, sie nicht richtig stille, ihr nicht genug beibringe, nicht oft genug mit ihr rausgehe, nicht genug mit ihr bastle (wo ich ehrlich gesagt auch nicht sooo scharf drauf bin) oder male oder spazieren gehe oder was auch immer. Wegen jeder einzelnen, verdammten Sache.

406 Aber heute ist es eine andere Art Panik, sie bringt mein Blut in Wallung und mein Herz schaltet einen Gang rauf, und ich versuchte trotzdem, ruhig zu bleiben. Aber mir wird langsam klar, in was für einer männlich geprägten Welt meine Tochter aufwächst. Männlich, weiß, heterosexuell. Ich habe das Gefühl, dass ihr jetzt, mit zwei, die Indoktrination langsam ins Hirn sickert und klickert und ich es nicht verhindern kann. Ich wünschte, ich könnte es, aber ich will meine Tochter nicht in einer Blase großziehen, fernab ihrer Altersgruppe, der Schulen, Filme, Bücher. Das würde ich überhaupt nicht wollen. Es wäre ohnehin unmöglich.

Ich erinnere mich an ein Kind in meiner Schule, dessen Eltern sie nie Fernsehen gucken oder Radio oder Popmusik hören ließen. Wir waren auf ihrem Kindergeburtstag. Es gab kein Junkfood, keine Musik – kein gar nichts, wirklich. Und sie wurde so fies fertiggemacht. Ich erinnere mich, wie meine Freundin Jodie und ich versucht haben, die anderen Kinder zu unterhalten, in dem wir Frisbee-Scheiben als Miniröcke getragen und eine lustige Modeschau veranstaltet haben. Ich verstehe total, warum Leute so etwas tun, um ihre Kinder zu beschützen. Aber damals hab ich's nicht verstanden, wir dachten einfach nur alle, dass sie komisch ist. Ich weiß nicht, ob das fair ist. Ich weiß es echt nicht. So oder so, ich habe diese Möglichkeit gar nicht, weil die Kleine sowieso nicht immer bei mir ist und ich nicht in einer Blase lebe.

Also werde ich einfach immer frustrierter und habe keine Ahnung, was ich machen soll. Die Art, wie wir unseren Kindern unsere Vorstellungen aufdrücken, ist so furchtbar, dass ich am liebsten schreien würde. Leise, nur für mich, in der Nacht.

Beispiel 1: Krabbelgruppe

Heute hat mich die Kleine gefragt, welcher Mann die Marienkäfer gemacht hat. Ich habe gesagt, dass Marienkäfer nicht von Männern erfunden wurden, dass niemand so genau weiß, wie sie entstanden sind, und dass Menschen da an ganz unterschiedliche Dinge glauben. Sie hat mich angesehen, als wäre ich völlig bescheuert, und wiederholte: «Ein Mann hat die Marienkäfer gemacht.» Und dann: «Und die Bäume und Blumen und Affen.» Beim Wort «Affen» wurde mir klar, woher sie das hatte. Die Lieder aus der Krabbelgruppe. Die Gruppentreffen finden in einer Kirche statt, und während Dee, wenn er mit ihr da ist, immer vor den Liedern am Ende geht, fand ich, das wäre unhöflich. Die meisten Männer gehen früher. Ich habe es darauf zurückgeführt, dass es ihnen peinlich ist, Kinderlieder zu singen. Doch ich dachte mir: Die Kirche öffnet uns ihre Türen, die Freiwilligen machen mir heißen Tee, und das mindeste, was ich tun kann, ist, ihre Lieder nicht zu boykottieren, was auch immer ich von Religion halte, schließlich geht's hier um Gemeinschaft.

Jetzt spult mein Hirn alle christlichen Lieder ab, die sie dort singen, und mir fällt langsam auf, dass es in dem ganzen Jahr, seit ich dorthin gehe, nicht ein Lied gegeben hat, in dem es um Mädchen, Frauen oder weibliche Wesen geht – Er hat die Welt erschaffen, Er hat die Tiere erschaffen, von der winzigen, winzigen Ameise bis zum riesigen Elefanten. Er ist groß. Er liebt mich. Er hat verdammt noch mal alles erschaffen. Sie liebt die Handbewegungen dazu. Sie sind wirklich einprägsam und sehen süß aus. Wir singen auch jede Woche «The Grand Old Duke of York».

Ich habe darüber mit einem Freund gesprochen. Er gab mir dieselbe Antwort, die ich seit Jahren höre: *Jeder weiß, dass mit «Er» «Gott» gemeint ist, und deswegen schließt das uns alle ein. Es ist kein menschliches «Er»*. Genauso wie in einer «Mannschaft» auch Frauen spielen können und «Leute» «Männer und Frauen» bedeuten kann. Trotzdem, die Sache ist die: Für mich als Frau kommt es nicht so rüber. «Er» bedeutet «er». Für mich und offenbar, wie ich jetzt merke, auch für meine zweijährige Tochter.

Ich verstehe nicht, wie Leute dieses Verständnis beibehalten können. Wenn man es umdrehen würde und wir Gott als «Sie» bezeichnen, statt «man» «frau» sagen und eine Gruppe Sportler «Frauschaft» nennen würden, würden sich Männer ganz sicher nicht gemeint fühlen. Das zu glauben, wäre dumm. Genauso dumm wie zu glauben, dass es auf uns Muschis keinen Effekt hat.

Meine Tochter denkt also, ein sterblicher Mann hätte alles geschaffen, was sie liebt auf der Welt. Ich kann so viel mit ihr darüber sprechen, wie ich will, die Lieder scheinen stärker zu sein. Bleib nächstes Mal nicht bis zum Singen! Denk nicht so viel drüber nach, dass die Leute beleidigt sein könnten! Es ist okay, in Fragen von Marienkäfer-Erschaffung andere Ansichten zu haben und trotzdem mit jenen befreundet zu sein, denen diese Liedtexte mehr bedeuten als dir. Die Frauen, die das Ganze leiten, sind außerdem echt verdammt nett.

Beispiel 2: Spielzeug
Ich realisiere langsam, dass die Standardausführung für Spielzeuge und Kinderfiguren männlich ist. Ich übertreibe nicht: Ich weiß, es gibt Mama- und Papa-Bär-Geschichten und weibliche Tiere in Büchern und im Fernsehen, aber im Allgemeinen, wenn ein Tier einfach nur wie ein Tier aussieht, nimmt meine Tochter und jedes andere Kind, mit dem ich spiele, an, dass es männlich ist. Ein Mann oder ein Junge. Ein schlichter Teddybär, ein Spielzeug-Dinosaurier, ein Hund, eine Giraffe – egal, um was für eine Abbildung oder Spielzeug es geht: Es ist männlich. Damit es weiblich wird, bekommen die Figuren Schleifen oder Haargummis oder ein Kleid oder, noch öfter, Wimpern. Lange Wimpern, damit man sie von den Männern unterscheiden kann. Denk an Mickey und Minnie Mouse. *Peppa Wutz* ist allerdings eine Ausnahme: Papa hat einen Bart und Mama Wimpern. Aber meistens ist das männliche Tier einfach nur ein Tier, und das weibliche ist ein Tier mit einem Extra-Merkmal. Das Standardexemplar ist männlich. Wenn ich der Kleinen vorschlage, ihr Teddy könnte doch auch ein Mädchen sein, ist sie nicht einverstanden, es sei denn, sie setzt ihm einen Haarreif auf. Bei echten Tieren kommt es drauf an. Sie war geschockt, dass es weibliche Hunde gibt. Aber genauso, dass es männliche Hasen oder Schmetterlinge gibt. Verwirrte Kinder!

Beispiel 3: Bücher
Das ist mir jetzt echt wichtig. Ich lese viel. Ich lese wahnsinnig gerne. Lesen gehört zu den Sachen im Leben, die ich am liebsten tue, und inzwischen auch zusammen mit der Kleinen. Wir gehen einmal die Woche in die Bibliothek und leihen fünf Bücher aus, und das ist immer einer

der tollsten Ausflüge für uns. Am Anfang habe ich sie die Bücher für sich aussuchen lassen. Freie Wahl, ich halte mich zurück. Tob dich aus, Liebling.

Bis mir an vielen der Bücher ein paar Dinge aufgefallen sind. Erstens: Der Großteil der Figuren ist weiß. Meine kraushaarige, dunkelhäutige Tochter hat also selten bis nie die Gelegenheit gehabt, Bücher zu lesen, in denen irgend-

wer auch nur entfernt aussah wie sie, weil es statistisch gesehen eher unwahrscheinlich ist, dass sie überhaupt eins finden würde. Zweitens: Wie Spielzeug werden auch die meisten Bücher heute in Mädchen- und Jungsbücher unterteilt. Es gibt kaum welche, in denen Jungs und Mädchen zusammen spielen. Sie liest also selten Bücher, in denen kleine Jungs vorkommen. Drittens: In absolut keinem der Bücher, die ich angeschaut habe, kommen homosexuelle Figuren vor. Keine einzige. Sie existieren nicht – obwohl es viele Pärchen und Liebesgeschichten darin gibt.

Der Versuch, das ein bisschen auszugleichen, war zeitweise verdammt aufschlussreich. Während die Kleine in der Bücherei Zug spielt und Bücher anschaut, scanne ich die Regale: *Jungs und Mädchen, dunkle Haut.* Insbesondere Bücher mit dunkelhäutigen Hauptfiguren, und nicht bloß einem alibimäßigen Kumpel, der nur auf einer Seite vorkommt, oder so ein bevormundendes Kindersachbuch über «Kinder in Afrika». Einige wenige Autoren haben es echt drauf, was das betrifft: Rachel Isadora, Eileen Browne und Gill Lobel sind zur Zeit total angesagt bei uns. Meine Familie ist mit an Bord, und alle verstehen, warum wir die Blässe in unserer Büchersammlung vielleicht etwas ausbalancieren sollten. Aus dem gleichen Grund verstehen sie auch, dass ich überall nach Barbies mit unterschiedlichen Hauttönen Ausschau halte, nachdem die Kleine drei blonde geschenkt bekommen hat, mit denen sie gerne spielt. Ich habe früher auch mit Barbies gespielt. Nichtweiße Barbies sind teurer. Aber in der Woche, als ich Toni Morrisons *Sehr blaue Augen* zu Ende gelesen hatte, habe ich drei gekauft. Die Kleine hat trotzdem weiter steif und fest behauptet, sie habe blaue Augen wie ich, bis ich Van Morrison in Dauerschleife laufen ließ.

Die meisten Leute scheinen also auch der Meinung zu sein, dass dies wichtig ist. Wenn es allerdings um Sexualität geht, sieht die Sache wieder völlig anders aus. Das ist nicht okay und hat bei den Leuten um mich rum grundsätzlich andere Reaktionen ausgelöst. Ich habe es ein bisschen erwartet, aber trotzdem ist es verblüffend für mich. Ich würde sagen, in etwa vierzig Prozent der Bücher, die uns Leute geschenkt haben, kommt ein Liebespaar vor, stets hetero und verheiratet. Viele Geschichten drehen sich sogar um eine Heirat – Märchen natürlich, aber auch modernere. Heirat, Heirat, hetero, hetero. Schön.

Was ich aber interessant fand, waren die Reaktionen, als ich ein Buch namens *König & König* von Linda de Haan und Stern Nijland bestellt habe. Ich wollte sehen, wie die Kleine auf dieses Buch reagieren würde, in dem zwei Prinzen heiraten. Ich ließ es mir schicken, las es ihr eines Abends vor, sie lächelte und sagte «schön», dann schnappte sie sich das nächste Buch. Für eine Zweijährige war das also okay. Ihr war es scheißegal. Andere Leute allerdings, Erwachsene, um genau zu sein, haben sich da schon mehr Sorgen gemacht.

Abgesehen von Augenrollen und Gelächter, gab es folgende Kommentare:

Willst du sie homosexuell erziehen?

Ich weiß, du willst, dass sie eine Lesbe wird.
Was willst du damit beweisen?
Ich finde das unangemessen.

Überwiegend wurde allerdings vermutet, dass ich die Kleine irgendwie dazu bringen will, homosexuell zu werden. Sie indoktrinieren will. Sie mit Gewalt und gegen ihren Willen dazu zwingen will, lesbisch zu werden (auch

wenn es in der Geschichte um zwei homosexuelle Männer geht), indem ich ihr ein Buch über diese Tatsache im Bezug auf die menschliche Natur vorlese: dass nicht alle Menschen hetero sind. Unter ungefähr hundert Kinderbüchern habe ich jetzt eines mit einem schwulen Paar. Niemand, absolut niemand, ist auf die Idee gekommen, dass die Millionen von Büchern, Filmen, Cartoons mit heterosexuellen Paaren und Hochzeiten sie vielleicht auf eine ähnliche Weise indoktrinieren könnten, wie es Bücher mit homosexuellen Paaren angeblich tun.

Bei den christlichen Liedern habe ich die gleichen ärgerlichen Reaktionen geerntet. Irgendwann habe ich angefangen, «er und sie» statt «Er» zu singen. Ich habe auch aus «Er hält die ganze Welt in seiner Hand» «Sie halten die ganze Welt in ihren Händen» gemacht; und immer wenn ich das tue, gibt es Leute, die sagen, ich sei «total drüber», «bescheuert», solle «nicht so einen Aufstand machen». Eine nervige, maulige, jämmerliche Schlampe. Das Gleiche geschieht, wenn ich online Reaktionen auf Gedichte übers Frausein bekomme: Schlampe. Prüde. Hässlich. Nutte. Braucht mehr Schwänze in ihrem Leben.

Ich ernte richtig wütende Reaktionen auf alles, was ein bisschen Staub aufwirbelt. Und eine totale Verweigerungshaltung auf Seiten dieser Leute, mal zu überlegen, dass es im Denken eines Kindes eine kleine Delle hinterlassen könnte, wenn wir ständig darüber singen, wie genial «Er» ist und dass «Er» der Retter des Universums sei. Wenn man etwas dagegen sagt, meinen sie, es ginge gegen Männer. Anstatt zu sehen, dass es gegen kleine Mädchen geht, wenn sie mit dem Gefühl groß werden, dass Frauen genau gar nichts tun, und gegen kleine Jungs, wenn sie mit dem Gefühl aufwachsen, Versager zu sein, sobald sie keine gottgleichen Superhelden werden.

Ich darf also nicht über Frauen sprechen, und ich darf nicht über Homosexuelle sprechen. Weil das Indoktrination ist und es mich einfach nur zu einer Nervensäge macht. Ein paar Leute – wenige jedoch – finden auch, dass es nervt, dass ich so auf der Hut bin, dass die Kleine ab und zu in ihrem Leben auch mal nichtkaukasischen Figuren begegnet. Diese Menschen, alle kaukasisch, scheinen nicht mit der Vorstellung klarzukommen, dass es, wenn sie beim Heranwachsen nur Figuren mit – ich weiß nicht – somalischen, kenianischen, iranischen oder syrischen Merkmalen in Büchern, Comics, Filmen, Fernsehsendungen, auf Geburtstagskarten etc. sehen würden, das vielleicht doch irgendeinen Effekt auf sie hätte. Was mir am meisten die Augen geöffnet hat, war der Versuch, eine Geburtstagskarte für Dees Familie zu finden. «Yeah», sagte Dee, «du findest nur welche mit weißen Leuten drauf. Als ich klein war, habe ich immer nur Geburtstagskarten mit weißen Kindern drauf bekommen. Genauso wie bei meinem Spielzeug. Und den Büchern.» Langsam ändert es sich, aber nur langsam.

Ich *bin* wirklich auf der Hut. Und ich finde, das ist wichtig. Weil die Indoktrination bei ihr zu wirken beginnt und meine Versuche, alles zu tun, was ich kann, um das zu verhindern, die Leute seltsam wütend auf mich macht.

Ich glaube aber, das ist mir lieber, als dass meine Tochter während ihrer ersten, so prägenden Lebensjahre weiterhin denkt, ein heterosexueller, kaukasischer Mann würde überall auf der Welt Marienkäfer erfinden.

Das heißt nicht, dass ich etwas gegen heterosexuelle kaukasische Männer habe oder nicht verstehe, dass weiße Männer sicherlich auch Traumata erfahren. Es geht um die grundlegenden Vorstellungen, die sich ein Kind von der Welt und von seinem Platz darin macht.

Dieses Zeug ist viel schwieriger, als ein kleines Baby zu füttern.

31. MAI

2 Jahre, 2 Monate

21:00 Uhr

An der Tür

Tritt zurück. Verschwinde. Atme aus –
Du bist jetzt fast aus der Tür.
Sei da. um zu helfen. wenn sie fragt –
Sie ist ja erst zwei Jahre alt.
Sie will es. allein. probieren –
Also nimm jetzt deine Hände weg.
Tritt zurück. Verschwinde. Atme aus –
Sich jetzt zu stressen hat keinen Zweck.
Sie hat's fast. geschafft. die Knöpfe –
Es macht jetzt nichts, dass ein paar davon schief sind
Wenn du. sie hetzt. dreht sie durch –
Sie hat jetzt fast die Schuhe an.
Der Linke. sitzt. auf dem Rechten –
Aber noch kein Grund einzuschreiten.
Sie schaut jetzt schon runter –
Jetzt. probiert sie's. mit dem Linken.
Lass. dein Blut. sich nicht erhitzen
Lass. deine Geduld. nicht explodieren.
Entspann dich. Atme aus. Sei stolz.
Sie ist ja erst zwei Jahre alt.

Letzte Woche musste ich gegen den sehr starken Drang ankämpfen, die Arbeit zu schwänzen, in den Pub zu gehen und drei Stunden lang in ein Bierglas zu brüllen. Das kann passieren, wenn man ein Kleinkind ausgehfertig kriegen will. Manchmal macht es Riesenspaß zuzuschauen, wie die kleinen Finger herumfummeln, um die Jacke schief zuzuknöpfen und sich den Schuh auf den falschen Fuß zu ziehen, und wie sie dann aufstehen, stolz wie ein Pfau, um ihr Talent zur Schau zu stellen. Manchmal ist es schwer, ihre Finger nicht beiseitezuschieben und es schnell für sie zu erledigen. Lass sie es selbst machen, erinnert Dee mich dann. Lass sie es selbst machen, erinnere ich ihn dann. Teamwork.

Die Kleine will jetzt alles allein machen. An sich eine super Sache. Allerdings dauert jetzt auch alles entsprechend länger. Manchmal fällt es mir schwer, geduldig zu sein. Ich will, dass sie diese Alltagsdinge lernt – sich anziehen, Schuhe zubinden, ihre Tasche packen –, wirklich. Aber Gott im Himmel, manchmal dauert es einfach ewig, bis sie fertig ist! Manchmal muss ich die Zähne zusammenpressen, tief durchatmen und mir ständig sagen, dass es okay ist, zu spät zu kommen, sie muss es lernen, sie wird es lernen. Widerstehe. dem. Drang. ihr. zu. helfen.

Die Leute sagen oft, dass Eltern oder Pflegeeltern, die ihren «Arbeitsplatz aufgeben», um Kinder großzuziehen, wertvolle Kompetenzen verlieren und Sternchen im Lebenslauf und die Möglichkeit, sich fortzubilden.

Für mich persönlich grenzt die Tatsache, dass ich die Aufgabe gemeistert habe, mein Kleinkind fertig zu machen, während sie in Tränen ausbricht (weil sie nicht rausgekriegt hat, wie rum man die Hosen anziehen

muss), einen Wutanfall bekommt (weil ich versucht habe zu helfen), die Tür zuknallt, sich aus Protest im Bett versteckt, dann eine Stunde braucht, um sich die Zähne zu putzen, und ich es schließlich geschafft habe, sie vor die Tür zu bekommen, ohne die Beherrschung zu verlieren, meine Hand zu erheben, hysterisch zu heulen oder mich auf den Küchenboden zu werfen – an ein Wunder. Und ich habe sie trotzdem nur ein klein wenig zu spät bei ihrer
Oma abgegeben. Das zählt für mich als Kompetenz und sollte definitiv in jedem Lebenslauf positiv vermerkt werden.

Ich glaube, nach diesem Morgen habe ich mich schlussendlich bereit gefühlt, mich für den Job als Chef-Botschafter der UN-Krisenmanager-Friedenstruppe zu bewerben. Wie es in Artikel 1 der UN-Charta heißt, wird von der UN erwartet, «den Weltfrieden und die internationale Sicherheit zu wahren … wirksame Kollektivmaßnahmen zu treffen, um Bedrohungen des Friedens zu verhüten und zu beseitigen … internationale Streitigkeiten … durch friedliche Mittel … zu bereinigen oder beizulegen.»

Ich bin ja auf eine, wie ich finde, gute Schule gegangen – die St.-Bart's-Gesamtschule in Newbury nämlich. Ich habe peinlich viel gebüffelt und es mit viel Hilfe von meiner Familie und meinen Lehrern und der Tatsache, dass ich mein eigenes Zimmer (zum Lernen) hatte, geschafft, an der Universität von Cambridge angenommen zu werden, um Sprachen zu studieren. Nachdem ich meinen Abschluss gemacht hatte, arbeitete ich in einem Nachtclub und einem Geschäft, um halbtags einen Master in Development Studies und Wirtschaft an der School of Oriental and African Studies in London machen zu können. Ich habe sehr viele Aufsätze und Studien über internationale Konflikte gelesen. Und wollte irgendwie in diesem Bereich arbeiten.

Keine dieser Qualifikationen – plus die Tatsache, dass ich es mir weiterhin nicht leisten konnte, nach dem Abschluss ein unbezahltes Praktikum bei einer Hilfsorganisation zu machen – hat mir das Gefühl gegeben, ich könnte mich für die Art von Job bewerben, die ich wirklich wollte. Ich war immer davon überzeugt, ich wäre nicht gut genug, egal wie sehr ich mich anstrengte. Mein Betreuer in Cambridge hat das immer die «Staatliche-Schule-Mentalität» genannt. Aber jetzt, wo ich das morgendliche Abliefern Tag für Tag meistere, ohne die Beherrschung zu verlieren, fühle ich mich endlich bereit. Ich finde, eigentlich sollten die neuen Kompetenzen, die ich als Mutter erworben habe, obligatorischer Bestandteil jeder Bewerbung um einen UN- oder Regierungsposten sein, der irgendeine Art von Verhandlungs- oder Diskussionsgeschick erfordert. Statt dieser unbezahlbaren Praktikumsstellen für extrem gutsituierte Absolventen (kein Neid, Leute) stelle ich mir jetzt vor, dass ein Bewerbungsgespräch vielleicht ein bisschen mehr so ablaufen könnte:

Hallo, kommen Sie bitten herein. Für welche Position bewerben Sie sich?

Ähm, Leiterin der UN-Friedensmission.

Und warum glauben Sie, dass Sie für diesen Job qualifiziert sind?

Nun, ich habe meinen Schulabschluss in Eton gemacht, ein Einser-Examen in Politik von der Universität Oxford, einen Doktor in Konfliktlösung und internationaler Friedenssicherung, und ich habe während der letzten drei Jahre ein unbezahltes Praktikum bei einer internationalen Hilfsorganisation absolviert. Außerdem habe ich seit meinem dritten Lebensjahr in der Abteilung meines Vaters Erfahrungen bei der Weltbank gesammelt.

Okay, schön. Sind sie Vater oder Betreuer eines Kindes?

Ähm, nein. Ich habe keine Kinder.

Haben Sie schon einmal mindestens drei volle Tage und Nächte als einziger Verantwortlicher mit einem Kind oder einer anderen hilfsbedürftigen Person verbracht?

Äh, was? Nein.

Ist Ihnen schon mal Babykacke über die Arme gespritzt, während sie eine Windel gewechselt haben, und Sie haben trotzdem weiter «gugugu» gesagt und gelächelt, auch dann noch, als das Baby Ihnen ins Gesicht gepinkelt hat?

Äh, nein.

Mussten Sie schon mal ein Kind anziehen und aus dem Haus bekommen und waren dabei in der Lage, cool zu bleiben und ruhig und friedlich angesichts des immensen Drucks von Wutanfällen und Geheul und Gebrüll? Und standen sie schon mal mit rotem Kopf auf dem Bürgersteig und haben die Passanten angelächelt, während ihr Kind auf dem Boden lag und brüllte: «Geh weg, ich rede nie wieder mit dir!» und sich weigert, sich von der Stelle zu bewegen – ohne dabei selbst zu heulen oder zu schreien?

Äh, nein.

Mussten Sie schon mal einen Konflikt mit einem Kind oder einer Gruppe von Kindern schlichten, ohne dabei die Fäuste zu schütteln, «Ra, ra, Herr Vorsitzender» zu rufen, Ihre Stimme zu erheben oder auf eine hochtrabende, arrogante Weise über sie zu lachen?

Äh, nein.

Okay, vielen Dank. Wir geben Ihnen Bescheid. Im Prinzip suchen wir jemanden, der Erfahrung in der Betreuung von Kleinkindern hat. Oder Lehrerfahrung in der Grundschule. Wir rufen Sie an.

11

SOMMER
ZWEI JAHRE DREI MONATE
DANKBAR

Kleines Gold
Regensturm
Regen im Gesicht
Erdbeeren stibitzen

3. JUNI

2 Jahre, 3 Monate

1:00 Uhr 423
Es war ein wunderschöner sonniger Tag. Unsere Freunde Louise und Steve haben ein zweites Baby bekommen. Wieder ein Frühchen, und sie wissen noch nicht sicher, ob sie überleben wird. Ich kann mir das gar nicht vorstellen, und ich weiß nicht, wie ich helfen kann, falls es *überhaupt etwas* gibt, das ich tun kann. Sie wartet darauf, ihr Baby küssen zu dürfen, das ist alles, was sie diese Woche tun möchte, einmal ihr Baby küssen. Ich schwöre mir, diesen Sommer zu genießen, jede Minute, jeden Kuss und Spaziergang und alles Geschrei. Ich habe Louise dieses Gedicht geschickt, keine Ahnung, ob das okay war, denn jetzt habe ich ein bisschen Angst, dass ich eine Grenze überschritten habe. Ich weiß überhaupt nicht, wie es ihnen geht. Es ist bloß so, wenn ich ein Gedicht schreibe, das von bestimmten Menschen handelt, habe ich immer das Gefühl, es gehört mehr ihnen als mir. Ich hoffe, es macht ihr nichts aus, dass ich es geschrieben habe. Ich knuddle die Kleine, während sie schläft. Aus irgendeinem Grund schlafe ich in ihrem Zimmer auf dem Fußboden. Ich kann mich heute Nacht nicht von ihr trennen. Ich kann nicht schlafen. Ich starre nur ihr Gesicht an, berühre alle fünf Minuten mit der Handfläche ihre Wange, um nachzusehen, ob ihre Atemzüge immer noch so tief sind, dass sie durchträumt.

Kleines Gold

Sie hat beinah die Größe einer geöffneten Hand
In ihren Lungen und Atemwegen stecken Schläuche
Eine Knospe, so neugierig, dass sie die Blütenblätter öffnete
Bevor sie ganz bereit waren für die Sonne.

Und ihre Mutter sitzt neben ihr wie ein Schutzengel
Jeden Morgen wacht sie, jede Nacht, benommen
Und beschützt ihren Körper, indem sie ihren aufgibt
Sie hat grad so viel zu sich genommen

wie sie braucht, damit ihre Milch golden sein möge
Stunde um Stunde Schlaf wird ihr zu Recht gestohlen
sie wacht auf aus ihrem Traum, nickt für Sekunden wieder ein
die Tage gleiten dahin und gelten ihrem Kind allein

Die Familie balanciert das Baby und das schöne Kind
Dessen Späße und Gelächter sie zum Lächeln zwingen
Kleinkindlicher Sonnenschein und strahlendes Lachen
Die Zukunft gehört so vielen kleinen Dingen

Die Familie steht eng, zwei Mädchen, Vater und Mutter
und das Leben atmet, nimmt tiefe Züge
Sie geben einander Kraft durch schlaflosen Schlummer
die Welt dreht sich weiter, sogar in diesem Zimmer

Wenn du also wissen willst, was wahre Liebe ist
Hör auf, Filme zu schauen

Voll glamouröser Paare und dem Hollywood-Traum
Küsse im Regen, in perfekt sitzenden Kleidern
Eng umschlungen, ein Glück das jeder sehen kann
Denn wenn du nicht weißt, was wahre Liebe ist
Hier fängt sie an
In Augen so müde hinter Lidern auf Halbmast
die sich öffnen und schließen bei jedem Laut, den sie macht

in Richtung dieser Frau hier, für immer wach
Sie nimmt ihr Leben und verteilt es auf andere
die neue Schwester, die Mutter, den Vater
Von Sonnenauf- zu Sonnenuntergang eilt dieses Herz
und friert jedes Mal wenn ihr getrennt seid, so sehr, dass es schmerzt

Wenn du also wissen willst, was wahre Liebe ist, das ist sie
Über ein Baby wachen, über Tage, in Erwartung eines Kusses
Und wenn's einen Grund gibt, warum wir hier sind, auf diesem Planeten, das ist er
sich der Liebe bewusst werden, die ich zu geben habe, bis irgendwann Schluss ist.

Wenn du also wissen willst, was wahre Liebe ist
Magst du sie finden in dieser Saat
Eine kleine Knospe, die früh erblühte
So neugierig, so gewagt
Mag sie auch winzig und ohnmächtig wie der sehnliche Griff ihres Vaters sein
Weiß sie doch schon von einer Liebe
Wie Gold, so rein.

10:00 Uhr

Louise hat mir heute Morgen geschrieben und sich für das Gedicht bedankt. Ich bin so erleichtert. Sie ist immer noch im Krankenhaus. Heute habe ich einen Artikel über die brasilianischen Milchbänke gelesen, die insbesondere Frühchen retten sollen. Sie bekommen weltweit die meisten Milchspenden. Die Feuerwehr kümmert sich im Rahmen ihrer Mission, Leben zu retten, ums Einsammeln. Es ärgert mich, dass ich jetzt erst die totale Magie dieser ganzen Milch-Geschichte verstehe, aber mich seltsam gefühlt habe, als ich sie selbst im Körper hatte. Ich hätte spenden sollen. Ich wusste nicht mal, dass es das gibt.

Jedenfalls, ihr Baby ist stabil. Wie man mit so was klarkommt, ist mir wirklich schleierhaft. Ich gehe jetzt wieder mit der Kleinen in den Park.

19. JULI
2 Jahre und 4 Monate

2:00 Uhr

Letzte Woche hatte ich einen Gig in Norwich. Um Mitternacht war's vorbei, ich musste allein zum Parkplatz gehen und von dort allein nach Hause fahren. Vorher hatte ich online Drohungen von einem Typen bekommen, der sagte, er würde eine Gruppe zusammentrommeln – sagte, er sei Mitglied der English Defense League –, die dann zu meinen Auftritt kommen und mir zeigen werde, «wie sehr sie meine Haltung zu Immigration schätzten». Alles unter meinen YouTube-Videos gepostet. Einer meiner Freunde sagte, wenn ich nicht hinginge, würde ich vor ihnen einknicken. Er hat gut reden. Er ist ja auch nicht derjenige, der Angst haben muss, dass ihm jemand auf dem Weg zum Parkplatz folgt und die Seele aus dem Leib prügelt.

Ich bin zu dem Auftritt gefahren, und nichts ist passiert, außer dass ich ein nervliches Wrack war. Auf dem Heimweg bin ich dann in den schlimmsten Regensturm meines Lebens geraten. Ich konnte nicht mehr durch die Windschutzscheibe sehen, und ich konnte nirgendwo anhalten. Ich habe die komplette Fahrt über geheult. Ich habe es so satt, mit dem Muttersein und den Auftritten und meinem Tagesjob zu jonglieren, und ich bin angeödet von Online-Trollen, die mich bedrohen und mir erzählen, ich würde nichts weiter tun als Gedichte schreiben und rumhängen, obwohl ich in Wahrheit kaum genug Zeit habe, mir den Arsch abzuwischen. Manchmal wünsche ich mir, ich könnte jeden Tag zu Hause sein, in den Park gehen und mehr schlafen. Nein, das stimmt nicht. Ich wünschte nur, ich könnte mehr schlafen.

428 Regensturm

Das Radio sprach in den Nachrichten von Krieg
Draußen goss es in Strömen

Scheibenwischer stoben verzweifelt
Wolken zu verscheuchen mit quietschenden Lauten

Niemals vorher habe ich mich ums Sterben gesorgt
durch den Regen, auf den Straßen die Fluten

Und als der Wagen heut Nacht
zum vierten Mal schlingerte
auf einer überschwemmten Autobahn
und als über mir zuckende Blitze
den Himmel befingerten
wollte ich panisch
nur noch nach Hause

Ich dachte immer, wenn ich todkrank wär
wollte ich unbedingt die Welt noch sehen

zum Machu Picchu wandern, bevor es zu spät ist
und ein Unbekannter würde mir Geld geben

sodass ich tun könnte, was ich kann, bevor
der Tod kommt und mich holt

doch im Regen zu ertrinken
Kupplung und Bremse zu verwechseln
das Lenkrad umklammern
Schlingern und jammern
Ein stürzender Baum, gefällt vom Blitz
ich stellte mir vor, wie es klänge, träfe er mich

Überholte ein Laster, dachte ich, das war's
Und jedes Mal, wenn die Panik über mich hereinbrach

wollte ich verzweifelt nach Hause

Sehen, wie sie schläft
sehen, wie er schläft
ihre warme Haut fühlen
und ihre weichen Wangen streicheln
die Panik erzeugte keine Träume
von Orten, die zu sehen ich versäume
nur Gedanken an euch zwei
den panischen Wunsch, bei euch sein
euch nah zu sein
ein großartiges letztes Mal

und ich erkannte, wenn mir noch eine Minute zu
leben bliebe
würde ich nicht reisen oder mit dem Gleitschirm
fliegen

keine 1000 Orte, die man sehen muss, bevor man stirbt
ich wollte drinnen in unserer kleinen Wohnung liegen
sie dicht an mich ziehen, uns alle
still
mit einem Lächeln

21. AUGUST
2 Jahre und 5 Monate

Sich verlieben

Mir war schlecht letzte Nacht. Lebensmittelvergiftung oder Bazillen oder so was. Dee war arbeiten und nicht da. Um ein Uhr wurde mir richtig übel, genau in dem Moment, als du weinend aufgewacht bist. Ich habe dich mit in mein Bett genommen und versucht, dich wieder zum Schlafen zu kriegen, aber ich musste kotzen. Ich sagte leise: «Ich muss ins Bad gehen, Mummy ist schlecht.» Du bist mir hinterhergekommen, hast hinter mir auf dem dunklen Fußboden gesessen und meinen Rücken gestreichelt. Und dich dann die nächsten drei Stunden geweigert, das Bad zu verlassen, hast deine Decke geholt und mit ein paar Plastikfischen und einer kotzenden Mutter dein Lager aufgeschlagen.

Ich habe mich letzte Nacht wieder verliebt.

25. AUGUST

2 Jahre und 5 Monate

432 **Regen im Gesicht**

Ich bin der glücklichste Mensch auf der Welt
mit meinem Kind an meiner Seite
und der Sonne am Himmelszelt
und dem Obst an den Ästen
und den Bienen, die schwirren
wenn du hinhörst, wispern sie vom Sinn des Lebens

In meiner kleinen Küche
sitzt die Kleine
und zerkrümelt Butter
sie hat Mehl an den Händen
und tunkt sie in Zucker
und eine Tüte voller Brombeeren
gepflückt am Rande des Weges

Die Wangen meines Kindes glühen

und der Duft des Crumbles im Ofen
überwältigt meine müden Augen

ich bin der glücklichste Mensch auf der Welt.

Wenn wir Erdbeeren pflücken
an der Mauer in der Stadt
und ich schließlich sogar Birnen- und Feigen-
    bäume gefunden hab
lass uns den Obstsaft aus unseren Gesichtern
    schlecken
und dann beten wir, dass es August wird
damit die Äpfel endlich schmecken

Wenn wir durch Straßen gehen
An den Tagen, an denen ich noch da bin,
Nach Obstbäumen spähen
Oder nach Büschen mit Reifem darin

bin ich die glücklichste Mutter der Welt.

Wenn du mir also wieder sagst, unsere Wohnung sei
    zu klein
höre ich kaum mehr hin
und nein, wir haben keinen eigenen Garten
wir teilen ihn uns
doch wir sind sicher und gesund und an jedem Tag,
    der noch zählt

bin ich der glücklichste Mensch auf der Welt.

Ich will ihre ganze Haut bedecken
mit schützenden Küssen
sie vor der Welt draußen behüten
Blumen pflücken, stöbern in Büschen
im Park auf Bäume klettern
durch die Dunkelheit wandern

ich bin total verliebt
in dunklen Wäldern ist mir nicht mehr bang
nur die Gesellschaft macht mir Angst

Ich möchte ihr Raum geben, in dem sie sich entfalten kann
bevor sie gepackt und gepiesackt wird

und verschnürt und retuschiert
bevor man Jungs sagt: blau!, und Mädchen: pink!
und man ihr beibringt, was man lernt und denkt und singt
Bevor Prinzessinnen auf Postern, weißblond und dünn
sie ins Grübeln bringen, warum die so ganz anders sind

Also bleib ich im Park, wo das Spielen nichts kostet
und die Welt nicht geteilt ist in Pink und Blau
und wir pflücken uns Früchte, die wir essen, schmatzend kauen
während sie Kraft sammelt, um Mauern in Köpfen einzuhauen
allein.

Und wir sind glücklich und gesund und an jeden Tag, der noch kommt
werd ich dankbar für jeden Tropfen Regen sein

wir rennen unter Bäume
und suchen uns Schutz
bis die Sonne wieder scheint.

26. AUGUST
2 Jahre und 5 Monate

Heute war der reinste Segen. Im Moment ist die Kleine fasziniert von ihrem Pappkartonkühlschrank und dem Pappkartonherd, und immer wenn ich jetzt koche, fragt sie nach Zutaten für ihren Kochtopf. Sie erzählt mir wieder und wieder, dass sie Suppe kocht, und mir wird klar, dass wir das an vier Tage die Woche essen. Ich verwandele mich in meine Großmutter: «Die Woche über abends nur Suppe und Pudding, und sonntags ein Festessen», das hat sie immer zu mir gesagt. Also sitzt die Kleine an ihrem Herd und rührt in ihrer Suppe. Mir ist aufgefallen, dass sie, egal was sie kocht, es auch isst. Es ist ein großer Spaß. Es sieht widerlich aus. Ich habe ihr ein paar Erbsen gegeben, ein bisschen Käse, Rote Bete, Muschelnudeln und eine Karotte. Sie hat heißes Wasser hinzugegeben, das Ganze umgerührt und es dann getrunken, als es kühl genug war. Alles. Große, matschige Käseklumpen, die in einer wässrigen rosa Suppe trieben. Halbgare Pasta. Aber sie hat es selbst zubereitet, ich schätze, dass ist das eigentlich Aufregende. Ich liebe dieses Alter. Ich mag es, mit ihr zu kochen. Ich gebe mir große Mühe, sie nicht immer gleich zu stoppen, wenn sie die Küche mit Mehl einstäubt. *Lass es sie einfach ausprobieren, Hollie, hör auf, dich einzumischen!* Ich bin immer noch nicht sicher, ob ich bereit dafür bin, Mutter zu sein, aber jetzt gerade ist es ziemlich faszinierend. Ich hoffe nur, dass es ihr auch Spaß macht. Immerhin lächelt sie. Puh.

Erdbeeren stibitzen

Ich will für dich kochen
mein Baby
das ist alles, was ich jetzt will

Du hattest deine Milch, doch du hast mehr verdient
436 jetzt will ich dir beibringen, wie man auf Bäume
klettert
und für dich Apfelkompott stampfen
Ich will für dich kochen

Ich will Obst schneiden und Gemüse putzen
und dir zusehen, wie du kicherst
und frischer Birnensaft dein Kinn küsst

Ich will für dich kochen
meine Kleine
gehackte Zwiebeln, Knoblauch, Rosmarin
fleischige Tomaten
Topf auf den Herd und zusehen, wie du mit mir
sprichst

Ich will dir den Regenbogen kochen
sehen, wie du wächst in Wochen
ich hab dir einen Topf voll Gold versprochen
mit Brombeeren, an der Straße gepflückt
und Erdbeeren, stibitzt von Stadtmauern

Ich will für dich kochen
bis du groß bist
Ich will deinen Herzschlag nähren

alles, was du bist
unsere Küche, unser Geldbeutel sind klein
aber Kochbücher kann man sich leihen

Ich will für dich kochen
es war zwar nicht abgesprochen
dass Brotbomben in Karottensuppe fliegen
doch ich will dich füttern vom Kopf bis zu den Füßen

während Rote Bete deine Zunge pink färbt
und du sie mir stolz herausstreckst.
Ich seh deine Stirn sich falten, wenn die Gewürze
singen
ich möchte deine kindlichen Begierden stillen
mit all den vollkommenen Dingen

und jetzt seh ich wie du dasitzt
in der Küche und mir sagst
dass du «am Kochen bist»
Holzlöffel
ein kleiner Topf
klappernde Deckel
und dein Kinderkopf
Schachteln aus Pappe
sind Kühlschrank und Herd
du schälst Zwiebeln aus Papier
und bittest mich um Käseecken
und erfindest neue Rezepte

Du streust Zimt auf Karottenscheiben
Brot und Milch und Erdnussbutter

Du kicherst, das sei unser Abendfutter
und ich hoffe, dass alles so gut schmeckt
wie das Leben an deiner Seite
das du mir schenkst
ich schaue, wie sich deine Augen weiten
beim Schlürfen neuer Flüssigkeiten
und Eintunken in Saucen.

438

Ich will für dich
die edelsten Gänge kochen
mit meinem Wissen, meiner Hand
damit du wie der Wind durch lehmige Felder rennen kannst
auf Bäume kletterst
in Pfützen tanzt

Ich will dir all die Energie kochen, die deine zarten Muskeln brauchen
um zu atmen und zu laufen
um zu sehen und zu lauschen
zu schreiben und zu lesen
komm, lass uns gemeinsam essen
für dich habe ich etwas gelernt
das ich bisher nicht konnte
und mein Herz wird leicht und freut sich still
wenn du einen Nachschlag willst

Klar, manchmal landet das Essen auf dem Boden
wo du sitzt und in Töpfen rührst
also setz dich zu mir und halt meine Hand
Eingesaute Kleider?
darauf kommt es nicht an

dein Inneres soll schick sein
und sauber, von Anfang an
ich will deinen Herzschlag nähren
damit er mit deinen Träumen mithalten kann

In Kochbüchern reise ich um die ganze Welt
nicht wie du aussiehst, was du isst, ist, was zählt
also klapper mit deinen Töpfen und füll deine Pfannen

Ich versuch, dir den Start ins Leben
so gut zu kochen
wie ich kann.

12

HERBST
ZWEI JAHRE UND SECHS MONATE
KÖRPER
AUS STACHELDRAHT

Stacheldraht
Du
Zwölf von zehn
Megatron

1. SEPTEMBER
2 Jahre, 5 Monate

Heute, in einem Laden, schrie die Kleine Dee an, der in der Schlange stand: «Daddy, ich liebe dich», wieder und wieder. Dees Gesicht lief hellrot an, jeder starrte zu ihm herüber. Ich liebe Kinder. Ich liebe es besonders, wenn sie ihn so in Verlegenheit bringt. Ich glaube, nur Kinder besitzen die Fähigkeit, so etwas in Menschen hervorzurufen. Ich sage ihr, dass ich nicht glaube, dass er sie gehört hat, und dass sie es noch einmal rufen soll. Er zuckt an der Kasse zusammen.

Wann hören wir auf, so ehrlich zu sein? So offen mit unseren Gefühlen? Es ist so cool zu sehen, wie wir ohne all das, was man uns «beibringt», wären. Dee – er ist immer so cool und gefasst. Augenblicke wie dieser sind Gold wert. Klar ist es peinlich, wenn sie «Ist der Mann da schwanger?» oder in öffentlichen Toiletten «Machst du Kacka?» schreit. Doch diese Show offener, ehrlicher Gefühle war großartig.

Stacheldraht

Dee sagt, seine Komplimente seien mit Stacheldraht
umhüllt
Weil er nun mal ein Mann ist
Er macht Witze darüber, dass er nun mal ein Mann
sein muss
Und an leuchtenden Bächen mit mir spazieren wird

Aber meine Hand wird er nicht nehmen
Nein, meine Hand wird er nicht nehmen

Wenn er mir sagt, dass er mich toll findet
Fängt er an zu schwitzen
Als würde er rot angelaufen und ungeschickt
Auf dem Trockenen sitzen

Wenn er seine Komplimente in ein Wenn und in ein Aber
In Spulen aus Stacheldraht packt
Härten sich die Sinne ab

Und es erinnert mich an meine Schulzeit
Als die Jungs mir an den Haaren zogen
Und dann ein Date mit mir wollten
Wir liefen den Korbballplatz entlang, zitternd Hand in Hand
Meine 3-Jahres-Zahnspange zerschnitt das Kaugummi in meinem Mund
Älter werden: peinliche stille Momente, ein Abgrund

Es ist immer noch der gleiche Scheiß
Nichts hat sich je geändert

Gefühle, die wir teilen wollen
Doch Stacheldraht ist im Weg
Der Stacheldraht ist im Weg.

Das erste Mal, als er die Worte sagte
Liegend, von Angesicht zu Angesicht
Und mit trockener Kehle
War es wie Loslassen: Ich liebe dich

Es ist so schwer, den Scheiß zu sagen
Es hat so lang gedauert, ihn zu sagen.
Lieber machen wir Witze und bleiben in Deckung
Wirklich zu sprechen ist ungewohnt und schwer
Das Herz hämmert und kommt kaum hinterher

Ihm wurde beigebracht, ein Kerl zu sein, sagt er
An Gefühlen wurde nicht gelitten

Stattdessen hat er sich an seinem Stacheldraht
  geschnitten

Und obwohl ich ein paar Stacheln lösen konnte
Und er nicht mehr ganz so scharf ist
Sind da noch viele, wo sein Herz sitzt

Doch als ich ihn schluchzen und in seine Augen sah
Wie er sie in seinen Armen hielt
Ein Baby, in seinen Armen
Kann ich die Wärme spüren, die sie ihm bringt
Wenn sie ihn umarmt und mit ihm kuscheln will
Kann ich fast sehen, wie das Metall schmilzt
ihre Liebe hält sich kein Stück zurück

Sie sagt: «Ich liebe dich so sehr, Daddy»
Bedeckt mit Küssen seine Wangen
Es ist ihr kein Stück peinlich
Es ihm fünfzigmal am Tag zu sagen

Jedes Mal bleibt mir das Herz stehen
Bei ihr lässt er seine Empfindungen leuchten
Denn Kinder halten nichts zurück

Ich glaube, wir könnten sehr viel davon lernen
Was sie sagen, tun und wissen

ohne Stacheldraht dazwischen
ohne Stacheldraht dazwischen

3. SEPTEMBER
2 Jahre und 5 Monate

Heute bin ich mit der Kleinen schwimmen gegangen. Ich find's super, wie warm das Kinderbecken ist. Mein Freund sagt, das liegt an der Pisse, aber vielleicht ist mir das einfach auch egal. Also sind wir schwimmen gegangen. Ich hatte es ihr schon die ganze Woche versprochen. Gestern bekam ich dann meine Tage. Es macht mir nichts aus, in tiefem Wasser zu schwimmen, wenn ich meine Periode habe, aber wenn man im Badeanzug in knietiefem Wasser in einem Kleinkindbecken herumkrabbelt, ist das schon ein bisschen ungünstig. Aber ich hatte es ihr versprochen. Ich bin immer ganz offen mit meiner Periode umgegangen. Meine Oma erzählt mir, dass es ihr nicht einmal erlaubt war, darüber zu reden, und ich weiß, dass es immer noch eine gewaltige Menge an Beschämung und globalen Traumata angesichts der Tatsache gibt, dass Mädchen ab ihrer Pubertät einmal im Monat zu bluten anfangen. Deswegen will ich nicht, dass sie es in irgendeiner Weise als beschämende, schreckliche oder peinliche Sache ansicht. Ich verstehe auch nicht wirklich, wie es irgendjemand hinkriegen will, diesen Kram vor seinen Kindern zu verstecken, denn meines lässt mich nicht mal in Ruhe pinkeln und außerdem haben wir nur eine Toilette.

Mittlerweile zuckt sie nicht mal mit der Wimper. Vielmehr besteht sie jetzt darauf, Binden für mich auszupacken, als wären sie Geschenke. Letzte Woche war ich bei meiner Freundin Steph zu Besuch, und als ihr Sohn und die Kleine an uns vorbeiwackelten, stellte ich fest, dass die beiden unsere Handtaschen durchwühlt und sich jede eine Binde auf den Kopf geklebt hatten.

Als wir in der Umkleide sind, wird mir klar, dass ich vergessen habe, mir zu Hause einen Tampon reinzutun. Ich bin mir unsicher, ob ich ihr die auch schon zeigen soll, einfach weil ich Angst habe, dass sie versucht, es mir nachzumachen. Wir stehen also in der Umkleide, und ich bitte sie, in meine Tasche zu gucken und etwas für mich herauszuholen, während ich ein Blitzmanöver versuche. Es funktioniert nicht. Blut an meinen Schenkeln und an meinen Fingern. Sie dreht sich zu mir um und schnappt nach Luft. Wir gehen zu den Duschen, damit ich es abwaschen kann, und dann versuche ich es noch mal. Diesmal funktioniert es, aber inzwischen sind ihr fünf Millionen Fragen zu dem Ganzen eingefallen. Ich beantworte sie und erkläre ihr, dass ich mir manchmal Sorgen mache, dass ich auslaufen könnte.

Wir gehen zum Schwimmbecken – sie weigert sich, meine Hand zu nehmen, «weil Mummy Blut». Ich habe es abgewaschen, aber trotzdem: Davon will sie nichts wissen!

Dann sitze ich im Becken, und sie schwimmt um mich herum. Nach fünf Minuten taucht sie neben mir mit ihrer Schwimmbrille unter, und als sie wieder hochkommt, um Luft zu holen, erklärt sie lautstark: «Keine Sorge, kein Blut.» Danke, sage ich. Dieses Spiel spielt sie die komplette nächste Stunde, und mein Gesicht steht in Flammen

Manchmal hat diese Offenheit auch ihre Nachteile.

7. SEPTEMBER

2 Jahre und fast 6 Monate

Heute hat die Kleine meinen Bauch angefasst. Süß. Dann hat sie ihn geküsst. Süß. Sie stieß, drückte, begrabschte und tätschelte ihn. Süß. Dann sagte sie, dass sie ihn gerne mag, weil er wie Knete sei – «und ich liebe Knete, Mum!» «Danke», ich lächelte – ich gebe mir große Mühe, keinerlei Unsicherheiten in Bezug auf deinen Körper auf dich zu übertragen – mit zusammengebissenen Zähnen. Ich knetete und spielte auch damit, bemängelte jedoch in Gedanken jede Speckfalte, während ich der Kleinen zugleich laut verkündete, wie toll ich sie fände. Ich möchte, dass sie auch in meinen Gedanken toll sind. Ich möchte meine Haut wirklich, wirklich so ansehen können, wie sie es gerade tut.

Du

Du bist der Grund
warum mein Bauch plötzlich dreimal so rund war
und hast Streifen auf meiner Haut
zurückgelassen, als du gingst

Du bist der Grund, warum meine Brüste
von Körbchen A zu Körbchen C
bis Doppel-E

und wieder zurück gewandert sind
um dich auch gut zu füttern

Du bist der Grund
warum meine alten Jeans
mir nicht mehr passen
warum der Gürtel
nicht mehr ganz so leicht
um meine etwas breit'ren Hüften reicht

Du bist der Grund, warum ich zu wenig schlaf'
meine Augenlider schwer sind, ohne Kraft

Du bist der Grund, warum mein Herz
einen Schlag aussetzt
jede Nacht
Warum meine Lachfältchen sich verdoppeln
und tiefer werden
jeden Tag

Du bist das permanente Lächeln
das wie ein Mal
in mein Gesicht gemeißelt ist
Jedes Mal, wenn du mich weckst
um 6 Uhr morgens, um zu spielen
auf meinen Bauch trommelst
Himbeeren auf meine Haut pustest
und ich sage zum Spaß, dass ich dich eines Tages
 vielleicht wieder hineinstecke
und wenn ich dir erzähle, dass du dort gelebt hast
sagst du, das ist nicht wahr
und verlangst nach Beweisen
wie ein Baby-Kommissar

Ich zeige auf den Ort
und du lüftest mein Top, als ob du dich versicherst
dann schlägst du auf die Schwangerschaftsstreifen
und kicherst.

Zwölf von zehn

Ich habe Spuren im Gesicht, an denen man mein Alter sieht.
Ich habe ein Mal auf meiner Stirn von einer Windpocke, die blieb.
Ich habe eine Narbe auf meinem Rücken aus den Tagen, als ich Rollschuh lief.
Vielleicht hast du eines Tages Lust, sie dir anzusehen.

Ich habe Spuren auf meinen Wangen, von da, wo ich schlief.
Ich habe Spuren auf meinem Bauch, wo er sich dehnte und dann wieder schrumpfte.
Ich habe Spuren auf meinen Brüsten, von dem Baby und der Pumpe.
Ich habe Spuren, wie jeder.

Ich habe ein Mal am Ohr, meine Fahrradkette riss und schleuderte umher.
Ich habe ein Mal auf meiner Hand von einer Pfanne, sie war heiß und schwer.
Ich habe Spuren an meinen Nägeln, das war der Knabberfluch.
Ich habe Spuren. Du kannst mich lesen wie ein Buch.

Ich habe Spuren an meinen Füßen von all den Orten,
an denen ich stand.
Ich habe Spuren neben meinen Augen vom Lächeln
und dem Glück, das ich fand.
Ich habe Spuren um die Lippen vom Lachen, bis man
nicht mehr kann.
Ich habe zwölf von zehn Punkten.
Das ist ziemlich gut.

9. SEPTEMBER

2 Jahre und 6 Monate

Dee und ich haben uns den neuen Transformers-Film angesehen. Megatron gegen Optimus Prime. Es hat mich geärgert, dass jeder abfeierte, wie cool Transformers wären. Ich schrieb dieses Gedicht und las es Dee vor. Er meinte, es sei das schlechteste Gedicht ever und es würde noch mal stark nachlassen, wenn ich aufhöre, von Transformern zu sprechen! «Echt jetzt, Hollie, da müssen mehr Transformer drin vorkommen. Weniger Frauen, mehr Transformer!» …

Megatron

Er sagte: «Megatron ist echt der Beste
Müsste ich wählen, wäre ich er
Optimus Prime ist ja nett und alles
Doch Megatron ist der wahre Held.»

Ich hab mir das echt so oft angehört
Seit dem Scheiß-*Transformers*-Film von letzter Woche
Und ich lächle immer noch und sage
«Megatron kann gar nichts.
Letztes Jahr haben sich meine Hüftknochen
Noch mal einen halben Zentimeter
Zusammengeschoben.»

Er sagte: «Hollie, Megatron ist unsterblich»
Ich sagte kühl: «Megatron ist nicht real.
Wenn du einen wahren Transformer willst
Komm her und fühl.»
Und ich schob seine Finger näher
Und dann geradewegs in meinen Bauch
habe sie zu der Lücke zwischen den Muskeln geführt

Ich kenn' ihre Ursache, man nennt sie auch
Geburt

Und ich habe gewusst, dass es weh tut
Doch alles andere wusste ich nicht
Dass da ein Loch in meinem Bauch sein würde
Bis zu dem Tag, an dem ich sterbe

«Und nein, du hast recht», sagte ich
«Es ist nicht dasselbe
Ich habe mich nicht in ein Auto verwandelt
Sondern in eine Fabrik
Ein Lebenserhaltungssystem
Einen warmen Herd

Als mein Körper anfing, sich zu verwandeln
Hat sich mein Inneres neu ausgerichtet
Mein Verdauungstrakt verschob sich
Und erfand sich völlig neu
Ohne jede Hilfe von den Deceptions oder den Autobots

Ich habe Vitamine von meinem Blut in ihres gespült
Und meine Nährstoffe in sie zurückgeleitet
Wie? fragst du mich.
Ich weiß es nicht

Jeder sieht den Bauch wachsen
Den Rest sehen wir nicht
Wie sich der Brustkorb weitet
Um Platz zu machen für die Beine des Babys
Das Diaphragma bewegt sich unten
Meine Gebärmutter füllt sich mit Flüssigkeit
Und auf deiner Haut erscheint ein brauner Strich
Den niemand gemalt hat
Ein brauner Strich auf meiner Haut
Führt von zwischen meinen Beinen bis rauf zum Busen
Der einzige Strich, den ein Kind sehen kann
Er führt es zur Nahrung
Die Wehen kamen und gingen
Etwas, das ich nicht vergessen werde
Das Baby jetzt in meinen Armen
Und mein System verwandelt sich erneut
Die Verdauung wird umgeleitet zu zwei Brüsten
Die eines Nachts geschwollen sind
Auf die Größe von Melonen
«Gebt mir eine Pumpe», schrie ich
Ernsthaft besorgt, dass sie platzen könnten
Meine Brüste bleiben warm, die ganze Zeit, um die Milch zu erhitzen
Meine Nippel formen Löcher
Und jedes Mal, wenn das Baby trinkt
Lässt
Das Saugen
Meine
Gebärmutter zurückschrumpfen
Meine Hüften sich zurückbewegen
Meine Rippen und mein Diaphragma sich zurückbewegen

Mein Haar wieder wachsen
Meinen Rücken sich wieder strecken
Und nach zwei Jahren in dem Stil
Hat mein System sich zurückverwandelt
Die Nährstoffe werden zurück in mein eigenes Blut geschossen

456 Und jetzt bin ich fast wieder so, wie ich war
Bevor dieser Samen aufging
Komplette Transformation
Ohne einen einzigen Roboterkampf
Doch keiner
Macht daraus einen Action-Film!

Alles, was mein Körper vorzeigen kann
Sind die Markierungen auf meinem Bauch
Meine Hüftknochen stehen jetzt weiter auseinander
Und meine Titten sind ziemlich schlaff
Doch das Traurigste ist, dass man mir sagt
Diese Spuren seien schlecht
Dabei sind sie die einzigen paar Andenken
Dieses Vorgangs, den wir alle durchlaufen
Als lebenslange echte Transformer
Ich sage, Megatron kann gar nichts
Verglichen mit weiblichen Körpern
Damit, ein Kind zu erschaffen und zu stillen

Und das Einzige, was unserem Körper gegeben ist
Für diesen Optimus of Prime
Ist ein Topf mit Scheiß-Schwangerschaftsstreifen-Creme
Gegen die Spuren, für den Schein.

11. SEPTEMBER
2 Jahre, 6 Monate

Ich bin in Riga, in Lettland und veranstalte einen Workshop und einen Poetry-Slam mit dem British Council. Eine Woche fort von daheim. Eine komplette Woche. In einem fremden Land. Mit fremden Menschen, die nicht wissen, dass ich Mutter bin.

Am ersten Tag habe ich einen Workshop mit einer Gruppe Erwachsener gemacht. Ich habe sie Erdbeeren essen und sich gegenseitig Gedichte zuflüstern lassen. Gestern ging ich zum Lettland Poetry Slam und war danach bis vier Uhr morgens unterwegs. Weil ich es kann. Weil ich unterwegs sein und feiern und spät nach Hause kommen kann, weil ich an diesem Morgen nicht früh aufstehen muss und mir einen Kater tatsächlich leisten kann. Ich kann einen draufmachen und einen Kater haben und mich davon erholen. Um 18 Uhr muss ich einen Vortrag halten. Kein Problem. Ich bleibe bis dahin einfach im Bett.

Es ist befreiend, hier zu sein. Ich vermisse mein Zuhause. Glaube ich. Nein, stimmt nicht. Wenn ich absolut ehrlich zu mir bin, tue ich es nicht. Ich liebe es, mit der Kleinen zu telefonieren, weil ich weiß, dass es ihr gutgeht. Ich weiß, dass Dee es auch super findet, wenn ich die beiden in Ruhe lasse und er die Dinge für eine Woche auch mal auf seine Art machen kann.

Und es ist in der Tat erstaunlich. Und seltsam. Die Leute hier wissen nicht, dass ich ein Kind habe. Tatsächlich gehen die meisten davon aus, dass ich keins habe, und waren wie vom Schlag getroffen, wenn ich auf der Bühne ein Mum-Gedicht vorgetragen habe. Es war so schön. Sie haben mir tatsächlich Fragen zu meinem Job, meinen Interessen, zu Dingen, die ich liebe, gestellt. Fragen, die nichts mit dem Muttersein zu tun haben. Als ob sie tatsächlich wissen wollen, worüber ich sonst noch so nachdenke.

Oder einfach tanzen und Spaß haben. Ich liebe tanzen. Ich liebe es, in großen Lagerhallen voller Menschen zu tanzen, die ich nicht kenne, ich liebe den Klang fremder Sprachen und Alkohol, den ich noch nie probiert habe. Es fühlt sich wieder nach mir an. Hollie. Nicht Mum. Oder Freundin. Einfach Hollie. Das ist alles, was die Leute hier kennenlernen.

Und wie herrlich dieses Bett ist, sogar mit Kopfschmerzen und der Aussicht, in etwa 10 Minuten kotzen zu müssen.

15. SEPTEMBER
2 Jahre, 6 Monate

Heute war ein Schock. Heute wurde mir klar, dass ich
Dinge übers Elternsein aufgeschrieben habe, über die ich mit Dee im Grunde nie gesprochen habe. Ich fragte ihn, ob alles okay gewesen sei, während ich weg war, und er sagte: «Ja, alles super», und guckte total belämmert.

«Wirklich?», fragte ich noch einmal.

«Na ja, schon», sagte er.

«Was ist los?», wollte ich wissen.

Er wollte es mir nicht sagen. Er wollte mir das Wegsein nicht kaputt machen. Er wollte, dass ich nicht das leiseste schlechte Gewissen habe, auch Auftritte außerhalb anzunehmen. Ich fing an, mir Sorgen zu machen.

«Sag es mir, Dee. Ich werde auch weiterhin wegfahren.»

Ich wusste nicht, was ich zu erwarten hatte, doch sein Gesicht war ernst. Richtig ernst. Dann erzählte er die ganze Geschichte:

«Also, wir waren in einem Café und haben etwas gegessen.»

«Okay.»

«Und alles war gut.»

«Okay.»

«Und dann ist sie ausgeflippt.»

«Okay.»

«Sie hat ihr volles Glas Wasser über die Spaghetti gekippt –»

«Okay –»

«Und ich musste das Café verlassen, weil sie sich danebenbenahm.»

Okay. Ich hatte Schlimmeres erwartet. Klang nach einem normalen schlechten Moment.

«Und dann?», fragte ich.

«Na ja, ich hab mich einfach super schlecht gefühlt, und jeder hat mich angeguckt, und ich hatte das Gefühl, es lag daran, dass ich ein Mann bin und alle dachten, ich könnte nicht auf mein eigenes Kind aufpassen. Es war ätzend. Ich war so wütend und angepisst, und ich will nicht wütend auf ein Kind sein, doch ich hatte echt Lust, ihr das Wasser über den Kopf zu schütten.»

«Ja», sagte ich, «ich versteh, was du meinst. Klingt scheiße.»

Er sah irgendwie schockiert aus. Ich war nicht sicher, warum.

«Was ist los?»

«Na ja, ich denk mal, dass du jetzt nicht mehr mal eben wegfährst.»

«Wieso nicht? So was passiert mir auch.»

Er sah schon wieder schockiert aus.

«Nein, tut es nicht. Du bist immer so ruhig und gefasst, und du regst dich nie auf oder so. Du bist so verdammt entspannt.»

Um ehrlich zu sein, zog mir das die Schuhe aus. Nachdem wir jetzt drei Jahre ein Kind zusammen haben, wurde mir klar, dass Dee ernsthaft dachte, ich würde niemals wütend werden. Dass ich nie Lust hätte, der Kleinen Wasser über den Kopf zu schütten oder zu schreien oder sie anzubrüllen oder Dinge nach ihr zu werfen oder sie aus Restaurants zu schleifen, weil es so verdammt peinlich ist, wenn dich jeder anstarrt. Ihm war nicht klar, dass ich in solchen Situationen am liebsten weglaufen würde, weit, weit weg.

«Dee! Wovon redest du? Ich fühl mich andauernd so!»

Er sah mich auf die gleiche Art an, wie ich meine Mutter einmal angesehen hatte, als ich schwanger war. Meine Mum ist die entspannteste Frau, der ich je begegnet bin.
Sie hat niemals ihre Faust, ihre Hand oder ihre Stimme gegen mich erhoben, während ich aufwuchs. Trotzdem hat sie, kurz bevor die Kleine geboren wurde, zu mir gesagt: «Wenn du je an den Punkt kommst, wo du das Gefühl hast, du könntest deinem Kind weh tun, lass es weinen und verlasse den Raum. Nimm dir eine Auszeit. Bleib weg, atme tief durch und beruhige dich.»

«Wovon redest du, Mum?», fragte ich entsetzt.

«Ich sag's ja nur, Hollie. Du wirst müde sein und manchmal wirst du nicht wissen, was du tun sollst, und das Baby wird schreien und heulen, und du wirst erschöpft sein und … tritt einen Schritt zurück und gönn dir eine Pause.»

Ich dachte, sie spinnt. Bis die Kleine sechs Wochen alt war und ich etwa fünf davon nicht geschlafen hatte und der Tag kam, an dem sie ununterbrochen heulte und schrie und nicht schlafen wollte und ich auch heulte und mit ihr auf und ab lief, um sie zum Schlafen zu kriegen, und irgendwann laut anfing zu schluchzen und sie zu fragen, warum zum Teufel sie nicht schlafen wollte und dann … nahm ich sie runter und setzte mich für fünf Minuten hin, um mich daran zu erinnern, dass ein Baby keine Schuld hat, wenn es nicht schlafen oder zu weinen aufhören kann. Diese Auszeit war gut.

Ich erzählte Dee vom Rat meiner Mutter.

«Was? Aber du siehst nie so aus, als ob du wütend auf sie wärst», sagte er.

«Das heißt nicht, dass ich es nicht bin, in Gedanken.»

Stattdessen habe ich geschrieben und geschrieben und diese Gedanken weggeschlossen. Dee und ich reden miteinander, wir reden über alles. Dachte ich. Aber vielleicht reden wir nur bis zu einem gewissen Punkt, und den Rest schiebt er weg, und ich schreibe ihn auf. Mir wurde heute auch klar, dass er als Mann im Prinzip gar kein Netzwerk hat, das ihm Rückhalt gibt, mit dem er reden könnte. Dass seine Freunde nicht darüber reden, weil sie besorgt sind, dass man sie für cholerisch halten könnte; und dass er im Gegensatz zu mir nur wenige «Spiel-Dates» bekommt, vor allem deshalb, weil er männlich ist und Frauen offenbar viel stärker zögern, einen Vater einzuladen, mit den Kindern vorbeizukommen, statt eine Mutter. Was einfach total scheiße ist. Dass er sich fühlt, als ob er der einzige Elternteil wäre, der jemals wütend auf sein Kind ist, ist total scheiße – als ob es schon eine total fürchterliche Sache wäre, so was überhaupt nur zu *denken.* Als ob niemand in seinem Umfeld, mich eingeschlossen, so etwas je gedacht hat oder denken würde. Ich kann mir nicht vorstellen, wie hart das für ihn gewesen sein muss. Ich dachte, dass meine Wut und Frustration ziemlich offensichtlich gewesen wären. Aber vielleicht ja auch nicht. Vielleicht habe ich mehr mit Papier und Müttern aus der Krabbelgruppe und Freundinnen gesprochen als mit ihm.

Ich fühle mich schrecklich. Wie schwer es für so viele Männer sein muss, auf ihre Kinder aufzupassen. Wie viel weniger Unterstützung sie bekommen und wie viel mehr Angst sie davor haben müssen, über diese Dinge mit anderen zu sprechen. Besonders über Wut und Ärger (die bei Männern allgemein als stärker ausgeprägt gelten) und Trauer oder Tränen (gelten bei Männern als unangemessen). Und wahrscheinlich haben sie weniger Freunde zum Quatschen. Außer man lebt in liberalen Stadtvierteln, wo die Verteilung zwischen Männern und Frauen, die zu diesen ganzen Gruppen gehen, ausgeglichener ist.

Der Arme. Er hat sich tagelang dafür fertiggemacht, dass er so wütend auf sein Kind war, dass er Wasser über sie hätte schütten können. Aber er hat es nicht getan, sondern stattdessen das Restaurant verlassen und ist nach Hause gegangen. Er ist ein verdammt brillanter Vater.

«Was ist dann passiert?», fragte ich ihn.

«Nichts. Zu Hause war sie wieder gut drauf.»

Ich lächelte ihn an. Trotzdem fühle ich mich richtig mies. Das ist hart. Ich hatte einfach gedacht, dass inzwischen jeder wissen würde, dass solche Sachen fast immer schwer sind, für alle.

13

WINTER
ZWEI JAHRE, NEUN MONATE
UNABHÄNGIGE FRAUEN

Im Zug mit einem Kleinkind
Es ist schwer, getrennt zu sein
Gratis-Kleidergutscheine
Rotznasen
Ich bin da nicht gut drin
Quiche
O. k., Mum
Plastikflaschen
Meine Brust
Ryanair: Die Welt über den Wolken

13. NOVEMBER
2 Jahre, 8 Monate

In letzter Zeit war ich mit der Kleinen viel im Zug unterwegs, und es fällt mir schwer, die Menschen im Zug zu verstehen. Ich wünschte, ich müsste nicht so oft Bahn fahren. Der Großteil meiner Familie lebt in Schottland, aber meine Eltern leben in der Nähe von Reading, und zu ihnen komme ich mit der Kleinen einfach am besten per Bahn. Wenn ich frühzeitig buche, liebe ich es, den Zug zu nehmen. Für ein Kind ist er viel besser geeignet als Autos oder Busse, finde ich. Außer eben, wenn es schrecklich ist und ich mich fühle, als würde ich gleich jemanden umbringen.

Ich bin nach Hause gefahren, um meine Eltern zu besuchen. Ich muss an King's Cross in die U-Bahn steigen, dann in Paddington den Anschlusszug nach Newbury nehmen, so wie immer. Ich habe einen Kinderwagen, ein Kind, einen Koffer, eine Tasche mit Proviant und ein paar kleine Spielzeuge dabei. Ich komme am U-Bahnhof Paddington an, und keiner der Lifte funktioniert. Ich stehe am Fuße der Treppen. Manchmal helfen die Leute. Aber nicht immer. Und wenn sie es nicht tun, bekomme ich Lust, dazustehen und aus voller Kehle zu schreien: «Sieht mich denn keiner? Helft mir doch mal, verdammte Scheiße!» Doch stattdessen fühle ich mich winzig und stehe im Weg, und mein Selbstbewusstsein ist so dermaßen im Keller, dass ich nicht mal ein genuscheltes «Könnten Sie mir bitte helfen?» über die Lippen bringe. Letzten Monat stand ich zehn Minuten lang in der Gegend rum, während Reisende auf ihre geschäftige Londoner Art an mir vorbeieilten. Als ob es verdammt noch mal nichts Wichtigeres gäbe. Niemand hat geholfen. Ich musste den Kinderwagen und den Koffer am Fuß der Treppen stehen lassen und mit der Kleinen die Treppe hochlaufen durch die Menschenmenge. Oben angekommen, sage ich ihr, dass sie hier warten soll – «Bitte warte hier, meine Kleine, verstehst du, du bewegst dich nicht von der Stelle» –, während ich wieder runterrenne, um den Kinderwagen und den Koffer und die Essenstasche hochzuwuchten, im festen Griff herzzerfetzender Albträume, dass sie umgestoßen wird oder plötzlich wegrennt und ich sie niemals wiederfinde. Die Leute schoben ihre krass wichtigen Hinterteile an mir vorbei die Treppe rauf, während ich alles hochhievte, Stufe für Stufe, ihrem wunderschönen, erstaunten kleinen Gesicht entgegen. Mit Tränen in den Augen nahm ich ihre Hand, und wir gingen zum Zug. Ich bin müde.

Als ich bei meinen Eltern ankam, hatte ich Lust, meinem Vater erst mal eine reinzuhauen. Er konnte nichts dafür, das weiß ich. Aber er hat ein Auto, er hat mehr freie Zeit als wir, keinen Job und keine kleinen Kinder. Er ist nicht verpflichtet, uns zu besuchen, obwohl ich ihn wirklich verdammt gerne sehe. Und er sagt, dass er uns sehen will, also nehme ich die Mühe auf mich. Ich wünsche mir bloß, dass ich meine Reise filmen könnte, damit er versteht, dass es für mich definitiv schwieriger ist, zu ihm zu kommen, als umgekehrt. Ich beiße mir auf die Lippe. Ich möchte, dass sie ihren Großvater sieht, und bald wird sie nicht mehr im Kinderwagen sein, und dann wird es leichter. Außerdem haben wir immer eine tolle Zeit dort mit meiner Mum und meinem Dad. Ich wünschte nur, er würde verstehen, was für Auswirkungen diese Reise auf mein Herz, meine Seele, mein Rückgrat und meinen psychischen Zustand hat.

Letzten Monat sitze ich im Zug nach Schottland um zu einem Auftritt in Edinburgh zu kommen. Die Fahrt dauert sechs Stunden, und ich nehme die Kleine mit, damit sie die Familie besuchen kann, während ich auf meinem Gig bin. Sechs Stunden. Das ist eine lange Zeit für ein Kind. Ich habe ein Picknick dabei, ich denke mir eine Million Spiele mit dem Rührstäbchen und der alten Tasse aus, in der mein Tee war.

Eine Rakete. Ein Haus. Ein Bad. Ein Swimmingpool. Irgendwann kommt dann der Punkt, an dem sie herumlaufen möchte, klar. Und der Zug ist rammelvoll. Ich sage ihr, dass sie leise sein soll, aber sie möchte mit den Leuten reden. Ein Mann versteckt sich hinter seiner Zeitung und ignoriert sie. Sie wird ein bisschen laut, also bringe ich sie zu zurück zu unserem Platz. Andere lächeln, was mein Herz ein wenig heilt.

Dann beobachten zwei ältere Frauen die Kleine, wie sie auf dem Sitz steht und fast gegen die Scheibe knallt, weil sie in einem vollen Zug auf und ab springt, und schütteln die Köpfe. Eine sagt etwas über Kinder in der Rushhour. Gerade ist Rushhour. Ich bin nicht aggressiv, aber nach fünf Stunden im Zug und ihrem Fünf-Minuten-Urteil über mich und meine Familie stelle ich mir vor, wie ich sie eigenhändig an den Haaren aus dem Zug zerre, während sie schreien und um sich treten, ihre Brieftaschen öffne und den gesamten Inhalt ins Gleisbett schleudere und zusehe, wie der Zug irgendwelche schrecklich wichtigen Dokumente zu Brei fährt. Ich hole den nächsten Picknick-Snack hervor. Wir haben Lychees, Mandarinen und

Babybel-Käse dabei. Also im Prinzip nur Essen, das man auspacken muss, was die Reisezeit wieder ein wenig kürzer macht.

Ich finde es toll, mit ihr Bahn zu fahren. Wenn man es gut organisiert, ist sie die beste Reisebegleiterin der Welt. Und wenn nicht, versuche ich eben, Tassen in Raketen zu verwandeln.

Im Zug mit einem Kleinkind

Es gab Tss-Tss-Tss in ihre Richtung
die hat sie nicht kapiert
sie schlenderte langsam von Sitz zu Sitz
wich Knien und bösen Blicken aus, die bekam sie
nicht mit.

Ein Meer aus Riesen, die auf Laptops starrten
während sie ihre Runden zwischen den Sitzen dreht
Beine und Hände und Leute
deren Stirnrunzeln sie noch kaum versteht.

weil sie den Zug liebt
liebt sie es herumzulaufen
sie liebt es, mit Menschen zu reden
die, nach harten langen Arbeitstagen
an Orten, wo sie nicht gerne waren,
sich wünschen, sie wäre einfach nicht da.
Sich wünschen, sie würde nicht versuchen, an ihnen
vorbeizugehen
oder gegen ihre Knie stoßen, aus Versehen
oder sie anstarren und lächeln

Sie wünschen sich, sie würde nicht mit ihnen plaudern
wollen
oder sie nett fragen
ob sie ein Phantasieeis möchten
aus ihrem Laden.

Und manchmal wenn sie neben ihnen stehen bleibt
und lächelt
und hallo sagt
starren sie in ihre Zeitungen
voller Furcht, dass sie weiterfragt
wenn sie ihr eine Antwort geben.

Und wenn sie mich fragt, warum sie nicht sprechen
Erkläre ich ihr matt
dass manche Leute, die mit dem Zug fahren, sich
einfach ein wenig Ruhe wünschen
auf ihrem Weg nach Hause, raus aus der Stadt
denn sie haben den ganzen Tag gearbeitet und
möchten nicht, dass ein Kind
still an ihren Knien vorbeiläuft oder versucht, mit
ihnen zu spielen, oder
versucht, hallo zu sagen oder ihnen Eiscreme aus
Luft zu verkaufen
denn dafür haben sie keine Zeit und keine Kraft

Aber jetzt fange ich langsam an, meine Meinung
zu ändern

denn wenn sie mich fragt, warum sie nicht lächeln darf
und plaudern und gucken und lachen
und zehn Erklärungen keinen Sinn machen

sage ich ihr dass sie es darf.
Du darfst.
Lächele drauflos, sage ich.

Denn dies ist dein Zug
genau wie ihrer
und wenn du langsam den Gang runtergehst
und jeder macht tsss und runzelt die Stirn
dreh dich einfach um und sag ihnen
was du zu mir sagst:

Dass du den Zug liebst
es liebst zu spazieren
es liebst zu lächeln
es liebst zu reden
und dass das niemandem weh tut
und wenn deine Bürotage scheiße sind
und dann siehst du ein kleines Kind
das den Gang entlangspaziert
und niemandem im Weg steht
sag einfach hallo, in Gottes Namen
frag sie, wie's ihr geht
Denn sie liebt den Zug, mit anderen Menschen sprechen und spielen.

Ich sage ihr, dass sie hier die Normale ist
sie ist das gute Beispiel

Ich glaube, ich verwirre sie
doch sie lächelt nur und überlegt
und als wir in den Bahnhof von King's Cross fahren
ist sie aufgeregt

und singt «London Bridge stürzt ein»*
nicht laut, da sag ich nein
trotzdem übertönen die Stirnrunzler meinen Tag
und wenn nach der zweiten Strophe jemand leise sagt
es mir auf diese feine englische Art
nicht ins Gesicht zu sagen wagt
sondern gerade laut genug und voller Unmut:
«Stell dir vor, manche Eltern nehmen in der
verdammten Rushhour Kinder mit in den Zug.»

Wieder beiß ich mir auf die Zunge
doch wie gerne würde ich schreien
diese Tageszeit gehört dir nicht allein
dieser Zug oder wichtige öffentliche Raum
ist nicht nur für Geschäftsleute da
die schlecht drauf sind und böse schauen

und falls du nur für eine Sekunde glauben kannst
dass ich gerne mit einem Kleinkind
in der Rushhour Bahn fahre
hast du nicht mehr alle Tassen im Schrank
das macht kein Betreuer, Mutter oder
Vater, das macht krank

Aber manchmal geht es eben nicht anders

Statt also die Stirn zu runzeln und die Knie
wegzuziehen
wann immer sie sich nähert
wie wär's, wenn du dich erinnerst, dass

* «London Bridge is falling down!»: englischer Kinderreim

auch ich lieber nicht hier wär
als Lilalaune-Bär für mein Kind
in einem Zug voll schlechtgelaunter grauer Hemden
die ihr beibringen, dass gehen, lächeln, reden
unter diesen Umständen, an diesem Ort
eine Qual ist

474 denn ihr Gehirn ist wie ein Schwamm
und am liebsten fährt sie nunmal Bahn
hier kann sie gehen und plappern und Tische
hochklappen
Picknick machen und sich den Kinderrucksack
schnappen
der randvoll ist mit Stiften und Papier
und Zerstreuungen, die ich für sie produzier
damit sie dir ja nicht in die Quere kommt
und ja kein Geräusch macht
und du ja nicht genervt mit deinen müden
Arbeitsaugen rollst

aber ich bin auch müde
ich tippe müder als du

während ich versuche zu lächeln und zu spielen
und aufzupassen
dass sie niemandem im Weg ist in diesem Wagen
mit nur zwei Stunden Schlaf pro Nacht
in den letzten vielleicht zwanzig Tagen
aber
genau wie sie

liebe ich den Zug
brauche ich den Zug
ich liebe es, wie sie spielt
und aufgeregt ihr Täschchen packt
und quietscht wenn der Zug in Sicht kommt
und meine Hand hält und sie drückt
und über die Lücke hüpft und sich aussucht, wo
sie sitzt
und das Picknick isst, das ich jedes Mal mache

und es kann sein, dass sie mal weint
oder ein Schrei zu dir dringt
wenn sie ein Schaf sieht, draußen vor dem Fenster
oder sie gegen dein Knie stößt, aus Versehen
oder etwas zu laut singt
und ich tue alles, um keinen Lärm zu machen
auf dem Weg von A nach B
aber sie ist noch nicht einmal drei, und du
du bist erwachsen
und vielleicht fühlst du dich belästigt, wenn sie hallo
zu dir sagt
doch du tust uns beiden viel mehr weh
als du dir vorzustellen vermagst

einem kleinen Kind, das einfach hallo sagt

14. NOVEMBER
2 Jahre und 8 Monate

476 Ich bin schon wieder im Zug. Dee und der Kleinen zum Abschied zuzuwinken, bricht mir manchmal das Herz, aber ich bin nur drei Tage weg, und ich weiß, dass sie gegen ein paar Tage ohne mich nichts einzuwenden haben. Im Gegenteil, es ist toll. Fish 'n' chips, Filme gucken und Daddy-Abende. Alles gut also, und ich versteh nicht ganz, warum ich in Tränen aufgelöst bin.

Es ist schwer, getrennt zu sein

Wir waren einmal eine Person
Neun Monate lang warst du da drinnen
Mein Blut floss durch dein System
Mein Körper nährte deinen Geist

Und als du rauskamst, war es schön
Deine Hand zu halten, dein Gesicht zu küssen
Aber trotz der heftigen Schmerzen
Wünsch ich mir manchmal, wir hätten uns nicht
trennen müssen

Denn jetzt seh ich dich weggehen
Einen kleinen Schritt weiter jeden Tag
Mein Gehirn und meine Augen sind immer auf Zack
und folgen jeder Bewegung, die du machst

Passen auf, dass du nicht hinfällst
Zu weit rennst und mich nicht hörst
und die Zeit vergeht so schnell jetzt
und auch wenn ich es liebe, wie du wächst

ist es so verdammt schwer, getrennt zu sein
mein Herz schlug einmal bis in deins hinein
wir waren einmal eine Person
ich habe dich mit meinem Leben beschützt

Manchmal wenn du einfach neben mir stehst
brech ich zusammen und will nicht weinen müssen
und wenn der Zug abfährt
will ich dich unbedingt noch einmal küssen

Diese Liebe kann ich nicht beschreiben
ich werde dich mit meinem Leben verteidigen
und versuche zu begreifen
dass du einmal in mir warst, im Kleinen
und dein Blut floss in meinem.

16. DEZEMBER
2 Jahre, 9 Monate

478 Gerade hat die Regierung einen gemeinsamen Plan bekanntgegeben, nach dem Mütter, die ihr Kind länger stillen, Kleidergutscheine dafür erhalten sollen. Es heißt, auf diese Weise würden Mütter ermutigt, weiterzumachen, doch der eigentliche Punkt ist, dass das Gesundheitssystem Millionen einsparen könnte, wenn Babys länger gestillt werden. Sie probieren das Ganze jetzt im Norden von England aus. Ich wurde gefragt, was ich davon halte. Also schrieb ich darüber. Das Ergebnis ist zu lang für ein Gedicht, es ist eher eine Hasstirade, und vielleicht ändere ich morgen meine Meinung, aber, na ja, ich bin immer noch ein wenig fassungslos, dass sie diese Idee im Ernst ausprobieren. Es hat viele Erinnerungen an die Stillzeit in mir wachgerufen, gute, schlechte und ein paar, die dazwischenliegen. Ich kann kaum glauben, dass es erst neun Monate her ist, seit ich der Kleinen das letzte Mal die Brust gegeben habe. Wie seltsam. Na ja, obwohl, nicht ganz so seltsam wie Kleidergutscheine an Mütter zu verteilen, wenn sie immer weiter stillen. Was zum Teufel glaubt die Regierung, wie stillen ist? So leicht, dass man für einen schnellen Kleidergutschein seine Meinung ändert? Einige von ihnen müssten es doch selbst erlebt haben, oder? Oder es zumindest bei ihren Partnern gesehen haben?

Gratis-Kleidergutscheine

Google Bilder von stillenden Brüsten
Gratis-Zeitschriften und Elternratgeber
es scheint, die Babys und die Mütter
waren alle auf demselben Shooting:

wunderschöne Mutter schaut verträumt auf ihr Baby, die blauen Venen auf den Brüsten mit
Photoshop übermalt
und ein Haus, das so aussieht, als wäre der Stylist von Landlust bezahlt

Ein ordentliches Zimmer.
Ein teurer Schaukelstuhl.
Weiße Bluse, weißes Unterhemd,
Langes blondes Haar.
Weiße Kissen, drapiert auf Sofa oder Bett
Die Mutter lächelt nett herab.
Achtundzwanzig, vielleicht dreißig.
Sie ist hübsch. Hellhäutig, im Allgemeinen
Allein und fröhlich, da ist nichts, das sie schockt
Das Baby perfekt angedockt.

Es ist ganz leicht.
Und wunderschön.
Siehst du's nicht?
Es ist das Beste, es ist wichtig.
Für das Baby und für dich.
In Zimmern mit gedämpftem Licht.
Haut an Haut.
Ist das Baby erst satt, dann beruhigt es sich.

Und ich sag nicht, dass es nicht so sein kann.
Oder dass Brüste gar nicht gehen
Auch ich kenne solche Momente
ich hab bloß zu viele dieser Fotos gesehen

Diese Bilder, mit Photoshop designed
wo sich keiner bewegt und keiner weint
es entnervt mich, dass ich das nie sehe
und mir die Schaukelstühle nicht leisten kann
unsere Wohnung ist zu klein.
statt Rückenschmerzen hätte ich mir
einen Stillsessel gewünscht, dann und wann
und an den meisten Tagen, an denen sie trank
war ich nicht hübsch oder gut drauf –
ich sah einfach scheiße aus!

Wo sind die Babys mit Milchschorf?
Wo sind die Flecken auf den Kleidern der Mutter?
Wo ist das Erbrochene auf ihrer Schulter?
Warum ist sie immer glücklich, so allein?
Warum muss jede stillende Mutter einsam sein?
Hat sie nie Besuch und keine Freunde?
Warum muss sie nie das Haus verlassen?
Wo ist das Baby, das nach mehr verlangt?
Warum ist niemand je müde oder krank?
wenn müde rote Augen ins Leere starren
weil sie die ganze Nacht wach war und den ganzen Tag
und versucht zu ergründen, was ihr Baby jetzt wieder nicht mag.

Wo sind die Dinge, um die sich Muttergedanken in Wahrheit drehen?

Wenn sie zu Hause bleibt statt rauszugehen?
Wo da draußen soll sie stillen und wie?
Warum bluten die Nippel auf den Fotos nie?
sind nie eingerissen, geschwollen oder wund
Entzündete Brüste und Magenkrämpfe
Babys, die versuchen anzudocken, aber nichts passiert
Wo sind die Momente, in denen nicht alles schön ist?
Wo sind die Momente voller Schuld, Ärger und Panik?

Dürfen wir darüber nicht sprechen?
Wenn ich also das Wort «Kleidung» höre
Gratis-Klamotten für Gratis-Stiller!
Was macht das wohl mit denen, die bluten
den Mastitis-Müttern, die ich kenne
oder den Müttern von Frühchen
oder denen, die sich um ihre Brüste sorgen
oder das Thema Füttern, ganz allgemein
oder mit der Reaktion von Freunden
oder Müttern ohne jede Unterstützung
oder dem Job, in den sie besser bald zurückkehren sollten
oder dem Partner, der sagt, dass diese Brüste ihm gehören
oder mit denen, die es versucht haben und nicht wissen, was sie tun sollen
oder es aus so vielen Gründen nicht wollen
über sie sollten wir sprechen, finde ich.

Doch stattdessen verteilen wir Kleidergutscheine.
Doch stattdessen verteilen wir Kleidergutscheine.

200 Tacken für Klamotten
«Damit Stillen normal wird»

«Um jenen einen Anreiz zu bieten,
die bestochen werden wollen»
«Um die soziale Still-Kluft zu überwinden»
«Damit die wirtschaftlichen Hindernisse
verschwinden»

Doch wenn es um Geld ginge
würde jede stillen
denn es kostet nichts!

Und wenn man es «normalisieren» will
dann zeigt im Fernsehen, wie Babys die Brust kriegen
erfindet eine Figur in *Coronation Street*, die stillt
und wenn ihr Eltern unterstützen wollt
gebt das Geld dafür aus, sie zu unterstützen
oder wenn ihr mich wirklich bestechen wollt
fallen mir bessere Sachen ein, für die ich es ausgeben
könnte, als Klamotten:

Ich würde vorschlagen
Liebe Regierung:
Gratis Schlaf Gutscheine
Heiße Tasse Tee Gutscheine
Ich halte dein Baby und du gönnst dir fünf
Minuten, um zu essen Gutscheine
Leg die Füße hoch Gutscheine
Meine Nippel lecken Gutscheine
Kurz mal pinkeln Gutscheine
Erwachsenen-Gespräche Gutscheine
Wenn dir langweilig ist Gutscheine
Kohlblätter Gutscheine
Bitte helfen Sie mir Gutscheine!

Entlassen Sie mich nicht aus dem Krankenhaus, ohne
sicher zu stellen, dass ich stillen kann Gutscheine.
Elternzeit oder Großelternzeit Gutscheine
Also irgendwer hält sie jetzt und ich geh schlafen
Gutscheine
Tief durchatmen Gutscheine
Oder Schreien Gutscheine
Wenn mich jemand in der Stadt belästigt, während ich
stille Gutscheine
ein verschlossener Raum
für mich allein
nur zum Weinen Gutscheine
Ich will einfach nur schlafen Gutscheine

Aber ich konnte stillen
und es war herrlich
für mich

Ich konnte stillen
Meine Nippel haben nicht geblutet
Mein Baby hat nicht gebissen
Ich hatte einen Partner und eine Mum, die mir halfen,
einsame Nächte durchzustehen
Ich hatte Menschen, die mein Baby genommen haben,
damit ich schlafen konnte
Ich hatte kein Kind, das nicht andocken konnte.
Nach sechs Monaten ging ich wieder zur Arbeit
und ersetzte das Stillen tagsüber mit Brei.
Ich fand es hart, doch ich weiß, dass ich es leicht hatte
Ich war wund, aber nicht so schlimm

Also gebt mir meinen Klamotten Gutschein
und beleidigt all meine Freundinnen, die es nicht konnten
Also gebt mir meinen Klamotten Gutschein
und beleidigt alle Mütter, die es nicht getan haben
weil es ihnen offenbar scheißegal war
sie hätten es bestimmt getan, und zwar ohne Probleme
für schnelle 200 Tacken
für Klamotten.

Vor allem die aus nördlichen Gegenden
Oder die mit nicht ganz so dickem Konto
Nur noch eine Frage, bevor ich geh und ihn einlöse …

Werden Sie kommen und mir in den Bus helfen?
In die Stadt, mit all den Taschen?
Mein Baby spazieren fahren, damit ich Klamotten shoppen kann?
Und wenn mein Baby zu weinen anfängt
und ich sie im Laden stillen muss
werden Sie mir den Arm um die Hüfte legen
wenn jemand kommt und nach Ärger klingt?
Oder mir helfen den Stillraum zu finden, der so oft nach Pisse stinkt?

Also gebt mir jetzt meinen Gutschein
und ich kauf mir saubere weiße Klamotten
um die mit Kotzflecken zu ersetzen
und die, wo Nippellöcher, die milchig lecken
meine Still-BHs gelb färben
und ich bin sicher, dass es jede Menge Forschung dazu gibt

warum dieser Plan funktionieren könnte
doch für mich ist er bloß eine Farce

Ich finde das unanständig
ich finde das asozial
ich finde das komisch
ich finde das falsch

Wir brauchen keine Kleidergutscheine
Wir brauchen Unterstützung
Wir brauchen Stillsessel für alle
mit sauberen weißen Kissen.

17. DEZEMBER

2 Jahre, 9 Monate

486 Diesen Monat wurde in Paris eine schwangere Frau, die eine Burka trug, angegriffen und ins Krankenhaus eingeliefert, wo sie ihr Kind verlor. Widerlich. Tragisch. Im Moment bin ich ein bisschen hinterher mit den Nachrichten. Ich lese Artikel darüber, ob die Burka in Großbritannien verboten werden sollte. Ich denke an die Frau aus der Krabbelgruppe, über die alle reden und die sich so wundervoll um ihren kleinen Jungen kümmert.

Es wird kälter jetzt. Alle unsere Kinder sind verrotzt.

Rotznasen

Die Burka verdeckte ihr Haar
Wir starrten beide auf unsere Kinder
ihre Schnoddernasen im Park
Wir hatten Taschentücher vergessen

Ich rief mein Kind zu mir
und fuhr ihr mit dem Ärmel über die Nase
es war ziemlich eklig
aber immerhin strömten wieder Sauerstoffgase

Sie rief ihr Kind zu sich
und wischte den Rotz

am Saum ihrer Burka ab
Das Kind trottete davon

Wir lachten uns an
und prüften, dass niemand sehen konnte
wie Schnodder in der Sonne
auf unseren Kleidern trocknete.

Ich wünschte, in der Zeitung würde dazu eine Überschrift stehen, einfach der Ausgewogenheit wegen:

Muslimische Frau mit Burka hat auch einen Rotzbengel!
oder
Muslimische Frau mit Burka bringt Sohn zur Krabbelgruppe
oder
Muslimische Frau mit Burka gibt ihrem Sohn Wasser.

12. JANUAR

2 Jahre, 10 Monate

488 Oh Scheiße. Jetzt fangen die Fragen an. Diese Woche waren unter anderem diese dabei:

Kann Rapunzel eine Brücke bauen?
Ist die Welt ein Puzzle?
Sind wir aus Bauklötzen gemacht?
Warum sterben wir?

Ich habe das Gefühl, ich bin mit diesem Eltern-Quatsch gerade ein bisschen überfordert. Ich erinnere mich, wie mein Vater mir mal erklärt hat, dass die Ampeln von sehr kleinen Männchen betrieben werden, die da drinnen mit dreifarbigen Taschenlampen hocken. Der Vater meiner Freundin erzählte ihr, dass salzige Essigchips unter der Meeresoberfläche hergestellt werden, deswegen wären sie salzig. Wir glaubten ihnen, bis wir fast zehn waren. Ich will keinen Müll erzählen. Wenn ich auf etwas keine Antwort habe, werde ich sagen ‹Ich weiß es nicht› und versuchen, es herauszufinden. Gerade jetzt, wo wir mit dem Töpfchentraining fertig sind und ich dachte, ich könnte mich kurz entspannen, mir auf die Schulter klopfen und eine Tasse Tee trinken, fängt der Philosophie-Kurs an. Kinder sollten Philosophie unterrichten. Vielleicht erzähle ich ihr die Ampelmännchen-Geschichte trotzdem.

Antworten:

Klar, wenn sie Bauwesen oder Ingenieurwissenschaften studiert hat, dürfte das kein Problem für sie sein, würde ich sagen.
Kommt darauf an, wie du es siehst. Sie ist aus einzelnen Platten gemacht …
Nein. Möchtest du dir ein Eis mit mir teilen?
Ich weiß es nicht. Die Menschen sind da unterschiedlicher Ansicht, also zum Beispiel …

Ich bin da nicht gut drin

Meine Tochter ist fast drei
und stellt mir Fragen über den Tod

Sie sagte, sie wolle nicht sterben
auch ich solle nicht sterben
sie wolle nicht aussehen wie Omas Freundin
denn die sähe alt aus und würde bald sterben
und sie fragte mich täglich, über Monate
warum wir sterben
und wie wir sterben
und ich gab mein Bestes, ihr zu antworten
doch meistens heulte ich nur
ich bin da nicht gut drin, in diesen Fragen.

Denn diesen Gedanken kann ich nicht ertragen
und sie sagte, ich soll mir keine Sorgen machen
und meine Tränen begannen einander zu jagen
und sie sagte zu mir «Ich liebe dich, Mummy»
und dann heulte ich, bis meine Augen geschwollen waren

und dann kuschelten wir ein wenig
und dann ging sie fort
und meinte, ihr wäre langweilig
ich bin da nicht gut drin, in dieser Art von Fragen.

Doch an diesem Abend hörte sie nicht auf zu fragen
und ich gab mein Bestes, den Ball flach zu halten
Ich erzählte ihr, dass Blumen blühen und dann Blätter fallen
das Gold des Herbstes wird sich in Braun verwandeln
Ich erklärte, dass der Tod mit dem Winter kommt
und alle Blätter nass und schwer in den Boden sacken
Sie drehte sich um und fragte
ob mein Großpapa im Frühling wiederkommen würde.
Darauf zu antworten ist für mich ein Bürde.

Doch meine Freundin Lj sagte
sprich offen über den Tod
und ich vertraue ihr und ich hab es versucht
Ich sagte, ich glaube, dass mein Opa im Himmel wohnt
dass Körper sich zersetzen
aber ich nicht weiß, was wer mit unseren Seelen tut

Sie fragte mich, warum fliegen wir nicht herum
warum fallen wir irgendwann tot um
sie fragte nach dem Wie, dem Was und dem Warum
und als ich sagte, ich würde es selbst nicht verstehen
fragte sie, wohin wir gehen
und ich erwiderte ihr immer dasselbe –
Ich sagte: «Wir müssen uns einfach jeden Tag, den wir am Leben sind
ins Abenteuer begeben»

dass «keiner so genau weiß warum»
dass «einige an Gott, andere an Götter glauben»
dass «einige denken, dass wir unseren Körper
gegen etwas anderes eintauschen»

Sie sagte, sie will nicht sterben
doch wenn es einmal so weit ist
wird sie ihren Körper gegen den
einer Feenkönigin tauschen
und ich darf ihr Haustier sein.

Sie lächelte und ich schlug ein
Reinkarnation, das muss die Lösung sein!
Seither hat sie mich nie mehr
nach dem Tod gefragt.

Ich bin da nicht gut drin.

27. JANUAR
2 Jahre, 10 Monate

Diesen Monat habe ich ein Stipendium über 6000 Pfund vom Arts Council zugesprochen bekommen, um etwas aus all den Gedichten zu machen, die ich über das Elternsein geschrieben habe. Ein Theaterstück. Oder einen Monolog. Oder etwas, wovon ich tatsächlich etwas verstehe, denn das Theater gehört nicht wirklich dazu. Dank des Battersea Arts Centre und Sophie Bradey, einer erstaunlichen Produzentin, kann ich jetzt meinen Brotjob kündigen. Ich meine, ich werde tatsächlich kündigen. Echt jetzt. Es ist so beglückend, wenn jemand so an dich glaubt. Dich einfach fragt, ob du Lust hast, etwas zu machen. Dir bei der Bewerbung hilft. Und es hat geklappt. Geile Scheiße! Konzentrier dich auf das Dichten. Sei eine Dichterin. Das klingt einfach zu bescheuert, mein Dad wird mich auslachen. Vollzeit-Dichterin. Scheiße. Das klingt nicht sehr patent. Ich kann nicht fassen, dass ich tatsächlich ausprobieren kann, wie es ist, mich Vollzeit mit Gedichten zu beschäftigen. Gott weiß, ob das funktionieren wird, aber wenn ich es nicht versuche …

2. FEBRUAR
2 Jahre, 11 Monate

Es ist ein wunderschöner Anblick: die Kleine um 6 Uhr abzuholen, nachdem sie einen Tag mit ihrem Großvater verbracht hat. Einen vollen Tag, von neun bis sechs. Ich habe es sanft erzwungen. Ganz und gar erzwungen, um genau zu sein. Ich habe sichergestellt, dass Mum arbeiten war und Dee nicht da. Ich hatte einen Auftritt in Bristol, die Fahrt dorthin führte an Reading vorbei, und Dad war meine einzige Chance, den Auftritt machen zu können. Denn ich kann nicht länger warten. Sie ist so gerne mit ihm zusammen, er fährt nicht gerne zu uns, und ich weiß, wie großartig er mit Kindern ist. Wenn ich da bin, will sie zu mir. Wenn Mum da ist, will sie zu «Nanny». Also habe ich einen Plan ausgeheckt. Dad allein mit dem Kind.

Ich will nicht garstig sein. Ich möchte bloß, dass er eine tolle Beziehung zu ihr hat, so wie ich sie mit meinen Großvätern hatte. Mir wird klar, dass mein Dad sich bei dem Gedanken, mit ihr allein zu sein, mehr oder weniger vor Angst in die Hosen macht. Das liegt nicht, wie ich zunächst dachte, am «Faules-Arschloch-Syndrom», sondern am «Wie-zum-Teufel-passe-ich-alleine-auf-ein-Kind-auf-Syndrom». Genauso ging es mir auch, als Dee nach seiner Elternzeit wieder zu arbeiten anfing. Ich war wie gelähmt vor Angst, etwas falsch zu machen und einem kleinen Menschen Schaden zuzufügen. Ich hatte einfach angenommen, dass Dad, weil er, na ja, eben Dad ist, mit kleinen Kindern klarkommen würde. Er hat nie gesagt: ‹Ehrlich gesagt, Hollie, hab ich nie allein auf dich aufgepasst, als du klein warst, und ich habe keinen blassen Schimmer, wie man eine Windel wechselt, und ich habe tierischen Schiss, dass sie ersticken wird oder hinfallen oder vor mir wegrennen und ich dein Kind für immer verlieren werde, wenn ich die volle Verantwortung trage.› Hätte er das gesagt – ich hätt's kapiert. Aber einige Männer wurden einfach nicht dazu erzogen, zu sagen ‹Hilfe! Ich kann das nicht! Ich habe das noch nie gemacht! Ich habe eine Scheißangst!› Dieser Mann jedenfalls nicht. Also machte er bloß Witze, so wie immer: ‹Ich wechsle doch keine verfluchten Windeln, das ist was für Frauen›, ‹Warte, bis sie mit dem Töpfchentraining durch ist›, ‹Ich hol deine Mutter, die macht das›.

Also musste ich mir was überlegen. Und es hat funktioniert.

Ich klingle. Dad kommt zur Tür, und ich sehe ihn und die Kleine lachend nebeneinanderstehen. Ich mache eine Tasse Tee und setze mich und höre etwa eine halbe Stunde zu, wie Dad den Mund nicht mehr zubekommt und mir erzählt, was sie alles gemacht haben und dass ich ihr beibringen soll, im Supermarkt nicht Verstecken zu spielen, und dass sie, ob ich das wisse, richtig gut klettern kann und es schon alleine auf die Schaukel schafft, und ob ich auch wisse, dass …?

Ja, Dad, natürlich weiß ich das, verdammte Scheiße. Ich hab die ersten drei Jahre ihres Lebens so ziemlich jeden Tag mit ihr verbracht. Das wüsstest du auch, wenn …

Aber das sage ich nicht. Ich denke es nicht mal wirklich. Ich bin einfach nur richtig scheiße froh, dass es gut gelaufen ist. Das Projekt «Babysitter Nummer drei» ist vollbracht. Auch bekannt unter dem Namen ‹Ich liebe dich, Dad, und die Kleine auch, und du bist absolut fähig, mit einem kleinen Kind allein zu sein›. Ich habe meinen Dad allerdings auch noch nie so fix und fertig gesehen. Zum ersten Mal, seit ich ihn kenne, geht er vor 11 ins Bett. Er sagte tatsächlich: ‹Tut mir leid, Hollie, ich muss ins Bett, sie hat so viel Energie.› Was du nicht sagst!

Quiche

Seit ich klein bin
erzählst du mir von deiner Arbeit
von Software und EDV
und wie wichtig diese Dinge sind
von deinem Management-Posten
deiner Firma
den Systemen, die du kontrollierst
und ich erinnere mich an deinen Frust
wenn ich lachte und die Augen rollte,
im Sinne von
Ja, ja, Dad.

Ich wollte nicht undankbar sein
für das Geld, das du verdient hast
für das Einfamilienhaus
mein eigenes Zimmer
den jährlichen Urlaub
doch für mich war es nicht spannend
was für ein Business-Hirn du bist
denn das hat nichts mit dem zu tun
was ein Daddy für mich ist

Es ist nicht deine Software, an die ich mich erinnere
sondern die Heiße-Schokolade-Maschine
die wir benutzen durften, wenn wir vorsichtig waren
immer wieder füllte sie Plastiktassen auf
und bei der Arbeit hast du sicher viel geleistet
doch das macht dich für mich nicht aus

496 Du bist Kniffel spielen
und Quiche gefüllt mit
Burgerfleisch, Pommes und Erbsen
Burns-Nights* und
selbstgebackene Kuchen und
besessen sein von Cream Tea**
mir bei den Mathehausaufgaben helfen
oder sie für mich erledigen
Du bist Hack und Brei
und Sirupscones
und der Hockey-Verein
und wie du jedes verdammte Mal
von den Schiffswerften angefangen hast
wenn wir auf dem Weg zu Oma und Opa dran vorbeikamen
«Da habe ich als junger Kerl gearbeitet»
«Ja, Dad», seufzten wir
und rollten wieder mit den Augen, wir
«freche Gören auf der Rückbank»

* Die Burns Night ist in Schottland ein jährliches Fest zu Ehren des Dichters Robert Burns.

** Als «Cream Tea» wird in Großbritannien eine kleine Mahlzeit bezeichnet, die aus Tee, meist mit Milch, Scones, Clotted cream und Erdbeerkonfitüre besteht.

Du kommst aus einer Krämerfamilie
die Bananen zu Hause immer schwarz
nach der Schule füllst du Regale auf mit Binden
Du schließt ab
und gehst noch mal zurück
zum hundertsten Mal schauen, ob die Tür auch wirklich zu ist

du beruhigst mich in Cambridge
du weißt immer Rat

Ganz gleich wie wichtig
oder gut du bei der Arbeit bist
diese Rolle wird mir nie so wichtig sein
wie jene, in die du für mich schlüpfst
und für sie –
wie du den Tag damit verbracht hast
mit ihr durch Parks zu jagen
und wenn ich sie abholen komme
sieht sie dich an und lacht
hält deine Hand
und umarmt dich
tätschelt deine Wangen
um sich dann umzudrehen und mich zu fragen
wann sie wiederkommen kann

Sprich noch auf dem Totenbett über Systeme
ich werde lachen und die Augen rollen
weil ich es so viel lieber sähe
du würdest deine berühmte Quiche backen
mit Burger-Erbsen-Pommes-Füllung
damit die Kleine sie probieren

und in Erinnerung behalten kann
was so tief verankert ist in meiner.

5. FEBRUAR

2 Jahre, 11 Monate

Nach fast drei Jahren wird mir langsam bewusst, dass es nicht immer stimmt, was die Leute über Kindererziehung sagen, und dass ich vielleicht, nur vielleicht, meinen Instinkten ein wenig vertrauen sollte. Nicht zu viel über die Meinung anderer nachdenken und einfach mein Ding machen. Seit ich schwanger war, hat man mir und Dee immer wieder erzählt, wir sollten in ein größeres Haus ziehen, den Job wechseln, uns einen eigenen Garten zulegen, heiraten, jeder ein Auto haben, strukturierter sein, aufhören, sie auf Festivals, in Theater oder generell mit zur Arbeit zu nehmen. Deswegen habe ich irgendwie immer angenommen, dass wir alles falsch machen. Jetzt sehe ich sie an. Sie ist gesund und glücklich. Ich bin durch mit all den Urteilen. Von jetzt an soll allein sie unsere Fähigkeiten als Eltern beurteilen. Wenn sie lächelt, nehme ich das als ein ‹bestanden›. Wenn sie lacht, als glatte Eins, für uns beide.

O.k., Mum

Als ich schwanger war, sollte ich es verhüllen
mir falsche Ringe an den Finger stecken
damit ich bloß nicht «geschwängert» aussehe
und weite Kleider tragen, um die «Beule» zu
    verdecken

es fielen Sätze, bei denen ich gleich noch mal Lust bekam
zu kotzen

Auf dem Höhepunkt meiner morgendlichen Übelkeit
sagten sie:
Willst du wirklich einen Bastard?
Willst du wirklich ein verwirrtes Kind?
Selbstsüchtige Frau ohne Ring
Dein Kind wird leiden ohne Sinn!
Heirate einfach, das ist steuerlich viel besser
Du siehst nicht schwanger aus, nur fetter
Und als wir mittags essen gingen:
Ein beringter Finger ist viel hübscher.
Sie sagten *unverheiratete Mädchen schicken sich nicht*
und können trotz gemeinsamer Jahre
nicht bestehen
und egal ob ich dasselbe fühle oder nicht
ich solle diesen Bund eingehen
Damit ich mein ungeborenes Kind nicht verwirre.
Wie soll sie verstehen warum es so ist
Dass du nicht die Frau ihres Vaters bist?
Ich lächelte, ging in die Wohnung und weinte

und fragte mich, ob diese Sorgen gerechtfertigt sind
und ob das, was ich hier veranstalte
ein riesiges, irres
Chaos ist.

Jetzt ist mein Kind schon groß
und als sie nach
dem Prinzen und der Prinzessin fragte

und warum ich und Daddy nicht geheiratet haben
sagte ich, wir zeigten unsere Liebe auf andere Weise –
wir erschufen dich, ergänzte ich leise
Sie sagte o. k., Mum
lächelte
und ging weg
um mit Zügen zu spielen.

2. MÄRZ

Fast 3 Jahre alt

Mit Kleinkindern komme ich einfach viel besser klar als mit Babys. Damit will ich nicht sagen, dass zwischen mir und Kleinkindern alles phantastisch läuft, bloß besser. Ich habe immer noch keine Lust, ein Neugeborenes im Arm zu halten. Ich habe mich ziemlich blöd deswegen gefühlt, wie die totale Heuchlerin. Viele meiner Freunde bekommen gerade Babys, und ich glaube, sie halten mich für einen «Baby-Typ», weil ich vor ein paar Jahren mal eins hatte.

Letzte Woche habe ich eine Freundin besucht, um ihr neugeborenes Baby anzuschauen. Viele von uns waren da, und jeder hat darum gebettelt, es kurz halten und knuddeln zu dürfen, und ich habe einfach vergessen zu fragen. Dee hat gefragt. Er fragt immer, er ist super mit Babys. Aber ich habe es irgendwie vergessen. Ich wurde dermaßen damit zugetextet, dass man, vor allem wenn dein eigenes Kind langsam größer wird, es super findet, Babys anzugucken, zu halten und zu riechen, und dass man noch eins haben will, und die ganze Zeit traurig und sentimental ist, weil dein Baby jetzt nicht mehr so klein ist. Bis jetzt habe ich davon nichts mitgekriegt. Okay, ich mag Babys. Ich liebe Babys, als die kleinen, unschuldigen, wunderschönen Menschen, die sie sind, und ich halte sie, bis die Welt zusammenbricht, wenn die Eltern dadurch ein wenig Ruhe kriegen. Aber Dee legt noch einen drauf. Er ist so eine Art professioneller Party-Baby-Träger. Mir da-

gegen fällt es nicht mal ein zu fragen, egal ob es um «mal kurz knuddeln» oder um das rettende Zupacken geht, damit die neue Mutter mit ihrem «Ich liebe mein Baby, aber ich will es nicht mehr halten»-Blick mal entlastet ist. Dee hat mich angestupst, in der Wohnung meiner Freundin, um mich zu erinnern, dass ich mich auch für einmal Baby-Halten anmelde. Wir haben da so eine Art Deal. Doch als ich dann gefragt habe, klang es einfach nicht echt. «Oooh,
kann ich es auch mal kurz halten?», sagte ich und hoffte, es klang so, als würde ich das ernsthaft wollen. Und Dee prustete in seinen Drink.

Genauso fühle ich mich übrigens, wenn es um Hochzeitskleider geht. Klar, ich mag Hochzeitskleider, und ich gehe Hochzeitskleider shoppen, und ich finde es echt richtig aufregend, wenn meine Freundinnen glücklich und verliebt sind und haufenweise schöne Kleider anprobieren. Aber was die Kleider selber betrifft, schießen keine überwältigenden Gefühle in mir hoch. Ich versuche krampfhaft, mich in einen Zustand leidenschaftlicher Begeisterung zu zwingen, aber es klappt nicht. Ich sage «Das ist wunderschön» und so Sachen, denn das ist es auch. Ich mein's ernst. Aber ich komme mir dabei immer ein wenig wie eine Schauspielerin vor. Eine schlechte Schauspielerin. Trotzdem weine ich bei jeder Hochzeit.

Am meisten hasse ich es, wenn die Leute mich fragen, ob ich «es mal kurz halten will», und ich sie so angucke, als ob es sich um eine echte Frage handeln würde, auf die ich auch antworten könnte: «Nö, mir geht's gerade ganz gut mit diesem alkoholischen Getränk, das ich jetzt übrigens wieder auf ex trinken kann», während mir klar wird, dass ich eh schon längst hätte darum bitten sollen, das neue Baby zu halten. Wenn du gefragt wirst, ob du es mal kurz halten möchtest, bedeutet das, dass du in deiner «Freundin einer Freundin, die gerade ein Kind bekommen hat»-Rolle versagt hast. Man sollte dich nie fragen müssen. Das geht gar nicht.

Also halte ich Babys und schaue in ihre süßen Gesichter und denke darüber nach, wie die Welt für sie zu einem besseren Ort werden könnte und dass wir alle dringend damit aufhören sollten, so viel beschissenes Plastikspielzeug zu kaufen und Kindergeburtstagstüten aus Plastik voll mit noch kleinerem beschissenem Plastikspielzeug, das innerhalb einer Woche in unserem Plastikmülleimer landet, und Plastikwasserflaschen, die ihre Trinkwasserquellen zumüllen werden, während sie aufwachsen und immer mehr Fischer versuchen werden, ihre Familien durchzubringen, indem sie Plastikflaschen aus verschmutzten Flüssen angeln, weil es darin keine Fische mehr gibt. Das lässt mein Herz höher schlagen. Vor Panik. Ich bekomme Panik, wenn ich Babys angucke. Ich bekomme Panik, wenn ich sie im Arm halte. Babys machen mich ein bisschen traurig. Wir müssen für sie eine Schippe drauflegen.

Plastikflaschen

Kaum etwas finde ich so rückständig
wie eine Küste, die Plastikflaschen frisst
Kaum etwas bringt für mich besser auf den Punkt
warum weniger oft mehr ist
als frisches Wasser
von Plastik umhüllt
gelabelt und verkauft
um Geld zu schaufeln

Kaum etwas finde ich so sinnlos
wie eine Küste, die Plastikflaschen frisst

Abgepacktes Wasser, an uns zurück verkauft
das auf diese Weise seine eigene Quelle verschmutzt

Ich denke also viel über Plastik nach – und trotzdem nicht genug. Aber ich rieche nicht oft an Babys. Und ich werde nicht sehr nostalgisch, meistens denke ich, wie schön, dass ich kein Baby mehr habe, dass das verdammt harte Arbeit war, und werfe meiner fast drei Jahre alten Kleinen einen zärtlichen Blick zu, bevor ich das kleine, wunderschöne Bündel aus Freude an jemand anderen weiterreiche, damit ich mir einen Drink holen und mich mit meinem Kind darüber unterhalten kann, warum es nicht noch einen Schluck Bier haben darf. Ich bin nicht gern nostalgisch. Sie ist einfach zum Anbeißen so wie sie ist. Besonders jetzt, wo wir zusammen einen heben können!

Ich liebe es, dass Kinder so schnell einen Sinn für Humor entwickeln und ich mit ihr, selbst im Alter von zwei Jahren, über Wörter fachsimpeln kann. Ich liebe diese neue Facette des Mutterseins, die sich immer mehr zeigt, je größer sie wird. Sie lässt mein Herz genauso schön schaurig kribbeln wie Vokabeltests und Matherätsel, wenn mir klarwird, dass mein Kind genauso ein Nerd wie ich zu sein scheint.

Gestern haben wir Krankenschwester gespielt. Die Kleine ist die Krankenschwester und ich bin eine Patientin, die mit geschlossenen Augen auf dem Boden liegt, die Füße auf dem «Krankenhaus-Kissen», und sich einer Untersuchung unterziehen muss, die so lange dauert, wie ich sie in die Länge ziehen kann. Meine Freundin Juliet hat mir dieses Spiel beigebracht. Ich sah sie auf der Couch liegen, während ihre Tochter und meine zehn Minuten lang ihre Füße inspizierten. Juliet ist einfach Kult. Umso mehr, weil die Kleine wegen ihr große Begeisterung für das «Mum ist die Patientin»-Szenario entwickelt hat. Das Ganze läuft mehr oder weniger auf eine Gratisfußmassage hinaus.

Wie auch immer, wir spielten also gerade dieses coole Spiel. Die Kleine teilte mir mit, dass der Teddy eine Untersuchung gebrauchen könnte. Ich sagte «Der Teddy wird sich ein wenig gedulden müssen», was die Kleine dazu veranlasste, loszuschreien und in irren Kreisen volle Pulle durch das Zimmer zu rennen.

«Mum! Mum!»

Sie lachte hysterisch und fiel vom Hin-und-her-Rasen fast in Ohnmacht:

«Mum! Es gibt zwei patients! «Patient» wenn man warten muss und «patient» wenn man beim Arzt ist. Teddy muss ein patient Patient sein!»*

Es folgten weitere drei Minuten Umhersprinten im Zimmer mit lautem Schreien «Patient, patient!», anschließend war sie immer noch nicht darüber hinweg. Das ist genau das Zeug, das ich verdammt noch mal liebe – Homonyme. Babys sind Homonyme scheißegal.

«Patient patient.» Wenn das nicht spannender ist als der Geruch eines neugeborenen Babys, dann weiß ich auch nicht …

* «patient» bedeutet im Englischen «Patient» und «sich gedulden» oder auch «geduldig».

3. MÄRZ
Wirklich fast 3 Jahre alt

O. k., manchmal werde ich dann doch ein bisschen nostalgisch. Nur manchmal, meistens spätabends. Es fasziniert mich noch immer, wie imponierend Brüste sind. Selbst wenn es mitten in der Nacht ist, pechschwarz, und ich ins Zimmer der Kleinen stolpere, weil sie weint, und selbst wenn sie tief und fest schläft und nur in ihren Träumen ruft, gelingt es ihrer Hand immer noch, aus den Laken hervorzuschnellen, nach meiner Brust zu grabschen, und alles ist gut. Völlig cool. Ein kurzer Grabscher, und sie ist im Schlummerland. Ich wünschte, ich wäre wegen dieser Tittensache nicht so ausgerastet, denn eigentlich ist es verdammt großartig, wie viel diese Teile meines Körpers für ein kleines Wesen tun können. Mir ist das vorher nie klar gewesen, doch es ist nicht nur diese ganze Milch-und-Brustwarzen-sind-beruhigend-Sache, sie sind wirklich erstklassig warm, weich und voll mit Herzschlägen. Wir sollten verdammt noch mal von ihnen besessen sein.

Meine Brust

Im Monat nach deiner Geburt trankst du alle zwei
  Stunden
Mit zwei Monaten hast du nur noch alle vier was
  getrunken

Nach sechs Monaten habe ich drei Tage die Woche gearbeitet
Kümmerte mich um beides, zwischendurch gab's Brei
Als du eins warst, trankst du nur noch zweimal am Tag
Vorm Zubettgehen und um fünf, damit du schläfst bis acht
Mit anderthalb nur noch einmal, nachdem du aufgewacht bist

Mit zwei war klar, dass du nur noch von Tellern isst
Jetzt bist du fast drei und isst Suppe, Obst und Gemüse
aber legst im Stress noch immer deine Hand auf meine Brüste
wenn die Wärme und der Puls meines Bluts dich ruhiger machen
legst du deine Wange auf mein Herz, um zu schlafen.

10. APRIL
3 Jahre alt

Ich fliege zurück vom Cúirt-Literaturfestival in Galway.
Es war so ein geniales Festival. Und Galway ist absolut magisch. Einmal habe ich meinen Text vergessen, aber ansonsten lief alles super. Ich sitze im Flugzeug und bin umgeben von Werbung und Promotion und Leuten, die sich über Ryanair, die Billigfluglinie, beschweren. Eine Frau in der Schlange am Check-in-Schalter hat mir während der kompletten Wartezeit erklärt, warum sie Ryanair hasst. Die Leute schimpfen noch über Ryanair, wenn sie in ein Ryanair-Flugzeug steigen.

In der Nacht bevor ich nach Galway geflogen bin, ist die Kleine alle zwei Stunden aufgewacht. Ihr war die ganze Nacht über unwohl, und ich fühlte mich furchtbar schlecht, dass ich wegfuhr. Inzwischen ist FaceTime echt hilfreich, und ich mag es, wenn sie und Dee mir aus dem Cyberspace zulächeln. Ich bin komplett hinüber heute – nach Irland zu fahren ist immer super, doch aus irgendeinem Grund kriege ich es nie hin, einfach meinen Auftritt hinzulegen und danach ins Hotel zu gehen. Die Partys dort sind dafür einfach zu gut. Vielleicht liegt es auch daran, dass ich weit weg von zu Hause freier bin und deshalb oft so lange tanze, bis meine Augen mich daran erinnern, dass ich ein Kind habe, das mich den kompletten nächsten Tag auf Trab halten wird. Also muss ich versuchen, jetzt zu schlafen.

Falls der Stewart jemals kommt, hätte ich gerne eine Tasse Tee. Ich schaue aus dem Fenster und bemerke, dass die Sonne untergeht und die Wolken draußen wie gigantische Mandarinen-Marshmallow-Felder aussehen, und fast wäre es mir nicht mal aufgefallen, weil ich so damit beschäftigt war, mich über die Werbung, die unbequemen Sitze und die Leute zu ärgern, die auf Ryanair schimpfen. Aber jetzt kann ich nicht aufhören, aus dem Fenster zu schauen. Die Welt ist so verdammt schön über den Wolken. Selbst in einem vollbesetzten Ryanair-Flugzeug.

Es ist so ein Geschenk, hier oben zu sein. Es ist so ein Geschenk, zu einem Festival in Irland zu fahren, neue Orte zu sehen, neue Menschen kennenzulernen. Obwohl ich sie vermisse. Aber ich liebe es, mal für ein paar Tage abzuhauen. Es macht das Wiedersehen mit ihr so viel schöner. Ich finde Mutter sein immer dann am romantischsten, wenn ich nicht zu Hause bin! Nicht nach Kacka gucken, nicht geduldig warten müssen, bis sie sich die Schuhe selber angezogen hat, während ich danebenstehe und mit den Zähnen knirsche und meine Hände zurückhalten muss, ihr nicht zu helfen, weil wir schon wieder zu spät kommen werden und ich will, dass sie sich beeilt, aber auch weiß, dass sie so nie lernen wird, ihr Zeug alleine hinzukriegen. Doch wenn ich weg bin, kommen mir diese Dinge lustig vor, schön und süß. Ich liebe sie so sehr. Der Himmel ist unwirklich. Die Wolken sind Pfirsiche aus Schnee. Wenn ich meine Finger wie Ferngläser um meine Augen lege, sodass ich die Ränder des Fensters nicht mehr sehen kann, sieht alles aus wie dicker, wundervoller Pfirsichschnee. Da kommt der Tee.

Ryanair: Die Welt über den Wolken

Das Gesicht meiner Tochter ist wie die Welt über den Wolken
eindringlich, unberührt, unermesslich
weise und irdisch
schmerzhaft ehrlich
und so so schön
manchmal, wenn ich sie anseh’, weiß ich nicht was ich machen soll

Ich erhasche Sterne in ihren Grübchen wenn sie lächelt
und eine winzige Falte, die sich zwischen ihre Augen gräbt
das Leben sich in ihre Haut schreibt, während sie denkt

Ich schau aus dem Fenster
frag mich, was der nächste Sonnenuntergang für sie bereithält
und sinke tiefer in meinen Sitz

Orangene Streifen, die sich vor mir erstrecken
ich warte auf den Stewart, dass er Tee serviert
er wird, ich bin sicher, nach Teer schmecken

Ich frag mich, was würde sie denken
wär sie mit mir hier
weit oben, die Lichterketten unter ihr
wie sie es wohl findet
wenn sie rausblickt und die Sonne in Zeitlupe

hinterm Horizont verschwindet
während sich Wolken im Himmel wie weiches
Arktis-Eis schichten
und zu dunklen Regenbogentönen verdichten
und die Luft verblasst von Weiß und Blau zu Rot
Orange, Gelb, Rosa und dann wieder Schwarz

Ich frag mich, was sie davon wohl hielte
wie viele Falten dieser Sonnenuntergang
in ihre Haut schnitzen würde
ich frag mich, wo würden die Stirn-
und wo die Lachfalten beginnen
wenn ich ihr erzähle, was mein Dad mir einst erzählte
zum Beispiel, dass in der Welt über den Wolken
niemals Regen niedergeht
und dass jetzt nur noch der Weltraum über uns steht
und dass das Flugzeug über die Erde jagt, während sie
sich dreht
und nie mal anhält auf nen Kaffee

Während der Tag vor uns in Dämmerlicht vergeht
sehe ich auf zum Mond
danke dem Mann
und schlürfe meinen Tee
er schmeckt nach Teer
aber der Ausblick ist himmlisch

Ich hoff, dass sie jetzt gerade in die Sterne schaut
doch Daddy bringt sie ins Bett
keine Chance, dass sie jetzt wach ist

Sie ist bald drei, und sie ist glücklich
und manchmal muss ich mich erinnern
stolz zu sein und nicht so schuldig

Ich winke hinterm Fenster aus der Welt über
den Wolken
für den Fall, dass ihre Augen mir folgen

wie ich herabschau auf Städte und den Häusersaum
der Orte
und die Menschen, die umherschwirren
rumkrebsen
und denken sie wären
so viel schlechter dran als all der Rest

Wir sind ein Staubkorn in diesem Universum
Wahrscheinlich schläft sie schon
ich schließe die Augen und schlürfe meinen Tee
er schmeckt nach Teer
doch der Blick von hier versüßt ihn mir

Ich suche nach den Sternen
als die Glut des Himmels im Dunkel erlischt

Ich kann's nicht erwarten, ihre Stirn im Schlaf
zu küssen
wenn ich zurück bin

14

FRÜHLING
DREI JAHRE ALT

10:00 Uhr

Du bist drei Jahre alt. Und kommst jetzt wirklich in die Vorschule. Deine Kleider sind sauber, dein Gesicht ist abgeschrubbt und dein Haar geglättet und in einem schick geflochtenen Pferdeschwanz zurückgebunden, wie nur Dee ihn hinbekommt. Du bist bereit für das Klassenzimmer. Ich weiß nicht, wie es so weit kommen konnte.

«Bye, Mum.»

Dir scheint es weniger auszumachen als mir.

Ich sitze in einem Café und lese drei Stunden lang. Ich habe lange auf diesen Moment gewartet. Vor Monaten schon habe ich mir versprochen, dass wenn er kommt, ich die Zeit nicht dafür nutzen werde, um nach Hause zu gehen und zu arbeiten, zu putzen, zu kochen oder irgendetwas von den Sachen zu tun, die ich bisher immer irgendwie in dem Minimum an freier Zeit erledigt habe, die ich für mich hatte. Nein, ich würde diese drei Stunden mit etwas anderem verbringen. Ich würde etwas nur für mich tun. Etwas, für das ich keine Zeit mehr habe, seit ich Mutter bin. Ich gehe in den Park und lese eine Zeitschrift von der ersten bis zur letzten Seite. Es ist phantastisch.

Die Zeit vergeht wie im Flug. Ich gehe los und hole dich ab, und du lächelst und kommst aus der Schule gerannt. Ich bin eine Mutter, stehe vor einer Schule und sammle mein Kind ein. Es ist ein bisschen surreal. Ich bin tatsächlich eine Mutter. So richtig. Dein Lächeln ist magisch. Dir ist es gut ergangen. Ich bin so erleichtert.

Ich: «Also, wie war es in der Vorschule? Hat es Spaß gemacht?» (Suggestivfragen)

Die Kleine: «Ja, Mum, es hat ganz doll Spaß gemacht.»

Ich: «Das ist so so toll, oh, ich bin so froh.»

Und das bin ich wirklich. Wir trotten langsam Hand in Hand nach Hause.

Die Kleine: «Ja. Aber ich glaube nicht, dass ich da noch mal hingehe.»

Und mir wird klar, dass ich vergessen habe, ihr zu sagen, dass das Ganze keine einmalige Sache ist. Ich habe einfach angenommen, dass sie das auf dem Schirm hätte.

Verdammt.

Ich bin da echt nicht gut drin.

Danksagung

Ich wäre nie auf den Gedanken gekommen, diese Tagebücher oder Gedichte mit jemandem zu teilen, wenn nicht zuallererst Dee gewesen wäre. Während ich mir flüchtige Notizen über Schwangerschaft, Babys und all das Zeug machte, sagte er andauernd «Du solltest das aufnehmen – du solltest es teilen». «Nee», sagte ich, «wer will denn so was hören?» Ich glaubte nicht daran, dass jemand etwas damit anfangen konnte oder sich auch nur dafür interessieren würde – eher im Gegenteil, um ehrlich zu sein. Also schleppte er mich in ein Aufnahmestudio, setzte mir Kopfhörer auf und brachte mich dazu, zehn Gedichte, die ich geschrieben hatte, bevor meine Tochter ein Jahr alt war, in ein Mikrophon zu sprechen. Ungefähr sechs Monate und Hunderte Downloads später schlug er vor, ein Gedicht namens «Embarrassed» auf meinem YouTube-Kanal rauszubringen. «Nee», sagte ich, «nicht das, damit kann keiner etwas anfangen.» Wieder nervte er mich damit. Eines Abends kam ich dann ins Wohnzimmer, und die Videokamera war aufgebaut, «nur für alle Fälle». Nachdem das Gedicht online eine Million Mal von Eltern, Hebammen, Krankenschwestern, Geburtshelferinnen, Krabbelgruppen, Elternwebsites und, nun ja, Menschen angeklickt und geteilt worden war, begriff ich, dass Dee mit einer Sache recht hatte: Vielleicht war ich nicht die Einzige, die sich so fühlte wie ich.

Danke also, dass du mich trotz der potenziellen Verlegenheit, dass über dich geschrieben wird, dazu gebracht hast, das hier zu machen, dieses Buch, und ganz allgemein diesen ganzen Poesie-Quatsch. Du bist ein Engel, ganz sicher. Vielleicht wird dir das eines Tages bewusst. Danke dir auch dafür, dass du der großartigste Support, Partner und Vater bist, den man sich nur vorstellen kann.

Danke an unsere beiden Mütter dafür, dass sie uns geboren haben (gut gemacht) und so ausgezeichnete frischgebackene Großmütter sind – ich wäre ohne eure Hilfe wahrscheinlich zusammengebrochen –, und an meine Mutter für all deine Besuche und Ratschläge und, nun ja, alles. Danke an die beiden Großväter dafür, dass sie sich die Arbeit der Großmütter selbst gutgeschrieben haben, um dann etwas später als Großväter noch besser zur Geltung zu kommen! Danke an unsere Familien, die uns unterstützt haben, an großartige Freunde und an das Gesundheitssystem und all seine herausragenden Hebammen.

Genauso wichtig: Dank an all die Menschen, die mein Schreiben gelesen, gehört und weiter verbreitet haben, als ich es je getan hätte. Dank an all die wundervollen guten Geister, die Trollen auf YouTube so schnell geantwortet haben, dass ich es nicht selbst tun musste, und an jeden, der je zu einem meiner Auftritte gekommen ist, einen Auftritt unterstützt hat, ein Gedicht von mir geteilt oder einen Event organisiert hat, wo ich dabei war. Mit der Poesie ist es ein bisschen wie mit dem Kindererziehen: Sie ist auf enthusiastische Menschen angewiesen, die jede Menge Arbeit freiwillig erledigen. Danke an meine Lieblingspoesieabende dafür, dass ich gebeten wurde, zu kommen und mich in ein Mikrophon zu beschweren – es sind zu viele, um sie alle zu erwähnen, doch für dieses Buch ganz besonders: Bang Said the Gun (der Ort, wo ich «Embarrassed» zum ersten Mal live vortrug), Shambala Festival (der Ort, wo ich zum ersten Mal einen Auszug aus diesem Buch vorlas) und die ABM (Association of Breastfeeding Mothers) und dem Breastfeeding Festival dafür, dass sie mein Schreiben so lobten.

Danke für die riesige Unterstützung von der Superproduzentin Sophie Bradey, für deinen Glauben an diese Geschichten, obwohl ich es nicht hingekriegt habe, sie auf eine Theaterbühne zu bringen, an das Battersea Arts Centre, den Arts Council und den Arts Foundation Award (und an Neneh Cherry, die bei dem Mutterthema herausragt), ohne die ich niemals die Zeit oder das Geld gehabt hätte, gleichzeitig all dies auszuerzählen, zu arbeiten und ein Elternteil zu sein. Keine Chance. Und an Luke Wright für seinen Ratschlag, einfach eine Weile mit der Frauenwelle zu schwimmen, als ich unsicher war, ob mein Schreiben zu einseitig sei.

An Becky Thomas dafür, dass sie ihre hochhackige Stiletto-Schönheit durch die Gegend geschleppt hat, damit das hier veröffentlicht wird, und an Rhiannon Smith und Little Brown dafür, dass sie gedacht haben, Leute würden dieses Zeug tatsächlich lesen wollen. Ich bin mir noch immer unsicher. Ebenso wie meine Mutter. (Ich liebe dich, Mum!)

Zu guter Letzt, an meine Gaga, Papa, Gran und Grandad dafür, dass sie die wunderbarsten Großeltern mit den brillantesten Geschichten sind, die ich mir hätte wünschen können.

Und Gaga – bitte entschuldige meine Ausdrucksweise, aber wie du bereits sagtest: «Wenn irgendjemand das Recht hat zu fluchen, dann doch wohl eine Mutter.»

MIX
Papier aus verantwortungsvollen Quellen
FSC® C083411

Das für dieses Buch verwendete Papier ist FSC®-zertifiziert.